JN087506

良質な質的研究のための、かなり挑発的でとても実践的な本

有益な問い、効果的なデータ収集と分析、研究で重要なこと

デイヴィッド・シルヴァーマン［著］

渡辺忠温［訳］

新曜社

ロンドンのレディ・サラ・コーヘン・ホームの一階と二階に住む友人たち、ヘレン、ハリー、リタ、イボンヌ、サム、レイチェル、ロザリンド、ハンナ、レオン、フランク、と、その他多くの人々に捧げる。あなたたちが私の人生に与えてくれたものに感謝を込めて。

A Very Short, Fairly Interesting, Reasonably Cheap Book
about Qualitative Research, Second Edition
by David Silverman

謝　辞

　多くの出版企画と同じように、この本は当時の私の担当編集者とのランチから始まった。それはとても素敵なランチだったが、当初私は、新しい本を書くというパトリック・ブリンドルの提案を受け入れなかった。常勤教員を退職してからは、自分の書いたさまざまなテキストを改定するという、あまり負担のかからない仕事に集中していたのだ。後になってやっと、欧州社会学会（European Sociological Association：ESA）の質的調査ネットワークで私が過去数年にわたって行ってきた講義を、パトリックが求めているような挑発的な本のベースにすることができるということに気づいた。何通か電子メールをやりとりした後で、本書は出版されることになった。

　パトリックのリクエスト通り、本書は臆面もなく、クリス・グレイの本『組織研究を学ぶ、すごく短くてかなり面白い、廉価な本（*A Very Short, Fairly Interesting & Reasonably Cheap Book about Studying Organisations*）』（Sage, 2005）にならっている。自分の専門分野について、テキストらしくないやり方で挑発的な入門書を書くため、クリスのタイトルの大部分だけではなく、彼のアイデアまで拝借したかもしれないが、彼が許してくれることを願う。

　パトリックは、いつだって素晴らしい編集者であり、批評家だった。この第二版については、新しい編集者、ケイティ・メッツラーのアドバイスやサポートを受け、同様に感謝している。

　また、他にも多くの人々に、初期の原稿を読み、コメントすることを快く引き受けていただいた。ジェイ・グブリアム、アレクサ・ヘプバーン、ジョン・ヘリテッジ、セリア・キッツィンガー、ロス・コッペル、ダグ・メイナード、アン・マーコット、ジョナサン・ポッター、アン・ライエン、クライブ・シール、ゲイリー・ウィッカムに感謝したい。あなたがたは、ESAのネットワークにおける友人や同僚と同様、私に刺激を与えてくれた。

　個人的なレベルでは、サラ・コーデルが私の背中の状態を仕事ができるように保ってくれていることに感謝したい。また、クリケット仲間たち（レスリー、ソル、ジョン）が、私の夏を楽しみなものにしてくれることにも感謝したい。私の子どもたち、ダニエルとアンドリューは、彼ら自身は気づいていないかもしれないようなやり方で、愛情を持って、私が世界を見つめる見つめ方に挑戦

するのを手伝ってくれた。最後に、妻ギリアンの愛とサポートに感謝しなけれ
ばならない。

第二版への序

　この本は、生き生きとした、議論に富んだ、個人的な、予備的なテキストを意図している。すなわち、質的な方法を使うことに伴うさまざまな問題について味見するための本だ。最も大きな追加は、紋切型用語集である。私は、この名前を、ギュスターブ・フローベールの19世紀の小説『ブヴァールとペキュシェ』(2005) の最後に出てくる、素晴らしい、紋切型辞典からとった。フローベールと同様に、私の目的は、我々の時代に一般に受け入れられている理解の、正体を暴くことである。

　大方のテキストの用語集は、各学問領域にとって中心となる用語を定義しようとしている。それに対して私の用語集は、質的調査の伝統的な知恵の一部ではあるものの、私の考えでは、そうした調査がもたらすことができるものについて我々を誤解させたり、誤った方向に導くような用語をリストしている。

　この本の初版では、説明のため芸術、文学、演劇から多くの例を使った。しかしながら、21世紀も10年代に入って、インターネットが我々のコミュニケーションのやり方を変えてしまった。そこでこの新版では、ソーシャルメディアや他のウェブサイトからかなり説明のための資料を追加している。また、この本が、質的調査が主にエスノグラフィー的性格を持つと考える人々にとって最も興味を引くものであるだろうことをいっそう明確にするとともに、我々が、質的データのシークエンスの組織化にどのように注意を払うことができるかについて説明するために、調査研究からより多くの例を使用することとした。

はじめに ―― この本のための居場所づくり

　著者が本を書く際に、心の中にどのようなことが去来するとあなたは想像するだろうか？　彼らの言葉が誤解されたり、さらに悪い場合には、無視されるだろうことを知りながら、それでも本を出版せざるをえないと感じている孤独な天才、あるいは本当は退屈な人なのに見当違いしている人物を想像するだろうか？　それとも、最大多数の読者に受け入れられるような作品を生み出すために資料の山を押し分けて進む、実直な職人を想像するだろうか？

　ここ10年ほどの間、私はそうした職人になろうとしてきた。私が生み出してきたテキストや編集した論文集（Silverman, 2010, 2011, 2012）は、網羅的でバランスのとれたものとなるよう心がけた。この目的を追求したため、それらの本は、かなり長いものになってしまった。それとは対照的に、この本は短く、意図的に自説にこだわり、部分的である。

　我々は、質的調査が、しばしば人々の内的経験をのぞき込むことを目的としたオープンエンドなインタビューと同一視される時代に生きている。それとは対照的にこの本は、構成主義者の視点から、行動を研究するのに自然発生的なデータを用いることを支持する。そしてそれをある種のエスノグラフィー、談話分析（discourse analysis：DA）、会話分析（conversation analysis：CA）の中に位置づける。

　本書はまた、箇条書きリスト、練習問題、推薦図書、といったような多くの通常のテキストの特徴も欠いている。本書の用語集でさえ、一般的に合意された定義の改定版リストというより、むしろ挑戦的なものになるように意図している。では、いったいなぜ、あなたは本書の購入を検討すべきなのか？

　手取り足取り教えてほしい、とか、あるいは、調査方法の授業になんとか合格するためにちょっとつまみぐいするため速く読める読み物を見つけたいのであれば、これはあなたのための本ではない。それに対して、私の目的は、あなたに、さまざまなテキストが妥協してきたいくつかの前提について、再考してもらうことにある。

　この本には、あなたが大学のコースを無事切り抜ける保証は何もない。せいぜい、このように従来のものとはいささか異なった本と出会うことで、理解しやすくされた教科書的な答えに飽き飽きしている教師の好意を得ることができ

るかもしれない、といった程度のものである。

　大学での研究は、ますますルーティンの工場労働のようになってきており、特権に対してお金が支払われる一方、何らかのアウトプットを生み出すことを求められる、ということを私は知っている。このような文脈においては、知的な刺激を探す時間などほとんどないかもしれない。ではなぜ、必要最低限の要請を超えて、冒険をしようとすべきなのか？

　この疑問に答えるために、次節では、なぜ調査の方法が重要なのか、ということについて説明する。その後で、なぜ、質的調査が私にとって重要なものとなったのかについての考えを述べようと思う。

■■■■　なぜ調査方法があなたにとって重要なのか？

　この問いについて具体的に答えたい。というのも、私は、抽象的な議論を提示するよりも、あなたが現在行っている何かや、将来行うかもしれない何かについて考えてもらいたいからである。質的な研究者たちによって見出された重要な知見は、我々は誰でも、自分が何者であるのかについての一つの固定された概念を持つというより、多様なアイデンティティの間を行き来しているということである（Holstein & Gubrium, 1995; Rapley, 2004; および Silverman, 1987: Ch. 10 参照）。学生、従業員、市民、という三つの現実的な、あるいは実際に持つ可能性のあるアイデンティティについて考えてもらいたい。調査方法についての知識と、それぞれのアイデンティティとの関連について考えてみよう。

　もしあなたが調査方法コースの学生であれば、小規模な調査プロジェクトを行うように求められる可能性は高い。その時、あなたのリサーチ・クエスチョンに対する単純な「レシピ本」的な答えを探したくなるかもしれない。しかし、もしあなたがより賢明であれば、実際の調査研究についての実践的な事例を提供しようとしていて、データ分析の実際の経験を与えてくれるテキストを探すだろう（これが私自身のテキストの狙いである）。

　しかしながら、あなたがさらに賢い学生であれば、それ以上に知りたいと思うかもしれない。この本は、多くのテキストが表面的に扱わざるをえなかった、より幅広い問題への入り口を提供しようとするものである。たとえば、質的研究の論理の基底にある論理とは、どのようなものであろうか？　そして、質的研究の将来的な方向性についての鍵となる議論は、どのようなものであろうか？　この本は、そうした問いに対して、恥じらうことなく部分的にだけ回答

を示すものである。

　ここで、あなたが、専門領域における調査研究の動向に後れをとらないようにすることを求められる仕事に採用されたと想像してみていただきたい。その場合、あなたは、あらゆる関連する知見の信頼性について評価できなければならないだろう。あるいは、調査を誰かに委任しなければならないと想像してみてほしい。その場合、どのような研究（量的、質的、あるいはマルチメソッド）がふさわしく、どのような方法やデータ分析が求めている結果を与えてくれるのかについて、知りたいと思うだろう。再び、あなたは標準的なテキストの限定された地平を越える必要がある。

　最後に、我々は皆市民である。多かれ少なかれ、我々はニュースを追い、現在の議論において情報に通じた立場にいたいと望む。人々の相互作用が組織や家族のような多様な現象をどのように形成していくかという点に注目することによって、質的研究は、日常生活についての独自の理解を提供してくれる。1章と4章で示すように、ありふれた状況を特筆すべきものにすることで、質的調査は、当たり前と見なされる形の行動に焦点を当て、新たな可能性へと道を開くことができる。活動的な市民として、これは我々が必要とする情報である。

　これらは、あなたがその間を揺れ動く可能性のあるアイデンティティのうちのいくつかである。しかし、私の（複数の）アイデンティティについてはどうだろうか？　私の諸々のアイデンティティは、どのようにして以下のページに現れるようなことがらを形成してきたのだろうか？

▬▬▬ なぜ調査方法が私にとって重要なのか？

　この節では、簡単に自伝的な説明をしよう。多くの人々と同様に、最初の学位にはたまたま行き着いたのだった。学校で経済学を学んで、この科目が経営者としてのキャリアやアカデミックなキャリアにとって将来性があるように思われたので、経済学の学位を取るための学科に志願した。

　最初の選抜面接は見るも無惨な失敗で、それは、一部はあまりきちんと準備していなかったからである。たとえば、なぜノッティンガム大学で経済学を学びたいのかと問われて、私は「なぜなら私の親友が同じ専攻に応募しているからです！」という見事な答えを思いついたのだった。

　結果は不合格となり、戦略を再考することになった。次の面接までに、私は『エコノミスト』を読み、そこで勧められていたので、J. K. ガルブレイス

の『ゆたかな社会（*The Affluent Society*）』（Galbraith, 1999）を読んだ。この本についての私のコメントは、次の面接の面接官たちに印象を与えたようで、ロンドン・スクール・オブ・エコノミクス（London School of Economics：LSE）で、産業と貿易を専攻として、経済学学士課程に入学することを認められた。

　私が進もうとしていた道を進んでいたら、私は産業界かイギリスの政府機関に進んでいたかもしれない。しかし、運命が邪魔をした。セカンダリースクールの詰め込み教育にうんざりして、私は親を説得し、大学に入学する前の最後の6ヶ月の間、私立のテュートリアル・カレッジに行かせてもらった。この大学の先生のうちのひとりが、ロンドン・スクール・オブ・エコノミクスの社会学を卒業したばかりだった。1対1の授業だったために、私はすぐに感化された。ほぼ一夜にして、私は社会学とカール・マルクスの著作を見出した。幸運なことに、ロンドン・スクール・オブ・エコノミクスの学士（経済学）課程は、比較的柔軟な学位制度で、専攻科目を変更することができた。

　1960年代、ロンドン・スクール・オブ・エコノミクスの社会学は四人の人物、すなわち、トム・ボットモア、ドナルド・マクレー、デビッド・グラス、ロバート・マッケンジーが席巻していた。ボットモアとマクレーからは、マルクス、デュルケーム、ウェーバーの著作の中の、19世紀の社会理論から巻き起こった議論の中で持ち上がった、イギリス社会学で重視されていた主要な問題について学んだ。また、グラスとマッケンジーは、理論家であるだけではなく調査を行う研究者で、彼らが好む調査の種類は、主に量的なもの（人口統計学や大規模なサーベイ調査）であった。実際、ロンドン・スクール・オブ・エコノミクスにおける調査法の科目は —— クラウス・モーザーによって非常に楽しく教えられてはいたが —— 統計についてだけであった。その後私が社会学での修士を得るためにUCLA（the University of California, Los Angeles）でとった上級の調査法の科目でさえ、大部分が、量的調査のデザインに関するものであった。中間管理職についての素晴らしい研究（Dalton, 1959）の著者であるメル・ダルトンの大学院でのゼミだけが、よりエスノグラフィックな研究から何が得られる可能性があるかについてのヒントを私に与えてくれた。

　UCLAからイギリスに戻った時に、私は研究のキャリアを、若い「ホワイトカラー」労働者の信念と価値観についての研究から始めた。ドイツ人の社会学者マックス・ウェーバーに由来する階層と社会的地位についての社会学理論に影響を受けて、私は、自己理解のあり方が働いている場所や将来の職業の見込みによって影響されるかどうかについて検討したいと考えた。

　私は、構造化インタビュー法を用い、研究方法は量的研究の標準的な形式

そのものであった。すなわち、最初の一つの仮説、2×2のクロス表、統計的検定である（Silverman, 1968 参照）。私がもしこの研究をやり遂げていたなら、私の将来のキャリアはまったく異なる道すじをたどっていただろう。

　しかし、私は自分の調査の信頼性について疑いを持ち始め、その疑いは消えることがなかった。仮説に対して一見厳密に見える検証結果を示すためにデータを操作することはできるものの、そのデータは、「生の」ものにはほど遠く、さまざまな種類の解釈活動によって媒介されたものである。インタビュー・スケジュールを実行している時には、こうしたことをまったく思いもしなかった。

　調査回答者にインタビューしていくうちに、私が求めているたぐいの答えを得るには、さまざまな、事前には思いもしなかったやり方で私の質問を超えていく必要があるということに気づいて衝撃を受けた。おそらく、私は自分の質問を適切に事前チェックしていなかったのだと考えた。我々が会話を意味あるものにするやり方は、必然的に、日常的な会話のスキルによっており、信頼できるテクニックのようなものに矮小化できない（Rapley, 2004 参照）、ということを私が学んだのは、ずっと後になってからのことである。

　いずれにせよ、私はこの研究を断念して、組織論へと転じ、その仕事が後に私の博士号を得ることと好評を得たテキスト（Silverman, 1970）とにつながった。私が用いたアプローチは、20世紀半ばのウェーバー研究者であったアルフレッド・シュッツに影響を受けていた。日常世界についてのシュッツの現象学は、日常生活の構造に関連していた。1971年から72年に、ゴールドスミス・カレッジで客員研究員をしていたアーロン・シクレルによる、日常生活において使われる方法についての研究（エスノメソドロジー）に初めて触れた時、それらはすぐに結びついた。これは最終的に、エスノメソドロジーに共感的な初期のイギリスのテキストとして一時的だが評判を呼んだ本（Filmer et al., 1972）につながった。

　組織論と哲学にのめり込んだ時期の後、1980年代半ばまでに、私は、まずエスノメソドロジーに触発されたエスノグラフィーに移り、次に会話分析に行った。続く十年、私は二つの現代的な社会科学の理論の利用について検討することに費やした。公共セクターの組織における人事部門についてのエスノグラフィー（Silverman & Jones, 1976）は、ハロルド・ガーフィンケル（Garfinkel, 1967）のエスノメソドロジーに強く影響を受けたものである。そして、文芸テキストの分析（Silverman & Torode, 1980）は、フェルディナンド・ソシュール（Saussure, 1974）の記号論（3章を参照）に由来するものであった。これらの研究によって、私は、理論的に基礎づけられた研究の価値に

対する私の信念に確信を持つようになった。そしてこの信念は、このテキストでも一貫して主張されている。

　しかしながら、研究をガイドする信条を持つことは諸刃の刃となりがちである。したがって、そうした信条の利点について主張すべきではあるが、同時に可能性のあるコストについても注意を払う必要がある。こうした私の初期の仕事を振り返ってみれば、今では少し理論化しすぎだと感じる。おそらく私は、新たに見出した理論に夢中になりすぎ、自分のデータを使って理論を十分に検討しようとせず、自分のデータに驚かされることさえなかったのだろう。

　社会科学の多くの分野が、（私はそう信じているのだが）寓話で名高い皇帝のように、何も服を着ていないことを見つけられないかとビクビクしながら過ごしていることを考えれば、そうした過度の理論化の危険は常に存在している（価値ある例外としては、ケンダールとウィッカムによるフーコーのアイデアの実践的な調査での使用についての優れたテキスト（Kendall & Wickham, 1999）を参照）。実験的エスノグラフィーによって書く「ポストモダン」と呼ばれる時期が本書の5章でやり玉に挙げられるのは、この理由からである。

　私の後の研究では、理論的な「肘掛け椅子」と実証的な「フィールド」との間の、よりよいバランスを見出そうとしてきた。病院の診療科についてのエスノグラフィー（Silverman, 1987）とHIV検査のカウンセリングについての会話分析的な研究（Silverman, 1997）の両方で、私は、データに対してより注意深いアプローチを採用し、帰納的に仮説を立て、比較の手法を用い、特異なケースを同定した。両方の研究の中で、もっと初期の研究とは異なり、私は自分の研究を保護者ぶらずに、より幅広い学術的でない読者にとって妥当なものにするための方法を探した（4章を参照）。

　しかしながら、それらの後の研究も、元々は人事部門についての1976年の研究にあった、二つの関連する方法論的な仮定から生まれたものであった。これら三つの研究すべてが、インタビューではなく、自然発生的なデータ（2章を参照）に基づいていた。また、それらすべてが、参加者がお互いにどのように会話するかに目を向けており、彼らが使うスキルや、彼らが行うことのローカルな機能に焦点を当てていた。

　まとめれば、調査の方法が私にとって重要なのは、価値のある社会調査を行おうとする試みが、方法論的な問題と理論的な問題の両方にまたがる原理的な問題に私を直面させてきたからなのである。この本は、調査実践が私に教えてくれた教訓に基づいている。それによって、私のテキストの中で暗に示されている数多くの立場、つまり、質的調査は、方法論的には創意に富んだものであ

り、理論的には生きて動いており、実証的には厳密なものであるという要求を、前面に押し出している。

　これは「私がどこから来たのか」について幾分かの理解を与えるだろう。しかしながらこの節は、さらに自叙伝的な説明をすることなしには完結しないだろう。本書の最初の三章は、アメリカの社会学者ハーヴェイ・サックスの洞察をかなり用いている。サックスは、今日の大部分の社会理論や質的研究法についてのコースではほとんど現れることがない。では、なぜ彼を本書で紹介するのだろうか？

　1964年の9月、ロンドン・スクール・オブ・エコノミクスで最初の学位を得た後で、私はロサンゼルスのカリフォルニア大学社会学部に大学院生として、また、ティーチングアシスタントとして入学した。偶然にもそれは、まさにこの学部で、ハーヴェイ・サックスの最初の講義が行われた時期と一致していた。

　それによって、私の考え方にまったく新しい方向性を与えることになった可能性はあった。しかし残念なことに、その当時の他のほとんどすべての人々と同様に、私もサックスや彼のアイデアについて聞いたことがなかった。さらに、私の研究上の背景が、その当時イギリスで流行していた19世紀の理論社会学であったために、いずれにせよ、おそらくサックスに興味を持つことはなかっただろう。

　1972年の6月、私は著名なエディンバラの「エスノメソドロジーとシンボリック相互作用論」会議でサックスに会った。私はサックスが言おうとしていたことのオリジナリティーを今でも覚えている（その会議での夢についての彼の講演は、彼の出版された講義に再掲された内容とそう異ならない。Sacks, 1992, 2: 512-20）。サックスが話している最中に、私のロンドン・スクール・オブ・エコノミクスの以前のチューターであったアーネスト・ゲルナーが、うんざりして大きな音を立てながら出て行ったことも思い出す。これは、サックスの同僚であったエマニュエル・シェグロフが、公正にも「知的な逃避である」として退けた（Sacks, 1992, 2:x footnote 2）論文（Gellner, 1975）で、最高潮に達した。

　私のサックスの研究との接触は、1970年代初期に広く流通した彼の講義の写真複写版を読むことで、さらに深いものになった。サックスが与えてくれたインスピレーションによって、私は原点に戻って、初期の理論的関心と調査実践とを結びつけることができた。というのもサックスは、エスノグラフィーと19世紀の社会理論家エミール・デュルケームとの間の議論を再び開いたからである（Gubrium, 1988 も参照）。このことの一例として、次の観察を行った著

者を推測してみるとよい。「民衆の信念は、尊敬に値するものではあるが、科学的な分析と同じ知的対象ではない。」

　著者をエミール・デュルケームだと考えたならそれは間違ってはいるが、上記のような観察が「社会的事実」を「もの」として扱うデュルケーム的言明に一致すると見ることができるという意味では正しいとも言える。実際の著者は、人類学者（サックスの同僚でもある）マイケル・モアマン（Moreman, 1974: 55）である。

　デュルケームとは異なり、エスノグラファーは、サックスから、成員の記述が適切に（すなわち、ローカルに）生み出される「装置」を理解することへの関心を受け取ることができる。そして、このメッセージは、グブリアム（Gubrium, 1988）のような、記述の過程に中心的な関心を持つ社会学的エスノグラファーによって受け入れられてきた。

　エスノグラフィー（の一部）に対するサックスの影響をこのように論じることができるとしても、心理学について同様の主張をすることは、一見したところでは難しいように思われる。結局のところ、サックスによる会話のシークエンスの組織化についての分析は、任意の発話を誰かの思考や、さらに何か他の「心理学的な」カテゴリーの表現として扱おうとする分析者の試みは、すべて不十分であることをはっきりと示している。

　逆に、たった今自分が言ったことがどのように聞かれたのかを聞くことで、話者は、彼らが話した後で、彼らが意味したものを見出すのである（エイズのカウンセリングについてのインタビューから引用されたこの例は、3章を参照）。たとえば「動機」についてのあらゆる心理学にとってのこのことの重要な含意を、ヘリテッジ（Heritage, 1974: 278-9）が効果的に強調しており、彼は、暗黙のうちに常識を資料とテーマの両方として扱うあらゆる社会心理学の不十分さを明らかにしている。

　より最近では、デレク・エドワーズが、ヘリテッジによる批判を繰り返しつつ、「サックスに従って、人々がどのように相互作用的にカテゴリーを使用しているかを見る」（Edwards, 1995: 582）ことのできる心理学を求めている。「話すことは行動であってコミュニケーションではない」ことを受け入れることで、エドワーズはサックスと会話分析から、「重要ではない、あるいは、会話の参加者によって重要なものとして扱われない、聞きうるレベルの細部はない」（1995: 580）という仮定を引き出す心理学を論じている。

　エドワーズが心理学に進んでほしいと考えている方向性は、明らかに談話分析と呼ばれるようになったものへと向かうものである（Potter, 2004 参照）。談

話分析という言葉を使う著者は、間違いなく、サックスが心理学にもたらした意外な遺産を示すことに成功してきたと言える。サックスの今日的な影響は、会話分析を越えて、より明白なやり方で、人類学、社会学、さらに教育学まで、そしていずれの学科に置かれているかにかかわらず、エスノグラフィーにも及んでいる（Baker, 2004; Freebody, 2003 参照）。

　このように幅広い影響を及ぼしているにもかかわらず、ハーヴェイ・サックスの研究は、今日の社会科学のコースのマイナーな要素でさえないことが多いのではないか、と私は考えている。部分的には、間違いなく、このことは1992年に至るまでサックスの講義が出版された本の形式で手に入らなかったことを反映している。しかしながら私は、それが、社会科学のコミュニティにおける明白な無視、あるいは、「もう一つのこれらのエスノ」に対する率直な偏見を反映してもいると考えている。

　おそらくは、サックスを社会科学者に教えることをより魅力的なものにするための一つの方法は、それが特定の退屈な学科コースにより活力をもたらすうまいやり方かもしれない、ということを示すことである。個人的には、私の偏見に満ちた考えでは、しばしば空虚な継ぎはぎ、鈍い批評、最新流行のジャーゴンを含んでいると思われる社会理論のコースを教えたいと思ったことはない。間違いなく、そうしたコースの消費者は、それに彼らがこれまで教わってきたことに対すると同じように反応するに違いない。

　そこでどう活性化するかの方法は、「泣いた赤ん坊」やベトナムのパイロットといったサックスの例（Silverman, 2011: 256-66）を、そうしたコースに導入することである。そうした例について学生たちと話すことで、間違いなく、社会理論が持つ活気と、それが彼らの身の回りの世界について扱うことのできる可能性について、少しは伝えられるに違いない。さらに明白なことは、調査方法論のコースが、サックスの著作からの資料を使うことによって得るものがないと考えるのは難しい、ということである。こうした意味において、サックスの著作を、社会理論や方法の入門クラスにおける基本的な読み物とするよう私は要求する。

　これから見るように、サックスは彼の方法を誰もが使える方法として勧めた。この意味で、彼の講義と他の著作は、博物館の展示品というよりも道具箱を提供しているのである。私がより広く知られるようになってほしいと望むのは、まさにこの道具箱である。サックスについての私の本（Silverman, 1998）と同様に、本書は、より広い学者や学生の読者、特に、おそらく彼を「そういうエスノのひとり」と考えてきたためにサックスの著作を読んだことのない人々に

届くものにしたいと考えている。

　そうした読者に対して、私はサックスの著作には、派閥主義も狭量さもないということを示したい。代わりにそこにあるのは、知的な幅広さと厳密さである。サックスが示した道を我々が進むかどうかということは、おそらく、サックスが社会科学について投げかけた問いに我々が反応するかどうかということに比べれば、さほど重要ではない。およそ40年が経って、それらはきわめて重要であり、大部分が今でも答えられていないと、私は考えている。

　同様の人物は、彼の先にはヴィトゲンシュタインしかおらず（1章参照）、それ以降は誰もいないのだが、サックスは一見したところ瑣末なものを興味深い、洞察に富んだものへと変える能力を持っていた。他の重要な思想家と同様に、サックスの著作は、我々にとって、インスピレーションを与えてくれるものとして、あるいは、より面白味に欠ける言い方をすれば、道具箱として、必要不可欠なものであり続けている。実際、本書の最初の三つの章は、もし読者が十分に刺激を受けて、サックスの遺産を自分で見つけるためにサックス自身の著作に目を向けるようになれば、その目的以上のものを果たすことになる。

　しかしながら、これらの自伝的回想によって、本書をハーヴェイ・サックスや会話分析についての本だと誤解させるようなことがあってはならない。では、何についての本なのだろうか？

■■■■ 本書の構成

　本書で私が行っていることについて何らかの文脈を示したところで、いよいよ、私の持っている手札をテーブルに並べ、以下に続く本書の内容について、章ごとに概要を示す時がきた。良質な質的研究を行うのに必要な技術は直接教授可能なのか、それとも長い徒弟期間を経ることでしか学ぶことができないのか、ということについては、多くの議論がある（Hammersley, 2004）。そうした議論がある中で、本書は両面作戦をとるつもりである。私の以前のテキストが直接的に教えることで十分だ（挑戦的な訓練によってサポートされるなら）と示唆していたとすれば、本書は、この仕事の中での私自身の長い徒弟奉公を通じて学んだ戦略と「コツ」（Becker, 1998 参照）のうちのいくつかを、伝えようとするものである。

　すでに述べたように、調査はその理論的な前提を認識しない限り、価値がない。したがって、この本の最初の章では、質的研究者が効果的に投げかけるこ

とができる、さまざまな理論的に基礎づけられた問いを示す。小説や劇だけではなく、写真やソーシャルメディアからの引用も使って、この章では、一見したところでは日常的な活動を、日常的な特徴を持つように見えながらも興味深く非日常的なものにすることができることを明らかにする。

どのような種類の問いを有益に問いかけることができるかについて検討したうえで、次の二つの章では、質的研究の実践についての核心的問題について述べる。データ収集方法は調査テーマとの関連においてのみ判断可能だということは、自明の理とされている。しかし2章において、私は、他のすべての条件が同じなら、質的調査において、日常世界の中で見出されるデータから始めることがなぜ通常は有意義であるのかを示そうと思う。このことは、私が「制作されたデータ」（たとえば、インタビューやフォーカスグループを含む）と呼ぶものは、特にある現象について深い知識よりも「その場に応じた対処」が重要な場合には、最終的な手段としてのみ使われるべきである、ということを意味する。

どのようなデータ収集方法を用いたとしても、「自身の」データを神聖視することをより貴重視しないようにする必要がある。実際、二次的なデータ分析は、一般的には認められていないとしても、質的調査において非常に重要な方法である（Corti & Thompson, 2004; Akerstrom et al., 2004; Seale, 2011 参照）。とりわけ、究極的に重要なのは、データがどこから取られたものなのかということよりも、データ分析の質である。このことは、データを収集したり文献レビューを行うのにかける時間は、データの分析や結論を書くのに割く時間よりもかなり**少なく**すべきだ、ということを意味している（Silverman, 2010 参照）。3章では、効果的なデータ分析を達成するために鍵となると私が信じる戦略、すなわち注目を引くような出来事や例を避けて、データの中のシークエンスを探索し、分析することについての議論を発展させる。

しかしながら、たとえ理論に基づいて調査を実施し、しっかりデータを分析したとしても、当然のことながらそれでもなお、「だから何なのか？」を問うことができる。「純粋な」調査は間違いなく重要であるが、我々の調査が「社会」に対してどのような貢献をするのか、そして「社会」という言葉で我々がどのようなことを意味しているのかについて、じっくり考える必要性を見えなくさせるものであってはならない。幸いにも、4章で示すように、正しく着想されれば、質的研究は社会で物事がどのように機能しているのか、また、それらがどのように変化するのかについての我々の理解に、独自の貢献をする。

5章では「だから何なのか？」という疑問に対するもう一つの答え方を示す。

つまり、どのような点で質的研究は注目されるべきであり、価値があると主張できるのかについて問う。4章とは異なり、ここでは質的研究が**何をなす**のかよりも、むしろそれが**何なのか**に注目する。今日の質的研究が研究それ自体についてなされているという主張について検討し、一部のものは見当違いであることを明らかにする。我々の仕事に対する別の美的な正当化の方法を提案するが、それは我々の研究が量的研究といういとこたちと共有しているものを思い起こさせてくれる。

　最後の言葉を述べる準備が整った。私は、本書でこれから述べることは私自身の見方を反映していると強調してきた。故意に論争をしようとしているわけではないが、編集者の、私の考えを語るように、という誘いを十分に取り入れた。したがって、私の議論のうちのいくつかが他で読んだものやあなたの先生が話したこととぴったり一致していなくても、驚かないでいただきたい。私の学問的なキャリアを通して、これまで私の考えに改宗するよう求めたことはないが、自分で考えることのできる瞳がきらきらした学生たちを大事に思ってきた。したがって、もし私があなたに立ち止まって熟考させることができたなら、たとえあなたが私とはまったく反対の立場をとることになったとしても、私は満足なのである。

目　次

装幀＝新曜社デザイン室

1

無数の計りしれない習慣
── なぜ平凡なことが重要なのか

　社会科学者のように世界を観察するというのは、どのように世界を見ることなのだろうか？　自分自身の社会について研究している時には、自分の周囲に見える多くのものが「明白」に思えるかもしれない。またそれらは、自分の生活にとっては、ただの気づくことのない背景にすぎないものとして存在しているように思えるかもしれない。したがって、多くのものを当然のものとして考えたい誘惑にかられる。そうした誘惑は、我々がインターネットや映画から吸収する、瞬く間に移り変わるイメージによって支えられている。

　一方で人類学者が用いる方法は、我々がスピードを落とし、周りをより注意深く見渡すのに役に立つ。我々に馴染みの状況や出来事を研究する際にも、見方を跳躍させて、自分は今、未知の部族の行動や信念を観察しているのだと仮定してみることは可能である。世界を「人類学的に未知の」ものとして見る時に感じる驚きは、自分たちの足元について知るのにも役に立つのである。

　しかし、これは新しいやり方なのではない。1930年代にイギリスの文化人類学者たちが日常生活を研究するための革新的な方法を考え出した。自分たちで観察に基づいた研究を行ったり量的な社会調査を実施したりする代わりに、彼らは新聞広告を通じて、50人の協力者を募集した。それらのボランティアは、以下のことがらを提供するよう求められた。

- 彼ら自身についての短いレポート
- 彼らの周囲の環境についての記述
- マントルピースの上（すなわち、暖炉の上）にある物のリスト
- その月の12日に見聞きしたすべてのことがらを報告するデイ・サーベイ

　このような形式の調査は、「マス・オブザーベーション」として知られるようになった。当時の新聞は、その最初のプロジェクトの成功を以下のように伝えている。

最初の会合から6ヶ月後に、「マス・オブザーベーション」はイギリスの戴
　　冠式の日についての全国調査を組織することができた。15のチームが祝賀の
　　行列について報告したが、地方の都市や村からは、その地方の祝賀会につい
　　ての報告が入ってきた。これらの「大規模な観察」から、最初の省略なしの
　　本が編集された。(*Manchester Guardian*, 1937年9月14日)

　最終的に、「マス・オブザーベーション」では、約1500人の積極的な観察者
がデイ・サーベイを送った。以下は、上記の引用と同じ新聞で報告された、あ
る炭鉱夫が彼の一日について記述したものからの抜粋である。

　　12時半ごろ私たちは次長（つまり、監督者）の訪問を受けた。彼は、我々の
　　持ち場を調べ始めた。それは、およそ50ヤードの採炭切羽からなる。私の眼
　　は、彼の「牛の目」(炭鉱夫のヘッドランプ)が照らしている場所を追う。彼は、
　　私がこの場所で何をしようとしているのか、その場所で何が必要なのかにつ
　　いて尋ねる。彼とは一つの点で意見が異なり、私は自分のやり方を述べる。
　　我々は少しの間議論し、彼は換気装置の故障の点から彼の意見を言う。我々
　　は最後には合意し、最終的にこれをし、そしてあれと、あれと、あれをし
　　た！　彼は我々のもとを立ち去る。我々は靴と靴下を履き、ニッカボッカを
　　腰のあたりで履いている。汗がしたたり落ち、ニッカボッカは湿り、時間に
　　ついては今が何時なのかもわからない。我々がやっているように続けていれ
　　ば、いい交替になるだろう。私の持っている6パイントの水が減っている。大
　　事に飲んでいった方がよさそうだ。

　この平凡な炭鉱夫による観察の詳細さに注目してほしい。間違いなく、仕事
仲間たちと一緒に働く彼の姿をビデオで見れば、より多くの詳細が明らかにな
るだろうが、彼の説明は、検討するためのさらなる問いを促す優れた観察デー
タを提供している。たとえば、何が彼の言うところの「いい交替」の感覚を形
成しているのだろうか？　彼のチームは、結果で報酬を支払われているのだろ
うか？　あるいは、彼はただ仕事をうまくやることや満ち足りた気持ちでやる
ことに関心があるのだろうか？
　この思慮深い鉱夫から他に移ろう。この章の残りの部分では、多くの質的研
究者が行っていることについて記述するのに、「観察」よりもむしろ「エスノ
グラフィー」という専門用語を用いる。こうした専門用語にたじろぐ必要は

ない。エスノグラフィーは、単に二つの異なる言葉を合わせたものにすぎない。すなわち、「エスノ」は「民衆」あるいは「人々」を意味し、「グラフ」は「書くこと」に由来する。したがって、エスノグラフィーとは、特定の人々の集団についての高度に叙述的な記述のことを指している。

　以下では、私は、何人かの作家と二人の写真家の作品の中に、エスノグラファーのためのインスピレーションとなるものを探すべく努める。その後で、アメリカの社会学者ハーヴェイ・サックスが40年前にカリフォルニア大学での講義で展開した、エスノグラフィーにとって素晴らしい（悲しむべきことに、見過ごされてきた）プログラムについての話に戻ることとする。

▰▰▰ 写真を眺めて

　なぜエスノグラフィーに関する章で写真について考えるのか？　これに対する優れた答えが、以下の、ある写真家の作品の展覧会カタログからの引用の中にある。

> 　ダイアン・アーバスは、事実と絡まり合う媒介物としての写真術に傾倒した。そうではないいかなる社会的、政治的、さらには個人的なことがらさえも守ろうとすることなく、彼女のこの原則への献身は一連の作品群を生み出し、それらはその純粋さ、物事をあるがままに祝福することへの大胆な没入において、しばしばショッキングである。（Arbus, 2005）

　アーバスの写真術と同様に、「事実と絡まり合う … そうではないいかなる社会的、政治的、さらには個人的なことがらさえも守ろうとすることなく」ということ以上のエスノグラフィーの目的はないと私は信じる。今日では、こうした考え方は、自分自身の政治的・個人的なことがらを押し進めようとし、そもそも「事実」というようなものが存在しえるのかを疑問視する人々によって挑戦を受けている。5章で私は彼らの議論について検討し、それらの議論が誤っていると信じる理由を示すこととする。

　この章で私が示そうとしているように、アーバスの作品のような優れたエスノグラフィーは、「その純粋さと物事をあるがままに祝福することへの大胆な没入とにおいて、しばしばショッキングである」。アーバスは16歳の時に書いた学校のエッセーでこの方向性を追究して、「私はありふれたものの中に神聖

さを見る」と書いている。

　ありふれたものを「神聖な」ものとして見ることには、何が関わっているのだろうか。1963年に、グッゲンハイム助成金の申請が成功した際に、アーバスは「アメリカの儀礼、風習、習慣」と題された、彼女が関心を持っていることについての次の覚え書きを書いた。それは、この章のタイトルにインスピレーションを与えてくれたものである。

> 　私は、現在の我々の数多くの儀式を写真に撮りたいと思っている。というのも、今ここに生きていながら、我々はそれについて、無秩序で不毛で形のないものだけを認識しがちだからである。我々は、現在が過去のようではないと言って嘆き、また、それが決して未来にならないことに絶望する。しかし、その無数の計りしれない習慣は、意味づけされようと待ち構えている。私は、誰かのおばあちゃんが砂糖漬けを漬けるようにそれらを集めたい。なぜなら、それらは美しくあり続けるだろうから。(Arbus, 2005)

　我々は通常、身の回りの世界をとりわけ「無秩序で形のない」ものとして認識する、とアーバスは指摘した。ほぼ同時期にオーストリアの社会哲学者アルフレッド・シュッツは、日常世界は必然的に当然のものと見なされる、と書いた。こういう習慣を脇に置くことが、エスノグラフィー的想像力にとっての鍵なのである。

　我々の「無数の計りしれない習慣」を「美しい」対象である「おばあちゃんの砂糖漬け」として扱うことには、どのようなことが関わるのだろうか？　優れたエスノグラファー同様、アーバスは我々に、**ありふれたものの中の特筆すべきもの**を見るように求める。

　このことを彼女の写真の一つを例に説明してみよう（私は読者のためにこの写真について説明する必要があるだろう。というのも、それをここに再掲する許可を得ることができなかったからである。もし興味を持たれたら、先述した展覧会カタログ『啓示（*Revelations*)』の中にそれを見ることができる。Arbus, 2005)。その写真には、「1968年、ニューヨーク、ウェストチェスターにて、とある日曜日に芝生の上にいる家族」というキャプションがつけられている。その写真の中で、夏の日差しの中、ある夫婦がデッキチェアにゆったり横たわり、彼らの子どもたちが彼らの後ろで遊んでいる。ある意味では、これはあまりありふれた場面とは言えない。しかしながら、アーバスのイメージのすべてと同様に、我々は、見たものから多くのナラティブを構成することに誘われる。も

しあなたの前にその写真があれば、次のように問いかけるかもしれない。「なぜ誰も話さず、目を合わせようとすらしていないのだろう?」誰もが自分に没頭しているように見える。写真の中の男性が太陽の日差しから目を保護しようとしているのか、一種の絶望を示しているのかは明らかではない。

　しかしながら、我々は解釈を心理学的なものにしたり、閉じられたナラティブを構成する必要はない。アーバスは、我々に次のような基本的なエスノグラフィー的な問いかけについて考えるよう求めてもいる。「習慣的な家族の生活はどの程度、そうした沈黙に依存しているのだろうか?」暗に彼女は、こうした種類の問いかけが、ただ観察によってのみ得られるものであり、したがって家族のメンバーへのインタビューによっては生まれそうもないということを、エスノグラファーたちに思い起こさせているのである。

　では、日常的な家族の生活とは、実際どのようなものなのだろうか?　これについては、イスラエルの写真家ミカル・シェルビンが良い案内役となってくれる。アーバスと同様(アーバスに言及して)、彼女の目的は、我々にありふれた世界の中の特筆すべきものについて思い起こさせることである。彼女が述べるように、

　　　私は現実の環境の中の空想や空想的な要素に引き込まれていく ⋯ 写真を見る人々の多くは、私のイメージの中に見出された世界は奇妙だと語る。彼らがそれを奇妙だと思うのなら、それは実際、世界が奇妙な場所だからにすぎない。私はそれを示そうとしているだけだ。(Chelbin, 2006: www.michalchelbin.com, Artist Statement)

　その好例を、「アリシア、ウクライナ2005」と呼ばれるシェルビンの写真が与えている。

　アリシアは車の後部座席から我々の方をじっと見ている。彼女のまなざしはあいまいである。彼女は我々に助けを求めている子どもなのか、それとも我々とドライバーとの両方からの自立を主張している若者なのか?　前席にいる男性は、彼女の父親なのか、それとも単にタクシードライバーなのか?

　これらの点についての2006年のウェブ上でのコメントで、イヴ・ウッドは次のような一つの答えを示している。

　　　若く美しくあることの困難さについて、より深く、より複雑に気づいていることを覆い隠しながら、この若い女性の表情に表れているのは、若さゆえ

図1.1　アリシア, ウクライナ, 2005

の傲慢なのである。その少女は、我々が知らない何かを知っているように思われる。そして、我々が彼女の秘密を見出したなら、彼女は粉々になってしまうかもしれない。(Wood, 2006: www.nyartsmagazine.com/index)

　この写真は、ウッドが指摘しているように、「若さゆえの傲慢さ」や「若く美しい」ことに気づいている若い女性を示しているのであろうか？　シェルビン自身、彼女のイメージについて決定的な説明を作り上げることの危険について語っている。彼女が述べるように、「作品で、私は直接的な情報と謎とが混じり合った場面を生み出そうとしている」。

　エスノグラファーは、どの程度までそうした謎を解き明かすべきなのだろうか？　講義の一つで、ハーヴェイ・サックス（1992）は、近くに停まった車を観察する事例を示している。ドアが開き、ティーンエージャーの女性が現れ、数歩走る。その他に二人が（ひとりは男性、ひとりは女性）車を降りる。彼らは若い女性を追いかけて、腕をつかんで車に彼女を連れ戻す。そして今や、車が走り去るところである。

　明らかに、あなたが見たものについては、いくつかの異なる解釈が存在する。これは警察に報告すべき誘拐の場面なのか？　あるいは、家庭内のけんかを見たにすぎず、警察に行くことはお節介になってしまうのだろうか？

　サックスは、この話について生じる問題をエスノグラファーに向けて、次のように拡張する。

　　あなたがどこかの場所に立っている人類学者、あるいは社会学者だとす

る。誰かが何らかの行動をしているのを見て、あなたはそれを何らかの活動として見る。その時、報告書を書くという目的のために、それを行った人が誰なのかについて、どのように表現することができるだろうか？　少なくとも、最も保守的な表現として考えられるもの、すなわち彼の名前は、使うことができるだろうか？　もちろん、あなたが選ぶあらゆるカテゴリーに、そ（れら）のさまざまな系統だった問題があることを知っているとしたら、目下問題となっている人物を同程度にうまく特徴づける、あるいは同定することのできる一連のカテゴリーの中から、一つの特定のカテゴリーをどのようにして選ぼうとするだろうか？（Sacks, 1992, 1:467-8）

　サックスは、なぜ単に「その時にベストなノートをとって、決定は後にすることによって」（1992, 1:468）では、そうした問題が解決できないのか、を示している。我々が観察するものはすべて、日常的な前提やカテゴリー（たとえば、誘拐犯、家族成員）が深く染みこんでいる。怠惰にそうしたカテゴリーを採用するよりも、エスノグラファーの仕事は、むしろ、どのカテゴリーを一般の人々が使用し、いつ、どのようにそれらを使用するのかについて追跡することだと、サックスは我々に語っているのである。

　このことは、重要な問いを提起することになる。一般の人々がどのようにカテゴリーを使用するかについての情報を収集するために、我々は彼らの頭の中に分け入る（たとえば彼らにインタビューする）必要があるのだろうか？　これは、2章でクローズアップされる大きなトピックである。この段階では、私は簡単に、研究対象となる人々に質問を投げかけなくても、カテゴリーの使用についての証拠を見出せることが多い、と指摘するだけにする。「マス・オブザーベーション」の時の炭鉱夫が、彼の勤務する一日を描写する際に使った言葉を考えてみよう。あるいは、誘拐もしくは家族の間のもめ事に関する警官の報告書、あるいは、彼らが目撃者や被疑者にどのようにインタビューするか、ということが持つ豊かな肌触りについて考えてみよう。そうした情報は、現実の時間や場所において、人々が協働的に彼らの世界に意味づけをするやり方についての、魅力的な資料となるのである。

■■■ ありふれたものの中の特筆すべきもの

　ありふれた世界を非常にじっくり見ることは、退屈なことにもなりうる。そ

うした時、我々は何も起こっていないと考え、何らかの「行動」を求めてしまう。優れたエスノグラファーになるための秘訣は、そうした退屈を乗り越えることにあり、そうすれば、きわめてありふれた状況の中に特筆すべきことがらを見ることができるようになる。

　ハロルド・ピンターの初期の戯曲は、この意味において多くの人々に退屈なものとして受け止められた。彼の戯曲『バースデイ・パーティ』の始まりの場面を引用してみよう。海辺の町にある家のリビングルームで、ピーティは新聞を持って部屋に入ってきて、食卓に着く。彼は読み始める。メグの声が台所のハッチから聞こえてくる。

> 　メグ：　　あなたなの、ピーティ？
> 　　　　　　［間］
> 　　　　　　ピーティ，あなたなの？
> 　　　　　　［間］
> 　　　　　　ピーティ？
> 　ピーティ：なんだい？
> 　メグ：　　あなたなの？
> 　ピーティ：そうだよ。私だ。
> 　メグ：　　どうしたの？［**彼女の顔がハッチに現れる**］戻ってきたの？
> 　ピーティ：うん。
> 　　　　（Pinter, 1976: 19）

　特に、最初の一幕の大部分がこうした日常的な会話から構成されているために、「ここのどこに行為があるんだ？」と尋ねるかもしれない。劇的な出来事から始める代わりに、ピンターは日常生活のテンポに非常に近い対話を書いている。「行為」への期待が裏切られたために、多くの人は『バースデイ・パーティ』の最初の場面をわけのわからないもの、あるいは、平板で退屈なものに感じる。

　しかしながら、アーバスの物言わぬ家族の描写、あるいはシェルビンの若い女性が静かに我々を見ている写真を思い出してほしい。あなた自身の家でも、母親や父親が時おり自分たちが計画したことにかかりきりになって、他の人が言っていることが聞こえなくなるといったことはないだろうか？　おそらくアーバスと同じく、ピンターは、家族生活においてお互いに無頓着であることが果たす重要な役割を指摘しているのではないだろうか？

さらに言えば、これは家族のダイナミクスについての、単に心理学的な問いなのではない。ピンターの最初の場面は、家族やその他のあらゆる相互作用にとって基本的な何かを明らかにしているのである。誰かとある話題を立ち上げる前に、その誰かの注意を引く必要があるということを、我々は皆、暗黙のうちに理解している。サックス自身が指摘しているように、このことは、なんとか親の注意を引こうとして、会話を始めるのではなく、きまって次のような言葉から始めることを学ぶ子どもに最もよく表れている。

　　「ママ？」あるいは
　　「あのね、ママ？」

　同様に、ピンターの対話の中では、メグはピーティが新聞を読むことに夢中になっているように思われたため、彼の注意を引こうとしている。しかし、ありふれた生活を理解するということは、人々がお互いに話す時の話し方に注意深く耳を傾ける、ということ以上のものがある。それには、さらに細部を観察することが必要なのである。
　フックウェイがブログで論じている、以下の引用を考えてみたい。

　　32歳男性：最近私がやったこと：イケアに行き、地元の家具店に行き、再びイケアに行き、そうだ、イケアに行ったんだ … 再び … じゅうたんを買い、ランプを買い、もっと大きなランプを買った … 芝を掘り返して、再び芝を植え、樹皮チップを少し買った … 海辺を歩き、棚のユニットをラウンジからキッチンに移し、航空券の支払いをし、髪を切った … 仕事の勤務評定があったので、賃金の引き上げを要求し、セックスし、何年分かの請求書をファイルした … 今のところ、これですべてだ。(Hookway, 2008: 102-3)

　フックウェイはこの引用を、内省的ではなくその日の出来事を数え上げるたぐいの、純粋に記述的なブログの例として扱っている。それは、そのブロガーが、

　　朝食に食べたものからその日に会った人までに及んでいる。しかし、このブログの細部は、さらに多くの示唆を与えてくれる。ブロガーにおける活動リストの扱い方が、家事、仕事、性的な関係に同等の価値を与えているように見える点に注目してほしい。ある意味では、彼の内省的でないスタイルに

よって、彼がどのように見られたいか —— 冷静で、のんびりしていて、物事をあるがままに受け入れる —— の明確な一つのバージョンが構成されている。(2008: 102-3)

　これをフックウェイが引用している、もうひとりのブロガーのものと比べてみよう。

　36歳男性：ジャニーに私が彼女から盗んだ人生を与える魔法があればいいのに。私が人生の中で傷つけてきたすべての人々の中でも、私が最もひどく傷つけたと感じているのは彼女である。彼女は私に非常に多くの信頼と信用を置いてくれた … そして私は本当に彼女を愛していたし、今も愛している。しかし、私は彼女を台無しにし、その素晴らしい心を二つに引き裂いてしまった。私が彼女の人生に決して現れないような何らかのやり方を持っていたなら … もし私が私の時代［原文ママ］にビッグサンダーのバントユイドを貼ることができたなら … 彼女が会ったのは私ではなく、彼であったように。確かに、私は私にとって大きな意味を持っている人生の一部を失うことになるだろう … しかし、むしろ彼女を決して傷つけない方を心から望む。そして、どんなに私が申し訳なく思っていて、どんなに深く悲しみを抱えていても、私が謝罪することで彼女を傷つけないではいないのだ。(2008: 102-3)

　フックウェイが指摘しているように、この二つ目のブログはきわめて告解調であり、自己分析的である。しかしながら、最初のブログと同様に、この男性は、彼がどのように見られたいかについての、一つのバージョンを生み出している —— 後悔した人物としてだけではなく、自分自身よりも別の人に価値を置く人物として。

　二つ目のブログをこのように読むことは、そのブログの内容に瞬間的に反応することから離れて、いかにしてそうした効果が生じているかについて問うことを意味している。これらのブログの場合について言えば、そうした問いかけを行うということの中には、人々がどのように自分自身を提示するかについてのありふれた細部に対して、綿密な注意を払うことが含まれる。

　しかしながら、ブログやソープオペラとは異なって、日常生活は「関係」だけが問題なのではない。それは、物質的な世界と、その中の対象物を操っていくことも含んでいる。ポール・オースターの小説『ムーン・パレス（*Moon Palace*）』からの一節を取り上げてみる。それは、エフィングと呼ばれる盲目

の男性によって付添人として雇われた、ひとりの学生の視点からのものである。

　　我々が外に出るとすぐに、エフィングは杖を空中に突き刺し、大きな声で
　彼が何を指しているのかについて尋ね出した。私が彼にそれを告げるとすぐ
　に、彼は私にそれを描写するように求めた。ごみバケツ、ショーウインドウ、
　玄関。彼は私にそれらの物について正確に説明するように求め、もし私が彼
　を満足させられるだけの表現を素早く思いつくことができない時には、怒り
　で爆発するのであった。「ちくしょう」彼は言った。「心の目を使え！」俺は
　物が見えないのに、お前は「普通の街灯の柱」や「まったく普通のマンホー
　ルのふた」について、くだらないことを長々と話している。どんな二つのも
　のも似てはいない。馬鹿野郎め。どんな田舎者でもそんなことは知っている
　ぞ。俺は、俺たちが見ているものを見たいんだ、ちくしょう、物の特徴が際
　立つように話してくれよ！（Auster, 1990: 117）

　盲目の男性エフィングは、「心の目」を使って見ることが晴眼者にとって重
要であることを理解している。彼は晴眼者の付添人に、晴眼者にとってはその
存在が何の変哲もない平凡なものについて、詳細に描写するよう求める。
　このように、我々がどのように周囲の物を扱っているかに注目することは、
小説家レイチェル・カスクの関心事でもあった。彼女の小説『アーリントン・
パーク（*Arlington Park*)』の評者が述べているように、

　　彼女の作品は、何物も当たり前のものとは見なさず、最もありふれた対象
　や瞬間——駐車するという行為、散らかったベッドルームやファッションブ
　ティック——に、文学の根本的な喜びを何度も繰り返し与えてくれる注意
　深さを持って専念する。すなわちそれは、新しく見られる物事の感覚である。
　（James Lansdun, *Guardian*, 2006年9月9日）

　「新しく見られる物事」は、優れたエスノグラフィーの記述の証でもある。
エスノグラフィーを行うのに、こうしたたぐいの小説を読む楽しさは必要ない。
その代わり、ブログの表面の奥底にあるものを見て、それらのブログの効果が
どのようにして発揮されているのかを問うかもしれない。最低でも、ありふれ
た存在の詳しい細部の価値を（そして、究極的にはその美を）認識する必要が
ある。
　しかしながらエスノグラフィーは、日常の場面における特筆すべきことがら

を見るというだけのことではない。**特筆すべき**出来事や文脈の**ありふれた**要素を見ることもまた求める。

■■■ 特筆すべきことがらの中のありふれたこと

　ミカル・シェルビンは、人々がどのように彼女の写真を見るかについて、次のように述べている。

> 　見る人々の多くは、私のイメージの中に見出された世界は奇妙だと語る。彼らがそれを奇妙だと思うのなら、それは世界が奇妙な場所だからにすぎない。私はそれを示そうとしているだけだ。(Chelbin, 2006: www.michalchelbin.com, Artist Statement)

> 　フルアドレス：http://www.michalchelbin.com/popup.php?m=1

　彼女は最近、ヨーロッパの多くの国でサーカス団員の舞台裏を観察してきた。ミッキーとアミールの写真は、その際に撮られたものである。
　ミッキーとアミールの写真は、明らかに、先ほどの車の中のアリシアの写真とは異なる領域へと我々を誘う。後者は多くの謎を生み出すものの、非常に見慣れた場面であった。しかしチンパンジーと一緒にいる少年は、まったく日常的ではない。とりわけ、チンパンジーが腕をアミールの肩に回していて、まるで人間の親や兄弟のように見えるからである。
　イヴ・ウッドは、このイメージは、

> 　ダイアン・アーバスの写真が独特の愛情の瞬間を捉えているのと同じように、明らかにエキセントリックである ・・・ しかし、チンパンジーが、古くからのボードビリアンの友人のように少年のそばでポーズをとっている時、この絶妙な奇妙さがその中に秘めているのは静かな隠れ場所である。(Wood, 2006, www.nyartsmagazine.com/index)

とコメントしている。
　少年とチンパンジーが、演芸場の同僚のようにポーズをとっていると見るにしても、家族のようにポーズをとっていると見るにしても、シェルビンの写

図1.2　ミッキーとアミール, ロシア, 2004

真は、見る者すべてに、一見したところ非日常的な状況において、単に見慣れない要素にのみ焦点を当てる必要はないということを思い起こさせてくれる。我々はチンパンジーを単に珍しい動物として考えるべきではないのだろう。おそらく我々は、他者とどのように相互作用するかを観察することによって、我々自身をより理解できるのである。

　私が東南アジアで何年も前に経験したことは、この点を説明するのに役立つ。私は、オーストラリアでの会議で話をするよう招待してくれた人々に、バリ経由の航空券をお願いし、手に入れることができた。もっと良い別の選択肢もあったのだが、「原住民が何百年も前と同様に暮らしている村」として宣伝されている場所に小旅行することにした。

　到着してすぐに、驚くほど新しく見える数多くの茅葺きの小屋を目にした。これらの小屋の中では、地元の職人たちが、さまざまな工芸品の作成に取り組んでいるのを見ることができた。そうした小屋から聞こえてくるインドネシアのガムランの音楽に惹かれて、私は小屋に入った。思った通り、やはり、バリの男が楽器を作っていた。しかし、この旅が時間をさかのぼるということで評判だったことを考えれば、驚かされたのは、彼は現代的なサウンド・システムを用いてガムランの曲を演奏してもいたのである。彼は見上げて、私が注意深く彼の小屋の周りを見て回りながら音楽の鳴る方へ歩いてきたのに気づいて、完全に聞き取り可能な英語で言った。「あなたは人類学者でしょう！」

　このエピソードは、私に、いつも何か新しいもの、何かエキゾチックなもの、何か違ったものを見つけたいという、そうした形式の観光旅行の限界を思い起こさせてくれる。ある点では、こうしたたぐいの贅沢な観光旅行は、ちょうど、

日差し以外は自国にいるのとまったく同じ生活をするためにスペインに向かうイギリス人やドイツ人のより安価な観光旅行の旅行者たちと同じくらい、視野の狭いものだ。彼らと違ったのは、私は何か見慣れていないものを探そうとして、結局のところ何か非常に型にはまったもの —— バリについてのテーマパークのようなもの —— を見つけたということである。さらに、このバリの職人は、私のまなざしを受動的に受け取る対象というよりも、むしろ私を見つめ返し、すぐさま私自身の関心をまとめてみせたのである。

いくつかの文学作品からの例も、これまで述べてきたことと同様に、奇妙な状況の中に見出すことができるありふれた要素を示している。ベケットの短劇『しあわせな日々（*Happy Days*）』（Beckett, 1961）は、確かに非常に奇妙な場面設定である。二人の中年の登場人物、ウィニーと彼女の夫ウィリーが、巨大で、平凡で、人気のない浜の砂の中に首まで埋められている。ほとんどすべての対話はウィニーから始まる。

注意深く見聞きすれば、ここでも非常にありふれた要素がこの奇妙な場面から生じている。ウィニーの頭が砂から生えている場所のすぐ横に、彼女のハンドバッグが置いてある。その中には、ほとんどの女性が持ち歩いている通常の品々が入っていることが明らかになる。夜になると、ウィニーはバッグに手を伸ばして櫛と歯ブラシを取り出し、我々のほとんどが就寝の前にするように、歯を磨き、髪を梳かす。アーバスやピンターのカップルと同様に、就寝までは、ぎこちないコミュニケーションが彼女たちの一日の日課なのが見てとれる。ウィニーの発言の多くは、数ヤード離れた砂の中に、これまたやはり埋められている彼女の夫に向けられたものである。しかしピンターのピーティと同様に、ウィリーは自分のことしか考えられず、妻が彼を会話に参加させようと何度か試みた後で、やっと話すのみである。

現実の生活における非日常的なエピソードは、通常、こうしたありふれた特徴を含んでいる。作家、フォード・マドックス・フォードは、1922年パリのホテル・マジェスティックでの夕食会で、20世紀初頭の文学上の二人の偉大な人物、マルセル・プルーストとジェイムズ・ジョイスが会った時の逸話を語っている。プルーストとジョイスは、彼らのファンに囲まれながら対面した。彼らは対談をするように求められ、最終的に彼らは対談することになった。以下に、彼らが語った内容をフランス語から翻訳したものを示す。

> M. プルースト：「私の本『スワン家のほうへ（*Swann's Way*）』をもちろん読まれたと思うのですが、その中で書いたように …」

ジョイス氏：　［椅子の上で少し飛び上がって］いいえ。

　　　　　　　［間］

　　　　　　　「私の『ユリシーズ（*Ulysses*）』を、ムッシュー、あなたは
　　　　　　　間違いなく読まれたと思うのですが、その中でブルーム氏
　　　　　　　が言ったように・・・」

M.プルースト：［椅子の上でさらに少し大きく飛び上がって］いいえ。

　　　　　　　（Davenport-Hines, 2006: 40-1）

　フォードは、重苦しい沈黙が二人の間に続き、それが破られたのは、プルーストが彼の病気の多くの症状について語った時だったと報告している。ジョイスはそれを熱心に自分の症状と比較した。したがって、二人の文学の巨人の間の非日常的な会話どころか、聴衆たちは、二人の心気症患者のありふれた会話を聞いたのである！

　しかし、特筆すべき出来事が常にこのようにユーモラスなわけではない。イタリアの作家プリーモ・レーヴィが特に天才的な面を表すのは、想像もつかない恐ろしい出来事、ホロコーストの中の、ありふれた特徴を描く時である。以下は、家畜運搬車で強制収容所に送られる前夜、人々がどのように準備していたかについての彼の記述である。

　　　皆、それぞれに最もふさわしいやり方で人生に別れを告げた。祈る者もいれば、あえて酒を飲む者や最後にみだらな行為にふける者もいた。しかし母親たちは夜遅くまで起きていて、旅行のための食事を愛情を込めて用意し、子どもを洗い、荷物をつめた。そして夜明けには、有刺鉄線は風に当てて乾かすためにかけられた子どもの洗濯物でいっぱいになっていた。また、おむつ、おもちゃ、クッションや、子どもたちがいつも必要とする多くの他の細々したものも、母親たちは忘れてはいなかった。あなたも同じことをしないだろうか？　もし、あなたやあなたの子どもが明日殺されようとしているとしても、今日あなたは、子どもに何か食べるものを与えはしないだろうか？（Levi, 1979: 21）

そして、以下は彼の、収容所に到着する場面の描写である。

　　　すべてが、水族館のように、あるいは、ある夢の中のシーンのように静かであった。我々は、何かもっと世界の終わりを示すようなものを期待したの

だが、彼らはただの警官にすぎないようだった。それは当惑させられるようなものであり、拍子抜けさせられるものだった。ある人が思い切って彼の荷物について尋ねると、彼らは「荷物は後で」と答えた。他の人が妻と離れたくないと言うと、彼らは「後でまた一緒になる」と言った。彼らは、日々の規定の職務を行う人々が持つ穏やかな自信を持って行動していた。（Levi, 1979: 25）

　ハンナ・アーレントが論じているように、ある意味で、ホロコーストにおけるおぞましい出来事の最もありふれた特徴こそが、最も悲惨なのである。実際、クロード・ランズマンの優れたドキュメンタリー『ショアー（*Shoah*）』は、民族浄化の過程の詳細に焦点を当てているために、特に印象的なのである。この映画は、ドイツ鉄道の中堅社員へのインタビューで、人々を収容所に輸送する料金をナチス政府に請求するために使われた通常の方法——近年、フランス国鉄（SNCF）が同様の輸送によって利益を得ていたことで訴えられ、今でも注目を集める問題——についてランズマンに語る。
　以下のプリーモ・レーヴィによる一節は、強制収容所での最初の選抜から生き残った人々の生活のありふれた一面を扱っている。それは、収容所の病院に送られるということと、たった一つの食事道具を失うということとの間に潜在する、致命的な関連を明らかにしている。

　　看護士たちは・・・スプーンの売買から莫大な利益を得ていた・・・Ka-Be（収容所内の病院）に自分のスプーンを持って入ることはできるが、それを持ってそこを出ることはできない、というのは、掟なのである。それを手放す時・・・健康な患者のスプーンは看護士によって没収され、市場で売りに出される。死者や選別された者のスプーンに、まもなく病院を去ろうとしている患者のものも加えると、看護士たちは、毎日およそ50本のスプーンの売り上げの利益を受け取ることになる。他方では、退院させられた患者たちは、最初パンの配給が半分になるという不利があるために、働かざるをえず、新しいスプーンを手に入れることは二の次になる・・・

　読者のみなさんに、ラーゲリの中で、「善」と「悪」、「正義」と「不正義」という言葉が持ち得る意味について、熟考していただきたい。我々が説明してきた概略とこれまで述べてきた事例に基づいて、我々のどれだけ多くのありふれた道徳的な世界が有刺鉄線のこちら側で生き残りうるかを、みなさん

に判断してほしい。(Levi, 1979: 91-2)

　レーヴィは、強制収容所の恐怖が、その最も日常的な要素（たとえば、スプーンのような食事の道具を手に入れること）を認識することによって最もよく理解できるということを示している。しかしながら、そうした本質的にエスノグラフィー的なまなざしには、非常に注意深い観察が必要とされる。ポール・オースターの盲目の男の付添人が述べるように。

　　私はこれまで、物をじっくり見るという習慣を持ったことがなかったことに気づいた。そして、今それをするように言われたものの、その結果はとても不十分なものであった。その時まで、私はいつでも一般化しがちな傾向、物の間の違いよりも共通点を探すという傾向を持っていたのである。(Auster, 1990: 117)

　そうした違いを認識することは、エスノグラファーにとって、有用なモットーである。このことを、20世紀初頭のドイツ人言語哲学者、ルートヴィヒ・ヴィトゲンシュタインも理解していた。彼の学生のひとりが、ヴィトゲンシュタインが自分にとって重要なことがらについて述べた以下のようなコメントを覚えている。

　　ヘーゲルは、異なって見えるものが実際には同じであるといつも言いたがっているように私には思われる。私の興味は、同じに見えるものが実際には異なっているということを示すことにあるのだが。(Drury, 1984: 157)

　ヴィトゲンシュタインと同時代のドイツ語話者、ヴァルター・ベンヤミンもまた、同様に一見瑣末な対象の間の違いに魅了されていたように思われる。ハンナ・アーレントは、「ベンヤミンは、小さな、そして、微細ですらあるものへの情熱を持っていた。彼にとっては、物のサイズは、その重要性に反比例するものであった・・・物が小さければ小さいほど、その物が、最も集約された形で他のすべてのものを包含することができると、ますます思われるのであった」(Arendt, 1970: 11-2) と述べている。
　ベンヤミンは、彼が「真珠」あるいは「珊瑚」と見なしていた、日常生活の中からピックアップしたものを書いたノートを持ち歩いていた。「時おり彼はそれらを声に出して読み上げ、まるで極上の、貴重なコレクションの中の一品

であるかのように、それらを周りに見せびらかすのであった」(1970: 45)。

■■■■ インターネット時代のエスノグラフィー

　今日では、ベンヤミンとは異なり、我々は、個人的なノートを用いるよりもむしろ、観察をフェイスブックやインターネットの掲示板、チャットルーム、または、先に見たように、ブログに投稿する。過去20年の間に、インターネットは我々が世界を見る見方を変えてしまった。以前よりもより多くの情報にアクセスしているだけではなく、ソーシャルネットワークのサイトによって、我々は新旧の友人や仲間たちと瞬時にコミュニケーションをとることができるようになった。ロバート・コジネツは、こうした変化の規模と、そうした変化が潜在的な可能性として持つ解放的な影響を、次のように描いた。

　　1996年には、公開されたコンテンツを、主に北米と西ヨーロッパの4500万人のグローバルなユーザーからなるオンラインの世界へ提供している約2万50000のサイトが存在していた。2009年には、もはや世界の人口の22%にあたる、15億を超えるインターネットユーザーが世界中に存在している。さらにこれらのユーザーは、1996年にそうであったように、公開されたコンテンツを受動的に消費しているわけではなく、積極的にお互いにコミュニケートしている。彼らは、社会的な同盟や協力関係を形成し、表現し、深めるために手を差し出し合っている。(Kozinets, 2010: 2)

　アネット・マーカムが指摘するように、そうした活発なコミュニケーションによって、我々はより多くのアイデンティティを形成し、それらの間を自由に行き来することができるようになっている。

　　私が書く時・・・私自身の世界だけではなく、私の**その**世界に対する理解についてのスナップショットを提示するために、コンピューターのさまざまなプログラムやスマートフォンが協力してくれる。私はニュースをふるいにかけ、友人から送られたリンクを追い、世界についての知識を構築するために、ランダムな、あるいはさほどランダムではない情報の道すじをたどる。私はさまざまなソーシャルネットワークをざっと眺めて、そこに投稿する。それぞれの文脈は固有のものであり、それぞれの投稿は、微妙に異なっ

たバージョンの「私」によって書かれたもので、微妙に異なった読者に向けられたものである。私は、新しいレシピを投稿する料理人であり、写真家であり、方法論者にもなることができ、バードウォッチャーにも、複数参加型オンラインゲームのプレイヤーにも、アバターに基づいたソーシャル・スペースの女性の主にも、あるいは、ユーチューブでの口コミ動画への私の辛辣なレビューや、あるいはアマチュアのポルノビデオにおける役で知られている、ちょっとした有名人にもなることができる。もし私が非常に重要な人物であったなら、ゴーストライターのチームを編成して、ツイッターを通じて私のアイデンティティを演じることができるだろう。（Markham, 2011: 121）

　しかし、これらの楽観的な説明にもかかわらず、インターネットという新たなテクノロジーが、ありふれた習慣的な活動に対するエスノグラフィックなまなざしをどのくらい支持してきたか、と問いかけることには価値がある。確かに、我々は今日、情報の洪水にさらされている。しかし、それは、どんな種類の情報であろうか？
　多くのウェブサイトで見ることのできる、常に更新し続けるニュースの中の物語を取り上げてみよう。そうした物語を見ることで、我々は取り散らかった細部すべての中から、どれほど出来事の手触りをつかむことができるのだろうか？　あるいは、そうしたニュースはしばしば、映画のオープニングのような「疑似的な出来事」、つまり、「純粋に宣伝のために、もしカメラが向けられていなければ起こらないであろう何かを生じさせようと企図された出来事」を報告しているのだろうか？（Andrew Mueller, 'Defining Moment' *Ft.Com Magazine*, 2010年8月14/15日: 46）
　『ビッグブラザー』のようなテレビのリアリティ番組についてのインターネットでの扱いは、その好例である。マイケル・バイウォーターが辛辣に指摘するように、このメディアは、

　　彼らがそれは駄作だから書かないと言っていても、［ビッグブラザーについて］長々と書くだろう。彼らが駄作と言っているのは、それが駄作だと言われること以上に、人々にリアリティ番組を視聴させるものはないからであり、したがって、それは結局のところ駄作ではないのである。（Bywater, 2007: 119）

　現実の出来事についての情報を手に入れる時でさえ、我々はそこから実際には何を学んでいるのだろうか？　マイケル・ジャクソンの主治医の裁判やアマ

ンダ・ノックス〔訳注：2007年イタリアでイギリス人女子学生メレディス・カーチャーが遺体で発見され、ルームメイトのアメリカ人女性アマンダ・ノックスとその交際相手が逮捕、起訴された〕についてのいつ終わるとも知れない報道（ボックス1・1参照）は、有名人や「危険な」女性についての我々の先入観を強化する以上の何かをしてくれるのだろうか？

ボックス1・1　見出しの中の有名人

フォクシーは、カーチャーの家族を思いやるか？〔訳注：フォクシーは、性的魅力のある女性を指すスラング〕

（Daily Mail, 2011年10月7日）

アマンダ・ノックス、シアトルに帰郷「精神的に打ちのめされる」

（Good Morning America ? Wednesday, 2011年10月5日）

マイクル・ジャクソンの主治医、マイケル・ジャクソン死亡時ガールフレンドを呼ぶ

（www.mtv.com — 2011年10月4日）

マイケル・ジャクソン、人形と一緒に寝ていた

- ・赤ちゃんの写真でいっぱいのベッドルーム
- ・ドラッグのボトル、部屋に散乱

（Sun, 2011年10月7日）

マイケル・ジャクソンの顔の歴史

（www.anomalies-unlimited.com）

エスノグラフィックなまなざしは、たとえば、法廷における慣習的な組織化、あるいは弁護士がどのように医師や若い女性についての典型的理解を用いるか、といったことを解き明かすことを求める。一方で、このような絶えず更新され続けるニュースは、通常、非日常的な出来事を、「良い」人々と「邪悪な」人々についてのステレオタイプを無反省に使用することによって理解するように助長するだけである。ジュディス・フランダースが述べるように、

> 「セックスは売れ、死は売れる」のである。それら二つを合わせて、ひとりの暴力的な女性の中に投げ込めば、新聞には天国だ。「フォクシー・ノクシー」というニックネームは、セックスを楽しむ若い中流階級の女性というイメージを作り上げた。そこから、彼女の性的嗜好が彼女を異常者にしたと示唆するまでに、それほど時間はかからなかった。そして、彼女は異常者であるか

ら、九分九厘人殺しでもあるということになった。(Flanders, The Women's Room, *Guardian*, 2011年10月7日)

　さらに悪いことには、ソーシャル・メディアの時代になったことで、双方向的でない限りは重要ではない、といった考えが確立されてしまった。このことは、たとえばBBCのウェブサイトがニュースを流す際に、常に「もしあなたがその場にいたのなら、何を見て、何を考えたかについてお知らせください」という要請を付け加えるようになることを意味している。あなたがそこにいなかった場合でさえ、バイウォーターが指摘している次の例のように、ニュースを流すウェブサイトは、常にあなたの意見を歓迎するということを明確にしている。

　　BBCウェブサイト「あなたの声」セクションでは、「トロント航空機墜落事
　　故：あなたの反応」を求めています。(Bywater, 2007: 26)

　バイウォーターがコメントするように、では、そうした災害に対して何を言うことが期待されているのだろうか？　ひょっとすると「素晴らしい！　よかった！」なのかもしれない。同様に、災害に巻き込まれた不幸な人々が、どれほど「どんなお気持ちですか？」という質問に答えるよう促されるかについて、考えてみてほしい。
　そうしたたぐいの「相互作用性」は、エスノグラファー的なまなざしのまさに対極にある。それは、インタビュー参与者が、見かけ上非日常的な出来事が社会的に組織化されたものであることを洞察するのを阻み、社会的に適切な反応を披露するよう促す。誰かが悲劇的な状況で亡くなった時、その家族が「プライバシー」を要求する声明を出さなければならないのはなぜなのか？　それは、相互作用の時代である今日において、私的なものは何もないからである。我々は皆他者の悲しみに対する欲求を持っており、それを眺めたり、楽しんだり、それに対してコメントしたりするのである。
　対照的に、エスノグラファーのまなざしは、社会的組織化にしっかりと向けられている。したがって、親戚にインタビューするよりも、我々は「死」という事実がどのように成し遂げられたのか、に注目する。デヴィッド・サドナウ(Sudnow, 1968) が示したように、看護士のシフトが固定されていることが意味しているのは、もし誰かが早朝に病棟で死ぬと、夜間シフトの看護士は家に帰るのが遅くなるのを避けようとして、それを見逃したいという気持ちになる

かもしれない、ということなのかもしれない。このようにして、患者の「死」は、昼間のシフトの看護士に発見されるまで起こらないのである。

　あるいは、もっと非日常的な例を挙げれば、ケネディ大統領は狙撃された後、現在伝えられるところでは、銃撃で頭の半分が失われた状態でダラス病院に運び込まれた。私の直感では、あなたや私がそのような状態で救急治療室に到着したとすれば、ざっと診察が行われたのちに、「到着時死亡」(dead on arrival :DOA) として記録されるだろう。しかしスタッフは、まさに大統領への対応をしていたからこそ、それ以上のことをする必要があった。そこで彼らは、ケネディに1時間近く取り組み、それによって、そのような重要な患者に対してベストを尽くしたことを示してみせたのである。したがって、両方のケースにおいて、非日常的な出来事の中にありふれた特徴を見出すのがエスノグラファーの本能なのである。

　インターネット上のコミュニケーションの特定の側面は、エスノグラファーのまなざしを適用するのが特に難しいかもしれないことを私は論じてきた。このことは、インターネットの資料が、エスノグラフィー的調査の大きなデータソースとなりえるという指摘と矛盾しないということは、指摘しておくに値する (Kozinets, 2010; & Markham, 2011)。

■■■ 現代文化からくる四つの欲求に打ち勝つ

　このあたりで、一度整理をしておくのがいいだろう。エスノグラファーのまなざしには、非日常的な状況の中のありふれた特徴を見つけ出す能力と、日常生活の中で何が特筆すべきことなのかを同定する能力、という二つが必要とされる、と私は述べてきた。もし私が提案しているやり方に自分のまなざしをうまく再調整できなくても、心配しないでほしい。私が考察してきたような一般にはあまりよく知られていない作家、哲学者、写真家についてよく知っていたとしても、そうした道はたやすいものではないだろう。部分的には、これは、現代文化が新たな情報技術に支えられて、エスノグラファーが行っているようなやり方で世界を見るのを避けるよう刺激しているからである。どういうことか、少し説明してみたい。

　日常の世界は見慣れたものであるからこそ、それは他と区別のない退屈な同一性として我々に現れる。こうした見かけ上の同一性は、大衆文化が劇的な出来事を強調することによってさらに強化される。このことは、志のあるエスノ

グラファーは、私たちが気晴らしのための音楽や映像を楽しむ時に繰り返される多くのメッセージや欲求に抗わなければならない、ということを意味している。

　以下は、今日の世界において、我々の身の回りで見出すことができる、私が重要なメッセージだと考えるものについての簡単なスケッチである。私が述べていることの正確さをテストするには、メディア制作物の何があなたにとって魅力的なのか（たとえば、音楽、映画、本、コンピューターゲーム、インターネットのチャットルーム）について考え、私のコメントがどれほどぴったり当てはまるか考えてみればよい。

■ 1．すべてのものが同じであるべきという欲求

　これは、現代文化に対する描写としては奇妙なもののように見えるかもしれない。つまるところ、我々は皆、非常に異なった好みを持っているのではないだろうか？　映画についての好みを考えてみよう。アクション映画が好きな人もいる。ロマンティック・コメディーが好きな人もいれば、探偵物が好きな人もいる。これらは、きわめて異なったジャンルの映画ではないだろうか？

　イエスでありノーである。それらの映画の内容と構造は異なっているかもしれないが、すべて、何らかの**ジャンル**に属する映画である。このことは、映画館に入ったり、DVDを観る前でさえ、これから観ようとしている映画の登場人物がどのような人物なのかということや物語展開の方向性について我々が明確に予期している、ということを意味している。したがって、たとえば、ロマンティック・コメディーでは、幸せへの道が、数多くの複雑な出来事や登場人物によって困難を与えられるような、恋人二人が主役だろう。実際、そうしたジャンルによる特徴はストーリー・テリングにとっては基礎となるものであり、1930年代に、ロシアの文芸批評家ウラジーミル・プロップは、あらゆる西洋の物語は実に六つ程度の基本的な構造にまとめることができる、ということを見出している（Silverman, 2011: 76-8 参照）。

　しかしながら、そうした繰り返し使用される構造を、映画や本の中で見られる物語に限定されるもの、と考えるのは間違いである。たとえば、現実の生活における悲劇的な事故や災害についてのメディアによるレポートについて考えてみてほしい。そうしたレポートについて少し研究するだけでも、悲劇的に亡くなった人は非常に特別な人生を生きてきたという、不変のように思われる社会的事実を明らかにすることができる。悲劇的な状況で死んだ人は、必ず特筆

すべき特徴を持っている。これを信じられないのであれば、地元の新聞やウェブで関連する記事を探して、自分で見てみるといい。そのように資料を眺める時、あなたは、一見したところ非日常的な出来事や状況の中に、反復的で、ありふれた要素を探そうとするエスノグラファーになっているのである。

　それらのメディアによるレポートで起きているのは、プロップが取り出した基本的な種類のジャンルの特徴を持つ物語の産出である。つまり、ヒーローやヒロインが、助っ人の活躍にもかかわらず、ドラマティックな、あるいは邪悪な人々や出来事に打ち負かされるのが見出されるだろう。奇妙なことに、これらのレポートは、我々に「ニュース（新しいもの）」を提供するとされているにもかかわらず、それらの大部分は同じことを何度も繰り返している。

　同じような問題は、有名人のインタビューの中でも起きている。BBCテレビのヤング・ミュージシャン・オブ・ザ・イヤーを決める大会についての報道を取り上げてみよう。最近では、それらの優れたアーティストたちによる実際のパフォーマンスが放送されることはますます少なくなっている。その代わりに、パフォーマンスの前後でのプレイヤーへのインタビューが放送される。音楽を聴く代わりに、我々はプレイヤーの趣味や、彼らがパフォーマンスの最中にどのように「感じている」かについて知ることになる。

　あるいは、作家へのインタビューを取り上げてみよう。おそらくそれは、こうしたジャンルの最たるものである。そこで文学としての執筆に関する質問や、特定の文学の伝統に参加することとしての執筆に関する質問を見出すことはほとんどない。代わりに、いつでも同じ二つの質問を見出すだろう。

- 毎日どのように書き始めますか？
- 物語は、あなた自身の人生とどのように関連していますか？

　芸術作品を作者の信念や経験に還元してしまおうとするこうした試みは、小説家イアン・マキューアンが「主体性の歓喜（the exultation of the subjective）」と呼んだものを反映している。そこでマキューアンは、フィクションを読む（そして書く）ためのいくつかの分別のあるルールを指摘する。

　　[あなたが] 登場人物を「好き」ではないということは、あなたがその本を好きではないということと同じではないのです。あなたは、中心人物は素晴らしい人物だ、と考える必要はありません。登場人物についての見方はあなたのものである必要もありませんし、それは必ずしも作者としての見方であ

るとも限らないのです。小説は、いつも**あなた**[すなわち作者]**についてのす
べて**とは限らないのです。(McEwan, *Guardian*, Letters, 2007年4月7日)

　最近行われたイギリスのテレビ局による、アメリカの小説家フィリップ・ロ
スへのインタビューは、作家よりも小説それ自体に注目すべしというマキュー
アンの要求を無視するものであった。インタビュアーのマーク・ローソンは、
ロスに、ある人物の病気と死をめぐる彼の最新の小説(*Everyman*)を、ロス
自身の病気の経験と結びつけさせようとした。ロスはこうした質問の方向性に
次第に怒りを募らせ、ついには、皮肉っぽく次のように答えた。

　　　そうです。すべては実際に私にそのように起こったことなのです。実際、
　　まさに文字通りに起こりました。私がしなければならなかったことは、それ
　　らを書きとめることだけだったのです。

　ローソンをだしにしてロスが語ったジョークは、1940年代のアメリカの偉
大なソングライター、サミー・カーンの、よく尋ねられる質問「あなたが曲を
書く時、何が最初に来ますか?　言葉?　それとも音楽?」についての逸話を
思い起こさせる。それに対してカーンは、「いいえ。言葉でも音楽でもありま
せん。最初に来るのは電話です!」と答えた。
　カーンのジョークは、非常に重要である。それは、創造的なアーティスト
の「経験」についての我々の関心は、中心的なエスノグラフィー的問題を無視
してしまう、ということを示している。つまり、彼らの非凡な作品が、芸術
的な実践の社会的組織化の中にどのように位置づけられるかという問題である
(カーンのケースでは、新しく作曲することが、どのようにして特定の依頼から生
まれるか)。
　このことは、インタビュアーが個人的な出来事の中にアーティストの「イン
スピレーション」を探そうとすることによって、文学作品の産出へのエスノグ
ラフィー的関心が押しやられてしまう、ということを意味する。ピコ・ライ
ヤーが指摘したように、今ではそうしたインタビューが、小説それ自体よりも
中心的であるように思われる。彼が述べるように、「有名人文化の時代におい
ては ··· 書き手は本を**書くこと**よりも**それについて**話すことを促され、自分
自身が(逆であるよりも)本によって販促される商品となる。」
　彼は、小説家で批評家のスーザン・ソンタグによる、インタビュアーによる
彼女の人生についての質問への攻撃的な返答について、次のようにコメント

している。「私は彼女の反応の中に、おそらく、書籍の感覚を持って育ち、そ
れらについてのおしゃべりやテレビでの紹介、グーグルでの順位ではなく、語
ることの力を本当に重要に思い、それを持つ、最後の世代の断末魔の声を聞い
た」(*Guardian*, Review, 2006年7月8日)。

　次に述べる第二の欲求は、満足できる、馴染みの物語への我々の渇望という
先に指摘した論点が、小説や映画に限定されるのではなく、我々が普段どのよ
うに周囲の世界を見ているかにまで拡張される、ということを強調するもので
ある。

■ 2.　良い物語への欲求

　　ロードサービス会社グリーン・フラッグの調査で明らかにされたことによ
　れば、三人のうち二人の運転者が「野次馬見物」―― 事故をじっくり見よう
　として、通り過ぎる時に車のスピードを落とすこと ―― をしたことがある
　と認めた。また10%もの人が、じっくり見るために実際に車を停めたことが
　あり、20人のうちひとりは野次馬見物中に衝突事故を起こしたことがあった。
　(*Guardian*, 2006年の記事)

　なぜ我々は、このように「野次馬見物」をしがちなのだろうか？　その答え
が、1960年代に、ハーヴェイ・サックスの古典的な講義の中で示されている。
サックスは、「経験」は我々の頭の中だけに存在するものなのではない、と論
じる。そうではなく、その経験が直接的なものか間接的なものかによって、社
会が、我々の「経験」する「権利」を等級づけしているのである。このことは、
物語の力は、物語の話者が、語られる出来事を「経験した」と主張できる程度
に依存している、ということを意味している。

　高速道路での玉突き事故を実際に見ることは、単に同じ出来事をテレビのレ
ポートでちらっと見るよりは、はるかに「真正性」を与えてくれる。ゆえに、
野次馬見物が多いのである。

　そこで、経験を所有したいという欲求は、実際に路上の事故死と関連しうる
のである！

　このことは、エスノグラフィーに対して明らかな含意を持っている。我々は
「フィールド」から戻った時に、直接「経験」したという権利を行使するお金
持ちの観光旅行者たちのように振る舞うだろうか？　そうなら、我々の説明は、
おそらく奇妙な人々の関わる劇的な出来事に焦点化されるだろう。そうではな

く、別のやり方として、我々の置かれた環境における行動の習慣を理解し、研究してきた人々と我々自身との間の違いだけではなく、共通点も認めることができていたであろうか？

■ 3.　スピードと活動に対する欲求

> イアン・マキューアンの『土曜日（*Saturday*)』は、最近の一番のお気に入りだ。それは、活動を一日の中に見事に凝縮している（'My Media', Pippa Haywood, *Media Guardian*, 2006年3月27日）

　マキューアンの小説に対するヘイウッドの評価は、妥当なものに思われる。彼女が述べるように、ほとんどの小説は行為が何か月、あるいは何年間にさえわたるが、マキューアンの本の中の出来事は一日の間に起こる。
　しかし、どんな一日であれ、語りを展開するだけの十分な活動はないと考えるのは難しいはずであるのはなぜか？　これまでの私の議論を読まれてきたなら、すでに答えは明白なはずである。ポピュラーカルチャーにおいては、日常生活は、十分な「出来事」を含んでいるとは認識されない。それとは対照的に、イアン・マキューアンのような小説家は、優れたエスノグラファーのように、一日のうちのさまざまな出来事を取り上げ、非常に複雑な世界を解きほぐすことを始められるのである。実際、丸一日というのは、かなり長い時間の幅になりえる。ちょっとした出来事や会話を詳細に分析することが、我々のフィールド場面における日常的なやりとりを理解するための鍵を提供することにつながるかもしれないのである。

■ 4.　完結させたいという欲求

　私は、ポピュラーカルチャーが、刺激的なイメージと予想可能な物語展開によって楽しく夢中になりたい我々の欲求に訴えかける、ということを論じてきた。これは、目新しいことではない。何世紀も前の時代も、生産と消費の技術は非常に異なってはいたが、やはり同様の衝動がポピュラーカルチャーによって満たされていた。18世紀に公開処刑の物語が人気を博していたことや、何世紀もの間、童話がいかに子どもたちを夢中にさせてきたかを考えてみてほしい。今日の大部分の語りのように、我々は、すべてのプロットの伏線が回収される、満足のいく結末へと向かう話の展開を予想することができることを知っ

ている。

　すべての被疑者が最後に一つの部屋に集められ、才気あふれる探偵がすべてを説明し、それによって殺人者が特定される、アガサ・クリスティの探偵物語のお決まりの型について考えてみてほしい。あるいは、車いすに座る男がアパートの窓から犯罪を見る、アルフレッド・ヒッチコックの有名な映画『裏窓（Rear Window）』を取り上げてみよう。物語全体が、ジェームズ・ステュアートが隣のアパートで進行する出来事を見ている中で展開される。

　しかしそれは、どの程度リアリティを持ったことなのだろうか？　物語はそれほどいつでも整っていて、直接的に見ることができるものだろうか？　以下は、アンドルー・カウアンの私立探偵についての最近の小説の中の、それとは対照的な見方である。

> 　何年も、私はプロの探偵として働いてきた … 私は、何であれきちんと構成されて、たやすく解釈できるものなどまず見たことがない … 多くの場合、ただ断片を見るだけだ —— 一瞥や垣間見、全体構図の一部、物語の一部 … それは、粗くて、部分的な眺めで、坑道の中は鮮やかにはっきりとは見えない … しかしそれは、多くの忍耐強さ、勤勉さ、慎重さを必要とするものだ。(Cowan, 2006: 67-9)

　私の考えでは、そうした「忍耐強さ、勤勉さ、慎重さ」の必要を最も認識していた社会学者は、ハーヴェイ・サックスであった。以下は、そうしたアプローチを照らし出すサックスからのいくつかの引用である。サックスは通常「会話分析（conversation analysis：CA）」と呼ばれる、高度に専門的なアプローチと関連づけられるが、それらの引用からは、彼の出版された講義がエスノグラファーにとって金鉱である、ということがわかる。

▰▰▰ 細部をめぐるサックスの議論

> 　追い求めるべきは真実であり、珍しさではない。不規則なものはおのずと存在する … そして非常に多くの場合、我々がいくつかの一般的な真実を見渡し、それらを並べて何がそれらを真実にしているのかを再度感じようと試みる時に、珍しさは、それらの間を満たす空間の中に、神秘的に芽吹くのである。(Baker, 1997: 24)

エッセイスト、ニコルソン・ベイカーと同様に、サックスにとって、珍しさは決して重要ではなかった。ベイカーが述べている、見慣れたものの中から珍しさが神秘的に芽吹くということは、シェグロフが、サックスの研究の中では「会話の中で、あるいは会話によって、行われていること［を見ていること］の中で、それまでは疑問を持たれていなかった細部が決定的な資料となる」(Sacks, 1992, 1: xviii) と述べていることと一致する。

サックスは、「何かが重要かどうかをすぐさま言うことは可能だという考え」を拒否した（1992, 1: 28）。彼は、生物学の事例を使って、見た目では小さな対象（「一つのバクテリア」）が、我々の知識に革命を起こすことができる、ということを示している。

「何らかの対象、たとえば、ことわざが、人間が物事を行うやり方や、問題を構成し秩序づけるのに彼らが用いているさまざまな対象について、非常に多くの理解を与える可能性がある時に」(1992, 1: 28)、なぜ、たとえば、国家や革命を見なければならないと決めつけるのだろうか？

たとえば、あなたが自分の行為について疑問を持ったら、効果的な反応の一つは、「みんなやってるでしょ？」と言うことだろう（1992, 1: 23）。ここで、この紋切型の表現の「みんな」という点に訴えることは、統計的な主張というよりも修辞的な装置として機能している。そのようなものとして、それは行為についてのあなたの説明責任を制限するのに貢献している。というのも、そうした行動は「普遍的な」ものと見ることができるからである。

同様に、そのことわざが「正しい」かどうか、あるいは「この場合には正しい」かどうかとはまったく関係のない理由で、あることわざ（たとえば「遅くてもやらないよりはまし」）を呼び出すことは、強力な会話上の一手なのである。サックスは、ことわざを会話を始める糸口として用いることは、概して、聞き手の側から同意を引き出す合言葉となると述べている。この点で、それはもう一つ別の、効果的な方便であるのだろう。

対照的に、引き合いに出されたことわざに同意できない人々は、ことわざを語った人によって会話が突然終えられたと思うだろう。それは、ことわざが、通常議論の余地がないものとして、したがって、会話が皆知っている何かとして扱われるためかもしれない（1992, 1: 25）。よって、ことわざに疑問を持つことは、ことわざを宣言することによって意図した方便に対抗する、効果的な手段なのである。

サックスと同様に、ベイカーも、一般的に広まっている「大きな」問いのた

ぐいを受け入れるのを拒否する。ベイカー（1997）による、句読法の歴史から
爪切りの美学や古い図書館のインデックスカードにまで至る、一見些細に見え
るトピックについてのエッセーは、一部の読者を激怒させるかもしれない。し
かしながら、そうした一見些細に見えることがらの背後に、私が重要な意図と
見るところのもの、つまり、一見したところ「小さな」対象に見えるものを詳
しく検討することによって明晰さと洞察を求めることが存在している。サック
スの講義を読んだ読者なら疑問の余地のないことだが、社会科学者たちは40
年前に、「大きな」問題についての空っぽの議論を避け、小さなものから多く
のものを生み出すエレガントな分析を選んで、まさにこのような道を歩いてい
くように誘われていたのである。

　サックスは、重要な研究は細部に注意を払うものであり、何か問題であれば、
それは観察可能であるはずだ、と確信していた。たとえば、ある魅力的な一節
の中で、サックスは、アメリカの社会心理学者G. H. ミードの、我々は、観察
では手に入れられないもの（たとえば、「社会」「態度」）を研究する必要がある
という提案が社会学に与えた有害な影響を指摘した。サックスがコメントして
いるように、

　　しかし、社会的活動は観察可能で、それらを自分の周りで見ることができ、
　　それらについて書くことができる。テープレコーダーは重要ではあるが、そ
　　の多くはテープレコーダーなしで行うことができる。それを見ることができ
　　ると思うなら、それは観察を用いた研究を組み立てることができる、という
　　ことを意味している。（1992, 1: 28）

しかしながら、エスノグラファーの賞賛に値するような細部に対する注意
が、サックスの厳密な方法論的要求を満たしていることはめったにない。特に、
我々が「見ている」ように思われることを当たり前と考えることは、危険であ
る。サックスが述べるように、

　　（研究上の）問題を解決するのに先立って、起こったと考えられることが何
　　なのかについて設定する際に、おそらく起こったであろうことと理解してい
　　るものを、起こったに違いないこととしてしまってはならない。（1992, 1: 115）

ここでサックスは、我々の「おそらく起こったであろうことについての理
解」は、十分な検討を経ていない、我々の社会の成員としての知識から導かれ

がちである、ということを伝えている。そうではなく、我々は、観察可能で報告可能な「出来事」として、特定の活動を生み出すために成員が使用する方法を検討することで、慎重に前進しなければならない。それは、「何らかの現象を受け入れる」（1992, 1:437）ものとしてではなく、能動的にそうした現象を**形成する**ものとして、人々が見なされるべきである、ということを意味している。このことについてサックスが挙げている例を、いくつか見てみよう。

■■■■ 路上のスピード

　「スピード違反」という現象を取り上げてみよう。人はどうやってスピード違反していると知るだろうか？　一つの方法は、車のスピードメーターを見ることである。しかし、もう一つのよく使われる方法は、他の車の交通状況と自分の車の動きを比較することである。そして「交通状況」というのは、道を利用している人々によって能動的に組織される現象である。サックスが指摘するように、

> 　人々は、運転しているのがどこであれ、いつであれ、誰であれ、彼らの車を何かしらへと群がらせているように見え、それが「交通状況」である。それは社会的事実として存在しており、運転手がやっていることである … したがって、「ある交通状況」という言葉によって、私はいくつかの車があるということを意味しているのではなく、「交通状況」として使うことができるひとまとまりの車があるということを意味しており、ともあれそれらは走行している、それらの車は群れをなしている、そして、速く、または遅く運転していると思うのは、「その交通状況」の点からなのである。（1992, 1: 437）

　ここで、「その交通状況」は自然な事実であるというよりも自己組織化するシステムであり、そこにおいては、どのように人々が「交通状況」を定義するかを参照することによってスピードを調整している、ということをサックスは論じている。交通状況は、このように、社会秩序がどのように推測可能なものを参照することによって構成されるのかの、メタファーとして役立つ。それはまた、どれだけ「他者の心（この場合には、他のドライバーの心）を読む」能力が、精神病的な妄想なのではなく、いかに社会秩序のための条件となっているか、ということも示している。したがってサックスにとっては、「交通状況」

と「スピード」は自然な事実ではなく、ローカルに組み立てられた現象なのである。同じような特徴が医療面接においても見られ、そこでは医師は、何が「正常」か、その人にとって何が正常なのかについて引き出したものに基づいて着目する（Sacks, 1992, 1:57-8）。

■■■■ 路上の犯罪を観察する

　サックスにとってみれば、警官たちは、アーヴィング・ゴフマンが古典的なエスノグラフィー『行為と演技——日常生活における自己呈示（*The Presentation of Self in Everyday Life*）』（Goffman, 1959）で研究したシェトランド諸島の人々と同様の問題に直面している。警官たちが我々みなと共有している問題は、紛らわしい状況の中からどのようにして道徳的な特徴を推測するか、ということである。この問題を解決するために、警官は「担当する巡回区域を正常な状況として扱うよう学び」（Sacks, 1972: 284）、それによって、正常な状況の中のほんのわずかな変化を、調べるに値する「不調和」として扱うことができるようになる。いたるところで、警官は、刑事弁護士、裁判官、陪審員と同様に、デヴィッド・サドナウが「通常」犯罪の類型と呼んだものがどのような見かけを持つか、ということについての仮定を持ちながら働いている。
　サックスのコメントの含意は、社会のメンバーがどのようにカテゴリーを使うかということについての研究を行うことによって、エスノグラファーは、彼ら自身がどのようにカテゴリーを使うかについても非常に注意深くなるべきだ、ということである。たとえばサックスは、特定の（作り出された）発話を「シンプル」、「複雑」、「くだけた」、「格式ばった」ものとして特徴づけることに何の問題も感じていないように思われる二人の言語学者を引用している。サックスにとっては、そのようにせっかちにデータの特徴づけを行うことは、「（彼らが）行っていることが何であるかを分析することなしに、それを知ることができる」（1992, 1:429）と前提していることである。40年の間、彼のコメントは、質的調査において、特に、研究者がインタビューデータを分析する際に時おり見られる、せっかちなデータのコーディングに対する批判であり続けている。

■■■■ ありふれたものへの回帰

　シェルビンのさらに二つの写真を通して、メインテーマに戻ってこの章を結論づけようと思う。最初は、老人と少女の写真である。このありふれた出会いの中に、我々はどのように特筆すべきことがらを見出すことができるだろうか？

　キャプションで成員カテゴリーである「祖父」が用いられていることに注意してほしい。このカテゴリーは、我々がその写真を見る見方を固定する。サックスの、人々の間のチームのような特性を探すべきだという提案に従うならば、このことは、ソファーの上にいる子どもが孫であるだけでなく、十中八九、この男性の孫である、ということを示している。

　しかし、すぐに多くの謎が浮かんでくる。ソファーにうつろな表情ではまり込むように座っているように見える子どもの奇妙な様子を、我々はどう理解すべきなのだろうか？　何であれ、これは、この子どもが祖父と一緒にいる時の行動のしかたなのだろうか？　パーティドレスと見えるものを着ているという事実から、これは見知らぬ多くのパーティ客のためだろうか？　たとえ彼女が身内に会うのを嬉しく感じていなかったとしても、このように着飾って喜んだのではないか？

　さらに、祖父についても何か奇妙なところがある。祖父母が孫たちを楽しませようとすべき時に、どうして祖父のまなざしはこんなにもみじめなのだろう

図1.3　祖父, ロシア, 2003

か？　そして、なぜ彼は孫娘から少し距離を置いて立っているのだろうか？本来、孫娘に会うのは幸せなことではないだろうか？（先の写真の中の）ミッキーのようなチンパンジーが子どもの肩に腕を回すことができるなら、どうして彼は自分の孫娘の肩に腕を回すことができないのだろうか？

　シェルビンの写真を見ても、これらの謎に対する答えは得られない──見るものに何らかの結論を押しつけてしまいたい、という衝動に負けない限りは。その代わりに、それが我々の期待から逸脱していることによって、日常生活における儀式についてじっくり考えることにつながる。

　同様に、作家たちは我々に、ありふれた存在の輪郭に目を向けることを要求してきた。以下は、フィリップ・ロスの、ある家族の葬儀の結末についての部分である。

　　　それが最後であった。特別なことは何も語られなかった。彼らは皆、言わなければならないことを言ったのであろうか？　いや。彼らは言わなかったのであり、そしてもちろん、言ったのである。州全体で、その日に、これと同様の500の葬儀が行われていたのであり、それらは、習慣的で、平凡で・・・興味深さにおいて他と少しも違わないものであった。しかしだからこそ、最も苦痛なのはその平凡さなのであり、死という事実をまたもう一度登録するということは、あらゆるものを圧倒するのである。(Roth, 2006: 14-5)

　シェルビンやアーバスとは異なり、ロスは、謎を仕掛けることなく、我々をありふれた存在の持つ習慣的なものに直接導く。にもかかわらず、ありふれた

図1.4　無題01

出来事の何が特筆すべきことなのかを明らかにするために、彼は文学的な洞察力を用いる。エスノグラファーだけでなく、三人の芸術家すべてにとって、家族の葬儀といったルーティンは、アーバスが「無数の計りしれない習慣」と呼ぶものの集合の中の一つとして見ることができる。

　しかし、覚えておられるだろうように、このコインにはもう一つの面がある。私は、非日常的な、あるいは、特筆すべき場面は、ありふれた習慣をも我々に思い起こさせるはずだと指摘してきた。シェルビンの別の、サーカスのパフォーマーの写真を取り上げてみよう。

　この写真の中では、別の小さい少女が、今度はバレーの衣装を着ている。しかし、彼女は男の手の上で、バランスをとっている。非日常的な情景である。それでもなお、我々はこのイメージから、ありふれた特徴を取り出すことができる。

　我々は、この写真がシェルビンのサーカス芸人の作品からとられたものであることを知っている。少女のドレスと男の衣装は、彼らが明らかにサーカス芸人であることを示している。さらに我々は、男のカメラに向けるプライドに満ちたまなざしや、大きく腕を広げた少女のポーズに注目することができる。どちらも、彼らのパフォーマンスを賞賛することを我々に求めているように見え、また、祖父の写真とは異なり、両者ともお互いの存在を幸せに感じているように見える。

　したがって、この場面の奇妙さは、直接エスノグラファーをありふれた存在に対する疑問へと導くことになる。たとえば、サーカスの生活におけるルーティンとは何であろうか？　それは、大人と子どもの間のどのような関係を促進し、あるいは禁じるのだろうか？　そのような疑問は、我々を異なった労働環境についてのエスノグラフィーに方向づけることになる。

　したがって、アクロバットとチンパンジーを含むサーカスの生活は、日常性と共存できるのである。同じことが、精神病のような一見したところ非日常的な出来事にも当てはまる。アラン・ベネットが彼の母親の抑うつとパラノイアについてコメントしているように、「彼女が非現実へと向かう時、いつでも、母はいつもそうであったように内気で、謙虚な女性のままであり、彼女の空想も突飛なものではなく、彼女が要求することも、不合理ではあったかもしれないが、いつでも控えめなものであった。彼女は病み、精神的に障害を持ち、気が狂っていたとさえ言えるかもしれないが、彼女はそれでもなお、彼女の場所を知っていた」(Bennett, 2005: 7)。

　施設に住む認知症の人々に対するボランティアの仕事の中で、私は、ベネッ

トと同様に、彼らが我々と共有しているものに驚かされてきた。これらの住人は（今では私の友人だが）、これまでの人生や自分の名前すら覚えていることができないかもしれないが、彼らがコミュニケーションを取れないと考えるのは間違いであろう。彼らが自分たちの息子を、「私の父」として言及する時、我々はこれを間違いというよりも、スキルとして考えることができる。つまり、結局、彼らは「正しい」カテゴリーの集合（すなわち「家族成員」についてのカテゴリーの集合）の中から、カテゴリーを選んだのである。同様に、たとえ彼らが明瞭に話すことはできないとしても、今でも私は彼らと会話している。私は、彼らが基本的なやりとりの流れを今でも認識していることに気づいている。たとえば、私が質問する時、施設に住む私の友人たちは、答える、ということが適切な次の流れであることを知っており、答えるという作業を行うための音声を生み出す。

彼らと古い歌を歌う時には、施設の友人たちは、歌詞を思い出す驚くべき能力を示す（私は歌の本に頼っているのに！）。話すことができない女性ですら、今もなお、「親指を立てる」サインで、歌うことを味わっているという彼女の評価を示すことができるのであり、私が彼女にそれを返すと、彼女は微笑むのである。

■■■■ まとめ

哲学者ヴィトゲンシュタインは、私が言い続けてきたことと重要な接点を持っている、と私はどこかで指摘したことがある。サックス、シェルビン、アーバスと同様に、ヴィトゲンシュタインは、特筆すべきこともないように見える状況について疑問を持つということがいかに難しいかということを、エスノグラファーに気づかせてくれる。彼が書いているように、「**私の目の前にあるもの**を見る、ということがいかに難しいかに、私は気づく」（Wittgenstein, 1980: 39e）。

一日についての小説を書くことは非常に難しいと考える「ガーディアン」の批評家とは異なり、次の一節で、ヴィトゲンシュタインは明白な出来事がないドラマを想像するように求めている。

劇場を想像してみよう。幕が上がり、部屋の中に男がひとりいて、歩き回ったり、タバコに火をつけたり、座ったりしているのを見ることで、突然、

通常我々が決して我々自身を観察することができないようなやり方で、外側からひとりの人間を観察しているということになる。それは我々自身の目で自分の伝記の中の一章を見ているようなもので、確かにそれは、同時に奇妙でもあれば素晴らしくもある。（1980: 12e）

ヴィトゲンシュタインにとっては、きわめてありふれた現象を観察するだけ、ということが素晴らしいことなのである。「常に『なぜ』を問う人は、ベーデカーを読みながら建物の前に立って、その建築の歴史などについて読むのに忙しくて、その建物を**見る**ことができない旅行者に似ている」（1980: 40e）。

ヴィトゲンシュタインは、彼のような哲学者（そして我々のようなエスノグラファー）には、現代文化によってもたらされる欲求に抗うことと、従来の学術的な質問を脇に置くことの両方が必要である、ということを我々に思い起こさせてくれる。因果についての問いと成り立ちや歴史についての問いは、あまりにも早く投げかけられた場合には、ありふれた対象を理解するのに役立ちはしない。ヴィトゲンシュタインが述べているように、

　　因果的な視点が狡猾なのは、それが「もちろん、それはそのように起こらなければならなかった」と我々に言わせるように導くことである。しかし、我々は「それは**そのように**起きたのかもしれない —— そして他の多くのやり方で起きたのかもしれない」と、考えるべきなのだ。（1980: 37e）

または、「神は皆の目の前に横たわるものを見抜くことを、哲学者に許す」（1980: 63e）とも述べている。

本章は、非常によく知られた領域を、非常に表面的にスケッチする旅のようなものである。せいぜい、多くの人がすでに知っていることを、いくつかの有力な例で例証しようとしたにすぎない。

先に引用したフレーズを繰り返せば、それらの例は、優れたエスノグラフィーは「多くの忍耐強さ、勤勉さ、慎重さを必要とする」（Cowan, 2006: 69）という事実を強調している。

皮肉なことに、大学が、歴史や因果の理論における偉大な思想家たちの取り組みについて教えれば教えるほど、我々の仕事はより困難になっていく。この章の冒頭で論じた「マス・オブザベーション」の研究を思い起こすと、今日の新聞は賢明にも、次のように述べている。

そこで現れてきた一つの事実は、環境や彼らの生活における日常的な出来事について記述する際に、知識人が直面していると思われる困難さである。他方で観察は、日常的な存在を生きる人々にとっては自然なものであるように思われる。それらの人々は、彼らの仕事に真面目に取り組み、効率的にそれを行う。というのも、おそらく彼らは、現代の生活が持つもつれを整理しようとするあらゆる試みには実践的な価値があると認識しているからである。
（*Manchester Guardian*, 1937年9月14日）

「日常的な存在を生きる人々」のように、エスノグラファーとして我々は「仕事に真面目に取り組み、効率的にそれを」行うことを学ばなければならない。

2

質的データを見出し、
制作することについて

　前章では、質的研究を行う研究者が、ありふれた場面を観察することから、あるいは、非日常的な場面の中に日常的な特徴を見出すことから、魅力的なデータに触れることができるやり方の一端を示した。私はそうしたアプローチを「エスノグラフィー」と呼んだ。

　しかしながら、事を簡単にするために、これまで二つの点についてきちんと述べてこなかった。ここでそれらに目を向ける必要がある。まず、すべてのエスノグラファーが、私が述べたような細部への注意を示すわけでは決してない、ということである。フィールドから得られた面白い話を語りたい、と望む者もいる。また、特に近年、そうした細部を、私が大げさな理論や実験的な書き方（5章における、ポストモダニズムについての議論を参照）への気の滅入るような関心と考えるものに置き換える者もいる。

　次に、エスノグラフィーが今日の質的研究の主な方法であり、観察によって得られた資料が主なデータであると示すことは、現実をかなり歪めていることになる。ある意味では、私たちの注意を引くような資料が非常に多いことを考えれば、これは決して驚くことではない。そうした資料は、我々自身の目で見ることができるもの、記録したものから聞いたり見たりすることができるもの、紙の文書で読むことができたり、電子的にインターネットからダウンロードできるものから、インタビューにおいて質問することやフォーカスグループにさまざまな刺激を与えることによって引き出すことができるものにまでわたる。

　しかしながら、こうした資料の幅広さにもかかわらず、実際の調査研究では、ほとんど方法の拡張は見られない。また、エスノグラフィーが多くの方法の中で唯一の方法というわけでもない。見たり、聞いたり、読んだりすることの代わりに、今日の質的研究者たちの大多数は、少数の人々からなる集団を選んで、インタビューしたりフォーカスグループにすることを好む。この意味において、あらかじめ決められたリサーチ・クエスチョンに答えるために集められたという事実によってのみ関連づけられた特定の調査サンプルを集めることで、そう

した研究者たちは、データを「フィールド」の中で「見出す」よりも、それを「制作する」ことを選好している。彼らの、量的研究とは別の何か非常に異なったこと（より「人間的な」、より「経験的な」、より「深層的な」）をしているという熱心な主張にもかかわらず、特定のリサーチ・クエスチョンに答えるためのそうしたデータの制作は、まさに量的研究が支持する方法なのである。

■■■ 重要な四つのポイント

私はここで、さらに論じる必要のある四つのポイントを提起する。

- 私が使ってきた用語についての根拠と、正しい理解（たとえば「制作された」データ）。
- 今日の質的調査において、「制作された」データが優勢であると主張する根拠。
- 「だから何なのか？」という問い（すなわち、そうした優勢な状況があるとして、それは重要なことなのか？）。インタビューの回答者に質問を問いかけることでは見逃したり聞き逃したりしてしまうかもしれないような周りの世界のことがらについて、自分の目や耳を使えば、どのような種類の現象を見ることができるようになるのであろうか？
- 大部分の質的研究者は間抜けではないのだから、質的な研究デザインにおいて、好ましい選択肢を制限するようなやり方で、これまでどのように世界を見てきたのであろうか？　また、それらの視点をとることは、どのように一種の心理的な「目隠し」をもたらすだろうか？

最初の点は、批判的な読者ならすでに問うているかもしれない。すなわち、「制作されたデータ」という言葉によって、何を意味するのか、ということである。この言葉は、何が「自然」で何が「不自然」か、または「作為的」かということとの間に危険な両極性を仮定してしまってはいないだろうか？　メアリー・ダグラス（Douglas, 1975）のような人類学者が示して来たように、こういう言葉は、まさしく、強制的に現実に当てはめる必要があるものというよりも、使用する中で研究されるべき文化的なカテゴリーではないだろうか？「現実」は、それ自体では決して語らず、特定の関心や視点を通じて、また、たとえばビデオカメラをどこに設置するか、といった研究の単純な計画によっ

て理解されるべきものである、という意味において、すべてのデータは「制作された」ものなのではないだろうか？　さらに、私は、本質的に「良い」データソースと「悪い」データソースが存在するということを暗に示唆しているのだろうか？　それとは逆に、経験をつんだ調査者が皆学ぶように、データの選択は常に、リサーチ・クエスチョンによるのではないだろうか？

　これらの疑問は、「制作された」データと「見出された」データ、といった単純化された用語法を解きほぐすことを我々に求める、非常に重要なものである。まさにそれは、もう少し要点を示した後で、この章で十分に行おうとしていることである。しかし、一時的にこれらのポイントを保留にしておくという代償を払うことで、あまりにも早くうんざりする定義ゲームのようなものにはまり込むのを避けられるだろう。

　一方で私は、第二の点についてはさっさと答えてしまいたい。「制作された」データが今日の質的調査において特に目立った関心事となっている、という主張について、私はどのような根拠を持っているのだろうか？

　私の第一の根拠は、単に逸話的なものである。20年以上の間、私は質的調査プロジェクトを実施することを選択した学生たちにアドバイスを与えてきた。その期間に私の指導を受けた学生のおよそ90％が、最初、彼らの好むデータソースとしてインタビューを挙げる、ということに気づいた。もちろん、私のサンプルが偏っている可能性はあるが、指摘しておかなければならないのは、特に私が1998年に専任の大学のポストを辞した後は、そうしたサンプルに多くの異なる機関、専門分野や異なる大陸の学生が含まれている、ということである。

　その一方で、あまり逸話的ではない証拠も持っている。1990年代に、私が二つの社会科学系の雑誌について調べたところ、過去五年間に掲載された質的な調査論文のうち、インタビューとフォーカスグループによるものが全体の55％と85％を占めていた。より最近では、私は、ある質的調査に関する雑誌の2008年から2009年までの内容について分析した。掲載された18の調査論文のうち、17が制作されたデータに基づいたものであった（16はインタビューデータであり、1つはフォーカスグループデータに基づいたものであった）。

　このような状況は、将来的にはどのように変化していくだろうか？　インターネットが成長していくことで、自然主義的なデータに基づいた研究が公刊される割合がやや増加する可能性はあるだろうか？　しかし、こうした変化についてもまた、パソコンでしていることを分析するよりも、オンラインで調査参加者にインタビューすることの方を好むという、多くの研究者が持つ好みに

よって制限を受けるかもしれない。

　なぜ、インターネット上の自然発生的なデータが持つ豊かな縫い目を研究しないのだろうか？　今では、インターネット上のアーカイブを使って、過去の出来事をそれが起こった時のままに研究することが可能になっているにもかかわらず、そうした事実をどうして活用しないのだろうか？　コジネツが指摘するように、

　　　ニュースグループ、フォーラムや、その他の掲示板、ブログ、メーリングリスト、またその他のたいていの同期的なメディアは、自動的にアーカイブされる。ウェイバックマシーン、またはインターネットアーカイブは、特定の時点でのインターネットのスナップショットをキャプチャーし、将来参照するためにそれらを保存しておく。優れた検索エンジンによって、あらゆるやりとり、特定のトピックについての特定のニュースグループへのすべての投稿や特定の個人によるあらゆるニュースグループへの投稿に、アクセスすることが可能になっている。(Kozinets, 2010: 72)

　コジネツは、そうした調査を「ネトノグラフィー」として描写し、「存在するオンラインのコミュニティにおける会話やその他のインターネットにおけるディスコースについて分析することによって、自然主義的な調査法という選択肢と非侵襲的な調査法という選択肢の双方が結合される。それは、ネトノグラフィーをフォーカスグループ、深層面接、サーベイ、実験、人に対するエスノグラフィーとは別のものにする強力な結合である」(2010: 56) と見ている。

　倫理的な制約があることは前提としたうえで (Markham, 2011: 122-3; Kozinets, 2010: 137-40, 194-6)、インターネットで人々が実際にどのようなことを行っているかについて見ることで、我々は次のようなネトノグラフィーに関連した社会的事実を観察することになるだろう。

- 投稿された特定のブログのテキストは、書かれてから投稿されたものである。
- 特定の社会的ネットワークグループが形成され、特定のアカウントがそれにリンクされてきた。
- ある写真がある写真共有コミュニティにアップロードされ、37のコメントがつけられた（Kozinets, 2010: 133）。

しかし、インターネットや他の場所で得られる、印象的なまでに幅広い種類の社会的事実があるにもかかわらず、ほとんどの質的研究者は、いまだに制作されたデータを分析することを好む。ポッターとヘプバーンが述べるように、

　　　標準的な方法論のハンドブックは、実質的にはすべての視点（現象学、エスノグラフィー、グラウンデッドセオリー）に対するデフォルトの選択肢として、インタビューを挙げている。社会学における状況も同様である。たとえば、2004年に雑誌『社会学（*Sociology*）』は、およそ56もの論文を掲載した。その中で、20本の論文はインタビューもしくはフォーカスグループを（しばしばそれらを用いる理由をあまり説明することなく）用いており、たった3本の論文のみが（最も緩い基準に照らして）自然主義的なデータを用いていた。(Potter & Hepburn, 2007: 277)

　こうした研究者の嗜好についての最後の根拠は、私が購読している新聞『ガーディアン』が毎週火曜日に出している研究職の募集広告を読んでのものである。パーセンテージを示すことはできないが、私の印象では、やはり、大部分のケースで「質的調査」は回答者に質問することと関連していた。私がかなり代表的だと考える例を一つ挙げてみよう。
　2003年に、私は「心理的・社会的に不幸な出来事を経験していることが、ぜんそくの疾病率とそのケアにどう関係しているか」についての研究を行うポストの募集広告を見かけた。広告の文面によれば、こうした問題が、質的なインタビューの方法によって研究されると説明されていた。私がすぐに抱いた疑問は、質的なインタビューが、どのようにしてこのテーマを扱うのに役立つのか、ということであった。問題は、ぜんそく持ちの人々が、彼らの過去についての質問に答えることができないということでもなければ、もちろん、彼らが嘘をついたり、インタビュアーを誤解させるようなことを言うかもしれない、ということでもない。むしろ、我々すべてと同様に、診断結果に直面して（この場合には、慢性的な疾患）、彼らは特定の特徴を強調し、その他を控えめに言うことで過去をその結果に合うように描写するだろう。言い換えれば、この研究が関心の対象としている因果の問題をしらずしらずに持ち込むことで、インタビュアーは回顧的な「歴史の書き換え」(Garfinkel, 1967) を招いていることになるだろう。
　このことは、価値のある資料がそのような質的研究から収集される可能性があることを否定しているわけではなく、むしろ、データの分析は、それとは

まったく別の問題——「原因」や「関連性」が修辞的なはたらきとして機能するような、病気についての語り——を扱うべきだと考えていることを否定しているのである。

　対照的に、量的研究の方が、ここで提案されているリサーチ・クエスチョンにはずっとふさわしいように思われる。量的研究は、質的なインタビューよりもかなり多くのサンプルに対して用いることができ、それによって、より多くの人々に対して推測することが可能になる。さらに、そうした調査には、この研究が関心の対象としている「事実」を確かめるための、標準化された、信頼性のある尺度がある。実際、大規模な量的研究がなぜサーベイやインタビューに限定されなければならないのだろうか？　もし私が、これら二つの変数（心理的・社会的に不幸な出来事を経験していることとぜんそくの罹病率）の間の関係性について、信頼性のある、一般化可能な知識を得ようとするなら、病院の記録を見ることから始めるだろう。

　このぜんそくに関する研究は、質的研究と量的研究において行われる作業の区別について、一般的であるにしても、非常に限定された考え方に基づいて計画されたように思われる。後者が人々の行動を表すデータに焦点を当てるのに対して、質的調査は、少数の、比較的構造化されていないインタビューを通じて、人々の経験をその深層において（in-deapth）研究する領域として見なされている。このことは、私に、質的な調査のデザインにおいて二つの勘違いが存在することに気づかせることになった。第一に、リサーチ・クエスチョンの中には、大規模な量的データを用いた方がより良く研究できるであろうものがある、ということを認識できていないことである。間違いなく、この研究で投げかけられている因果についての問いかけには、大規模なぜんそく患者のサンプルに対して実施される質問紙によって、あるいは、ぜんそくの診断とソーシャルワーカーやメンタルヘルスの専門家への紹介との間に相関が存在するかについて調べるために病院の記録のサーベイを行うことによって、よりうまく扱うことができる可能性がある。

　第二の勘違いは、ぜんそく患者の職業といったようなものについて研究する質的調査が幅広い潜在的可能性を持っていることが、上述したような調査デザインでは見落とされているという点である。どうして質的調査では行動を研究できない、などということがあるだろうか？　たとえば、病院やプライマリ・ケア施設の医師が、心理的問題に関連したことがらについて患者の過去を聞き出しているかどうか（聞き出しているのであれば、どのように）について観察する、エスノグラフィー研究を、なぜ行わないのであろうか？　そうした問題が

認識されているかどうか、また、認識されているのであれば、どのような行動が必要とされているのかについて検討するために、ソーシャルワークや病院のケース・カンファレンスについて研究しないのか？ すなわち、どうして質的な調査には、ただ調査対象者への質問の投げかけしか含まれないと、決めてかかるのだろうか？

さらに、そうした調査デザインは、主なリサーチ・クエスチョンを調査対象者自身に提示することを選択する。このことは、二つの問題を引き起こす。まず第一に、量的調査においてよく知られているように、調査対象者が調査者の関心に気づくと、彼らの反応に影響を及ぼす可能性がある。第二に、そのことによって、注意深くデータを分析するのではなく、ただ単に人々が調査者に語ったことをそのまま報告するだけの、怠惰な調査につながる可能性がある。

クライブ・シールが指摘したように、

> これはまさに、あらゆる種類の研究に共通した問題ではあるのですが、とりわけ、実験デザインや準実験デザインの研究の方がふさわしい問題に答えるのに、誤って質的な研究デザインを用いる場合に起こる問題です。たとえば、テレビの中の暴力が暴力的な行為を助長するかどうかについて調べようと決めたとしましょう。テレビで人々が何を視聴しているかについての調査と並行して、彼らの暴力についての傾向の調査を実施し、相関（もちろん、そうした相関が疑似的なものではないことを望みながら）が存在するかどうかについて見るのではなく、彼らは、ただ、一群の人々を選んで、彼らに（多かれ少なかれ）「テレビの視聴が暴力を引き起こすと思いますか？」と尋ねるだけなのです。(Seale, 私信)

ここで、私が投げかけた三つ目の、「だから何なのか？」という問いを扱うことにしたい。部分的には、上述のぜんそくの研究がすでに一つの答えを与えている。すなわち、「制作された」データを引き出すことで、我々は、現象の中で見出すことが可能な範囲をかなり制限し、時には、量的研究者たちの方がうまく歩めるはずの道をたどることになるのである。しかしながら、「だから何なのか？」という問いかけは重要であるから、最近の雑誌記事の中から、さらにいくつかの例を示したいと思う。私がそこで使用されているアプローチの限界と考えるものを素っ気なく指摘しているからといって、決してこの論文が特にひどい、劣っていると考えているわけではないということを強調しておきたい——選んだ論文が実際に私の仕事を好意的に引用してくれている時に、

どうしてそんなことができようか！

　以下で論じる論文は、組織マネジメント分野からのものであるが、私は、同様の傾向が多くの他の社会科学の分野においても当てはまるといういくつかの根拠を持っている。たとえば、私が、出版された論文について1990年代に調査を行ったところ、健康と医学についての研究の中にも同様の状況が存在することが明らかになった。

　アリソン・リンステッドとロビン・トーマス（Linstead & Thomas, 2002）による論文の名は、「あなたは私から何を求めるのか？　中間管理職のアイデンティティについてのポスト構造主義フェミニストによる解釈」である。タイトルの中で言及されている理論的なやっかい（「ポスト構造主義」「フェミニスト」）については、しばらく忘れていただきたい。そうした理論を用いることについてもし関心をお持ちならば、それについては、この本の5章で取り上げている。

　リンステッドとトーマスは、その論文要約の中で、彼らの論文は「ある再建中の組織における四人の男女の中間管理職のアイデンティティ構築過程について調査する」と述べている。きわめて適切なことに、彼らはサンプルが少ない（四人の管理職に対してのみインタビューしている）ことを認識しており、それらのインタビューからの引用が選択的な用途を持つことの結果についても、ある程度認識を示している。ウェインとのインタビューからのそうした抜粋の一つを、ボックス2・1に示す。

ボックス2・1　インタビューの抜粋

　私はここで働き始めてから大きく変化しました。仲間たちの多くは、そうした変化を生き残れなかったのです … 彼らはいい奴らでしたが、起きたことを十分にコントロールできませんでした。私は幸運でした。もちろん、幸運だったのですが、そのために努力してもいました。私は決して後退しませんでした。私はいつもより多くの書類を作成するようにしてきました … 人は、いつも他の人について行こうとしますが、いざという時の保険となるのは、一番前に出ていることなのです。

以下は、この抜粋に対する研究者たちの解釈である。

　　［それは］熱心に働くということと先んじることとが、環境と、自分が何者なのかということの両方によって求められ、そうした状況に打ち勝たなけ

ればならない時には、「いい奴」でいるだけでは十分ではない、という正当化に基づいている。ウェインは、これがふさわしい能力によって達成されたと考えているが、それは彼が言及していない他の活動に対する記号として機能している可能性がある。彼はまた、彼が生き残った者であり、それがまさに彼の行動が意図したものではあったが、かつて身近にいた男たちとは違って際立っていたという、いささかのパラドキシカルな後ろめたさについても表明している。彼は、友人たちが職を失ったことについて心から悩んでいるが、それについて冷淡でいることで感情を隠さなければならない。というのも、彼は、次は自分でありうることを知っているからである。(Linstead & Thomas, 2002: 10)

この研究について見てきたことから、以下に示す三組の問いが提起される。

- このインタビューの抜粋についての著者のコメントから、我々は何を理解すべきなのだろうか？　また、そうしたコメントは、抜粋についてどんな読者でも理解できるであろうことに、さらに何を付け加えるだろうか？それはただ、有名人に対するインタビューのレポートにジャーナリストが付け加えるようなたぐいのコメントにすぎないのだろうか？　もしそれらとは何か異なるものであるとして、リンステッドとトーマスは、ウェインが「言及していない」ことの重要性を指摘し、「パラドキシカルな後ろめたさ」について語り、ウェインが「心から悩んでいる」が「感情を隠さなければならない」と主張することについて、どのような根拠を持っているのだろうか？　どのような意味において、これが社会科学的な分析なのか？　あるいは、どういったものが、おそらくは不当に、時に「心理学的たわごと」と呼ばれるのか？
- 多くの質的なインタビューの報告と同様に、インタビュイーの答えとその直前の隣接するインタビュアーの質問の両方、会話を継続することの要求、あるいは、理解していることを示すこと（たとえば「ふーん」「なるほど」）を含めた、それ以上の会話の展開は示されていない。ティム・ラプリーが指摘したように、そうした報告の省略は、「インタビューにおけるやりとりは、本質的に両方の話し手が、絶え間なく「分析を行う」──すなわち、両方の話者が、「意味を生じさせ」、「知識を産出する」ことに参与している（そして協働している）──空間である」(Rapley, 2004: 26-7) ことを認識し損なっている。

- 研究によれば、日常生活においても（Sacks, 1992）、インタビューの中でも（Holstein & Gubrium, 1995: 33-4）、人々は多様なアイデンティティを発動することが明らかにされている。なぜ、（たとえば、委員会の会議や従業員のファイルを見ることによって）組織の中におけるアイデンティティの形成を観察できる場合に、調査方法をインタビューに限定するのだろうか？

　クライブ・シールが指摘するように（私信）、多くのインタビュー調査を行う研究者と同様、リンステッドとトーマスは、インタビューそれ自体を一つの観察の場所として扱うことはしないで、回答者の意見を「受け入れる」ことで終わってしまっている。このことは、部分的には、中間管理職についてのこの調査が、ぜんそくについての研究と同じく、回答者に主要なリサーチ・クエスチョンを提示していることによって起こっている。

　質的調査を行う者が、インタビューをデータ収集の既定の方法として用いることは、調査協力者が、異なった聞き手に対してどのように異なった説明を行うか、ということを我々が知っていることを考えれば、当惑させられるものである。ジョナサン・ポッターとアマンダ・ヘプバーンが述べているように、

　　なぜ社会科学の問題と研究者のカテゴリーに満ちた資料を生み出すのだろうか？　調査参加者はインタビューに関連して幅広いさまざまな志向性や興味を持っており、また、人々は調査に関連した複雑な立場の間を揺れ動いているというのに。インタビューが持つあの独特で、おそらくは不可避の特徴に対処するという、非常に複雑な分析上の仕事があるにもかかわらず、それをやりがいのあるものと感じさせるような、いったいどんな特別な魔法がインタビューにはあるというのだろうか？（2007: 280）

　質的研究者の、調査デザインといえばインタビューと考える、ほとんどパブロフ型の条件反射に近い傾向のために、他の種類のデータを得ることができる可能性を見えなくさせているのかもしれない。というのも、そもそも、質的調査の唯一のテーマは「人」であるというのは、完全に誤った前提なのである。

　シールは、彼がどのようにこの一般的に共有された前提に挑戦してきたかについて、以下のように述べている。

　　インタビューを実施したいという傾向に対抗するためには、多くのテキス

トが、調査研究を行おうとする時は常に「人々」を（たとえば文書よりも）対象として取り上げたいと考える、と見なしていることを繰り返し指摘することが有用だと気づきました。このことは、（学生たちに）あらゆる種類の現象が社会調査の目的のために研究することが可能であり（たとえば、ビルのデザイン、音楽の歌詞、ウェブサイト、小さな広告、など）、したがって、インタビューが行わなければならないただ一つのことではない、ということは明らかだ、と気づかせるのに役立つのです。（私信）

インタビューを選択することが考え抜かれたうえでのものであったとしても（すなわち、適切に実施されれば数ヶ月もしくは何年もかかる可能性がある観察よりも、インタビューは間違いなく、はるかに早く結果を得ることができる）、多くの調査報告は、詳細なデータの分析を提供するよりも、むしろジャーナリスティックな「コメント」を提供するだけか、あるいは、ただ回答者が言ったことを再生するだけである。

リンステッドとトーマスのインタビューの抜粋から非常に詳細な分析がどのようにして作られるか、について考えてみよう。あなたは、ウェインの言葉「幸運（lucky）」の位置づけから始めるかもしれない。職を失った「仲間」への批判に聞こえるかもしれない言葉のすぐ後で、幸運という言葉がどのように語られているかに注目されたい。そうした同僚に対する批判は、彼が「優越」を感じている「高慢な」人物であることを示唆する。その批判が持つ棘は「幸運」を呼び出すことで取り除かれる。実際、リンステッドとトーマスが示している引用全体を通じて、「自慢」や他者への批判に聞こえる可能性のある言葉のすぐ後にそうした卑下の言葉を呼び出すことによって、回答者は、見事に、調査者がどのように彼らの言葉を聞くか、という点に注意を払い、それを管理しているのである。次章では、そうした**シークエンスの中での**説明の位置づけに注目することの重要性について、さらに深く検討するつもりである。

最後の四番目の問い、「なぜこれが起こったのか？」に目を向けよう。5章では、「インタビュー社会」と私が呼ぶもの、すなわち、質的なインタビューを研究者にとって魅力的なものとしてきた一種の文化的環境、について議論する。ここでは、その過程の中に潜在する知的な潮流に簡単に触れるために、非常に粗い描写を行うに留める。

19世紀は、ロマン主義の時代であった。音楽と文学の両者において、それ以前の、型にはまった、古典的な形式を使用することの強調から、次第に、芸術家の内的世界に焦点を当てることへの移行が起こった。したがって、芸術的

な作品は、部分的には、それが芸術家の経験や感情への接近方法をいかに提供するかによって判断されるようになった。このことは、18世紀において、批評家が、モーツァルトの作品を「最も科学的」として評価していたのが、もはや意味をなさなくなったことを意味している。次の世紀が進むにつれて、作品の形式的な構造を参照することはなお行われてはいたが、作曲家の感情と聴衆の感情との双方を参照することが、評価の基準として重要になった。『アマデウス（*Amadeus*)』を映画館や劇場で見たことがあれば、そこでモーツァルトの「パーソナリティ」に焦点が当てられていることによって、ロマン主義の力や魔力が今なお継続していることを思い起こしたはずである。

　心理学者ケネス・ガーゲンは、そのような芸術におけるロマン主義が、我々がお互いについて考える考え方に対してどのような意味を持つかについて、非常に明確に指摘している。すなわち、「ロマン主義者の、人々についての普及している考え方に対する主な貢献は、彼らが**深い内面** ··· 人間の意識の奥底に横たわる能力や性格の貯蔵所の存在 ··· を生み出したことにある」(Gergen, 1992: 208-9)。

　ガーゲンは、私の「なぜ？」という問いに対して、すでに答えを与えてくれている。人の「深い内面」について考えることと「深層」インタビューを嗜好することとの間には、ほんのわずかな違いしかない。実際、一度人が「深い内面」を持つと仮定すれば、質的調査のインタビューからカウンセリングや他の「心」の職業、さらにはテレビのトークショーや有名人を取り上げる雑誌まで、あらゆる種類の現代的な形式にとって魅力的であることは容易にわかる。

　しかしあなたは、私が本当に、耳と耳の間の空間には何もないと指摘して、それは幻想だと示唆しているのか、と尋ねるかもしれない。それは、我々が思考や感情を持つという自身の「経験」と、矛盾しないだろうか？

　これらの質問に対する私の答えは、やや複雑なものである。私は我々が考え、感じるということを否定したいわけではない。私が異議を唱えたいのは、耳と耳の間で起こることを —— インタビュー調査を行う研究者やカウンセラーがスキルを用いてアクセスするまでは —— 純粋に**私的なことがら**であると、あまりに早計に仮定していることである。

　他者の心を読むということは、間違いなく専門家のみが持つ技術ではない。実際、ハーヴェイ・サックスが指摘するように、我々の心を読む他者の能力について、我々は子どもの時に学ぶ。時には、それらの他者は教師であったり、そのように教えられるかもしれないように、全知全能の神であったりする。しかしながら、最も一般的には、母親である。たとえば、子どもたちが

何をしていたのかと尋ねられる時、自分たちの答えが母親――その時そこにはいなかった――によって否定されるかもしれない。「いいえ、そうじゃないでしょ。そこで子どもらは、その答えを修正する」(Sacks, 1992, 1: 115)。したがって、他者が彼らの心を読めると信じる統合失調症患者は、大人－子どもの会話を模倣しているにすぎないのかもしれない。

　しかし、他者が私の心を**コントロール**することができるという、確実にパラノイア的な妄想についてはどうだろうか？　サックスは、誰かが「君が持っていたあの車を覚えてる？」と言う例を挙げている。その時、たとえその車がまったく心に思い浮かんでいなくても、あなたはそれを思い出さざるをえない。そうした意味において、最初の話者は、あなたの心を実際にコントロールしたのである。サックスが指摘するように、「人々は、他者が彼らの心をコントロールするという考えを信じ込んでなどいない。そんなことは、信じ込む対象とはなりえない。それはただ、知恵の問題にすぎない」(1992, 2: 401)。

　サックスは、我々は、次に求められている行動を見出すために、いかに話者の心を読む能力に依存しているかを示そうとしている。この点において、一見個人的に見えることがらは、社会的、構造的なものとして見ることができるのである。

　「記憶」という、一見極端な事例を取り上げてみよう。確かに「記憶」は我々の頭の中にある何かであり、それゆえ「私的」なものではないか？　そうした仮定に対して、サックスは、我々が発言しようとした時に、現在話をしている人が話し続けたり、他の誰かが発言権を横取りしてしまう場合について考えてみるよう提案する。そうした状況で、我々はよく言いたかった話題を「忘れる」ことはないだろうか？　サックスが述べるように、「それを言う機会を逃せば、それを言う機会を得た時には忘れてしまっている」のである (1992, 2: 27)。この点において、記憶はまったく私的でも個人的なものでもなく、「何らかの、おそらくまったく劇的なやり方で、会話に従属している … それはある意味、発話現象による発話なのである」(1992, 2: 27)。あるいは、小説家ジュリアン・バーンズが述べたように、「我々の人生についての物語は決して自伝ではなく、常に小説である … 我々の記憶は、まさにもう一つの術策なのである」(Barnes, 2000: 13)。

　しかしサックスは、ロマン主義者に対してさらに衝撃を与える。もし記憶が単に私的な出来事ではないのだとすれば「経験」も同様である。このことを理解する一つの方法は、物語を語ることについてのサックスの議論を見ることである。

サックスは、我々が物語を語る時（退屈しているのでなければ）、その物語に適した聴衆を探そうとすることを示している。実際、そうした聴衆がいなければ、物語を思い起こしさえしないかもしれない。物語の話者は、また、彼らが描写する出来事に何らかの形で「直接」関与したことを示すことも好む。実際、人々は、彼らが観察したり、直接的に影響を及ぼした出来事に関してのみ、経験を所有する資格がある。たとえば、電話では、地震のような出来事は通常、それからどう助かったかということが話される。実際、そうした出来事は、いつ起きたかよりも、最後にいつ話したか、つまり「会話した時」に関連して話される傾向がある（Sacks, 1992, 2: 564）。

　サックスは、我々はこうして出来事を、経験あるいは「我々にとっての何か」（1992, 2: 563）に変えようとする、と指摘する。しかしながらこのことは、誰かに自らの経験を語ることは、単に我々の頭の中にあるものを外に出すだけではなく、正統な語り手によって適切な受け手に対して語られるよう物語を組織化することでもある、ということを示している。この意味において、経験は「注意深く統制されたたぐいのことがら」なのである（Sacks, 1992, 1: 248）。

　「統制」という概念を、「経験」といった一見したところ個人的なものに導入することは、サックスが我々に用意しているサプライズの一つにすぎない。さらに、サックスの考えでは、日常生活において、我々は、一見したところ主観的な「経験」と見合う「事実」の客観的な領域を当てにすることさえできない。

　科学者たちは、通常、まず事実を観察し、それからそれらの事実を説明しようとすると考えている。しかしながら、日常生活では、我々は、まず何か説得力のある説明があるか検討してから、「事実」が何であるかを決める。たとえば検屍官は、死亡者が、自らの命を奪う理由があるという証拠がなければ、自殺という検屍判断を下さないだろう（Sacks, 1992, 1: 123）。その意味で、日常生活においては、説明が存在する「事実」のみが起こるのである（1992, 1: 121）。

　多くの意味において、我々の両耳の間で進行することは公的なことがらだとサックスが明らかにしたことの持つ意味とは、どのようなことだろうか？　私にとっては、あまり深く考えずにインタビューを用いることを好む質的研究者は、まったく見当違いなことをしている、と指摘しているように思われる。人々の「深い内面」という考えによって盲目になり、彼らは、我々がどのようにして数多くの日常の文脈の中で公的に得られる「経験」や「動機」を形成するかについて観察するよりも、無邪気に人々の頭の内部にアクセスすることに焦点を当てる。

サックスはかつて、学生たちがもし本当に人々の頭の中に興味を持っているなら、社会学者になるよりも、脳外科医になるべきだ、と的を射た発言をしている！　そうすることで、彼らは、ロマン主義とは逆に、我々の両耳の間にある唯一のものが、退屈な例の灰色の物質であることを見出すだろう。

　実際、研究者が、インタビューで人々が話すことについてコメントを与えることには、きわめて奇妙な何かがある。結局、社会の有能な成員になるということは、見知らぬ人が語ることについて、熟練した研究者の助けなしに理解できるということを意味している。こうした状況をより奇妙なものとして表現するために、サックスは、彼が「コメンテーター・マシーン」と呼ぶ装置を考え出す。彼は、この仮想的な機械を、一般の人々は次のような言葉で描写するだろう、と言う。

　　　それには、二つの部分がある。一つの部分は、何らかの仕事をしており、もう一つの部分は、それに同期して第一の部分が行っていることを語る・・・常識的な視点から言えば、その機械は「コメンテーター・マシーン」と呼ばれ、それぞれの部分は「行う」部分と「言う」部分、と呼ばれるだろう。（1963: 5）

　母語話者の研究者にとっては、機械の「言う」部分は、実際の機械のはたらきの、優れた、劣った、あるいは皮肉な記述として分析するだけのことである（1963: 5-6）。しかしサックスは、こうした社会学的な説明は、二種類の十分に説明がなされていない知識のトレードオフだと指摘する。

　（a）機械が吐き出す言語について、機械と共通に知っていること。
　（b）機械が行っていることを、何らかの言語で知っていること。（1963: 6）

　しかし、「機械が行っていること」について知る、というのは、結局のところ、科学以前の常識的な前提に依拠しており、それは日常的な言語に基づいていて、「空想」から「事実」を区別するために用いられる。したがって、我々が「社会的な生活を描写する」ことのできる能力は、一般人であろうと社会学者であろうと、「起こっていること」であって、正しい「社会学の仕事」（1963: 7）は、暗黙にそれを**使う**というよりも、**描写する**ことであるべきである。

　奇妙なコメンテーター・マシーンについてのサックスの説明を用いて、四つ目の疑問に答えた。それは、質的研究者が、リサーチ・クエスチョンに答える

ため考えなしにインタビューを用いることを選択する時に彼らがつけている、奇妙な一種の目隠しについて指摘するためである。私は、さらにそれが循環的な問題であることも付け加えたい。というのも、リサーチ・クエスチョンは、「経験」といったカテゴリーを使うことによって形成されることが多く、そうした（誤った）「深層的な」手法によって、データ収集のやり方がまえもって規定されるからである。

　サックスが、日常の「その集合の事例を集めて整理するために採用される手続き」を記述することが第一だという主張は、現代のロマン主義的な研究者たちと根本的に彼を分かつものである。したがって、リンステッドとトーマスが、ウェインの仕事についての説明の中に、「パラドキシカルな後ろめたさ」や「心からの悩み」を見出す時、彼らはサックスが「記述されないカテゴリー」と呼ぶものを用いているのである。サックスが述べるように、「記述されないカテゴリーを用いることは、子どもの本に見られるような記述を書くということである。一連の単語が散りばめられた中に、対象の絵がある」(1963: 7)。

　サックスにとって、大部分の社会学者は、見慣れた対象を単に「指し示す」（哲学者が「直示的」定義と呼ぶもの）ことで済ませている。したがって彼らは、サックスの「コメンテーター・マシーン」が何を「している」のか、社会の中において物事がどうであるかについて「みんなが知っていること」を持ち出して説明することができる —— どんなまっとうな人物に対しても、いくつかの特徴を残りの部分を指し示すものとして扱うことに基づいて、ガーフィンケル(Garfinkel, 1967)が「エトセトラ原理」と呼んだものを使っているのである。彼らは、こうして、現象の「ありのままの」記述をしているように見せかけているが、「まだ確定されていない一連の特徴を無視している」ことを覆い隠している (Sacks, 1963: 13)。

　一部の研究者が主張するように、そうした無視は、ひとまとまりの評価を集めて、彼らが同じものを見ているかどうかを検討すること（たとえば、リンステッドとトーマスによるウェインの説明へのコメントの信頼性が高いと主張する根拠として、評定者間一致率を用いる）では、矯正することができない。そうした一致が解決法を提供することにならないのは、それが単に、物事を共通に見ることができる社会成員の**能力**についてさらなる疑問を提起するだけだからである —— おそらく、「エトセトラ原理」を暗黙の資料として使って(Clavarino et al., 1995 参照)。

　サックスの問題は、より良く機能する社会科学をどのようにして築くことができるのか、ということであった。「記述されないカテゴリー」を使用する

際の「常識的な見方から、なんとかして我々は自由にならなければならない」（1963: 10-11）。サックスにとっては、解決方法は、そうしたカテゴリーを「社会学的な資源として」よりも、むしろ「社会学が主題として扱うべき社会生活の特徴として」見ることである（1963: 16）。

しかしながら、複雑な理論的解決法に見えるものは、調査に対する非常に直截的な方向であることがわかる。我々は、（デュルケームの最初の「自殺」についての定義のように）社会的現象をはじめから定義することを、あきらめなければならない。あるいは、調査対象者が彼らの行動に与える説明（サックスが言うところのコメンテーター・マシーン）を通じて定義することを、あきらめなければならない。その代わりに、我々はシンプルに、人々が**行うこと**に注目しなければならない。サックスが述べるように、「人間のすることなら何でも、彼らがそれを行うやり方を見つけることで検討することができ、そうしたやり方は記述可能である」（1992, 1: 484）。

サックスは、こうしたたぐいの調査は「非常に骨が折れる」であろうことを認めている（1992, 1: 65）。しかしながら、彼はそれが瑣末なことであるという批評家の主張を否定する。社会秩序はどんなにちっぽけな活動の中にさえ見出すことができるということに気づくには、一般の人々と伝統的な研究者双方の、状況の中に不断に認識可能な意味を見つける能力に目を向けるだけでよい。こうした「あらゆる時点における秩序」（1992, 1: 484）の達成は、このように社会調査にとっての刺激的な新たなトピックを構成するのである。

「あらゆる時点における秩序」の観察可能性から始めて、我々の最初の課題は、「『調子はどう？』といった、社会的対象の集合、すなわち活動を行うために人々がまとめ上げるもの」について調べることである。「そして、彼らがどのようにしてそれらの活動をまとめ上げるのかということは、たまたまそれを行う誰についても記述可能である」（1992, 1: 27）。

ここまで、インタビュー・データを素朴に用いることに対する私の批判への支持として、サックスの見事な洞察を用いてきた。しかし、サックスの議論には、観察を通じて我々が学べることがらについてポジティブなものもある。サックスの考えのうちのいくつかが、ボックス2・2に示されている。

ボックス2・2　日常生活を観察することについてのサックスの考え

社交の例を取り上げてみよう。一部の人々が持つ、魅力的な他者と会話に入ることができる能力は、我々の多くを困惑させるものである。実際、「どの

ようにして友人を得るか」といったタイトルの本は一般的によく売れる。そのコツは何なのだろうか？

　知り合いではない人に「こんにちは」と言って、すげなくされたことはないだろうか？　問題は、そうしたあいさつには、あなたが当の相手とすでに知り合いで、したがって、「〈こんにちは〉と言う基本的な権利」を持っている、ということが含意されている、という点にある（Sacks, 1992, 1: 103）。そのため、知り合いではない人は、あなたのあいさつに返事する必要がない。

　サックスが述べるように、この問題への一つの解決法は、たとえば次のような質問を知り合いではない人に投げかけることから始めることである。

「どこかでお会いしませんでしたか？」
「どこどこの場所でお会いしませんでしたか？」
「あなたはこれこれという方ではいらっしゃいませんか？」（1992, 1: 103）

　質問形式の利点は、それが正しく応答で受け止められることである。したがって、質問者の動機をいぶかしく思う時でさえ、質問に答えないことは難しい。さらに、応答を得ると、質問者は、適切に別の質問を投げかけることができる。そのようにして、会話が始まるのである。

　これらすべてが意味しているのは、質問は効果的な「とっかかり」装置となりえるということである。実際、サックスが彼のクラスの学生に、逆の性のクラスメートとの会話を始める際の発話を例として挙げるように求めたところ、その90％近くが質問であった（1992, 1: 49）。

　そうした質問の中で、おきまりのことを聞くというのは特に強力なとっかかり装置である。質問に答えなければならないという義務に加えて、たとえば、時間、といったようなありふれたことを求めている知り合いでない人に不必要に失礼であるべきではない、という期待が存在する。さらに、求めている側は、彼（女）が標準的で素早い反応をするだろうこと、したがって、すぐさま、たとえば次のような、より長い会話につながる、さらなる質問を行うことができるだろう、ということを知っている。

Ａ：飛行機はいつ着くんですか？
Ｂ：7時15分
Ａ：あなたもサンフランシスコに行かれるんですか？（1992, 1: 103）。

　したがって、偶然自分が知り合いではない人と近い位置にいることに気づ

いた時には、質問は優れたとっかかり装置となりえるのである。しかしながら、関心を持っている人物が複数話者間での会話の中にいて、あなたもそこに参加しているような場合には、事態はより複雑である。そうした状況において、どのようにして純粋に二者間の会話を始めることができるだろうか、とサックスは問いかける。

　一つの可能性のあるやり方としては、誰か飲み物を欲しい人がいるかどうか聞き、飲み物を持って戻る際に、あなたが注目している特定の人の隣に座ることである（Sacks, 1992, 2: 130）。このやり方で、適切な「テリトリー」状況を作り出すことができる。あるいは、ターゲットの人以外の人々が去るまで待つことも可能であり、あるいは、より確実な方法としては、もし音楽があれば、ダンスに誘うこともできる（1992, 2: 131）。実際、ダンスに誘うことは、複数話者間の会話を二者間の会話に変えるという問題に対する、優れた解決方法と考えられる（現代のクラブの騒がしさは、そうした可能性を制限するかもしれないが）。

　これらの例を面白いと思っていただけるといいのだが。しかしながら、あなたは別の不満を持つかもしれない。つまり、当然ながら、それらの例と社会に存在する「大きな」問題との関連は何かと、疑問に思うかもしれない。リンステッドとトーマスの論文への私の批判に対して、それは少なくとも現代の職場における出世競争のような、現代生活の重要な側面を扱っているではないか、と言うかもしれない。我々のまなざしをインタビューから観察へと移すことは、我々のまなざしを「とっかかり」のような細部へと狭める危険性があるのではないか？

　幸いにもサックスは、我々が用いる言語に細かな注意を払うことが、人々がどのように自己呈示するかということよりもずっと広い政治的問題に関連するということを示している。特定の「悪」を特定のアイデンティティ（たとえば、カトリック教徒、ユダヤ人、黒人、ムスリム）を持つ人々のなすことと関連づけるために、人種差別主義者が用いる方法を取り上げてみよう。人々は、ただ単に特定のカテゴリーに「落ち込む」のではなく、むしろ我々は彼らを記述するために用いることができる多くのカテゴリーの中の一つを選ぶことによって、人々を同定しているのである。それは次のように続く。

　　そのカテゴリーについて知られていることは、彼らについて知られていることである。そして、各人の運命は、他の人々の運命とまとめ上げられる・・・

したがって、ある成員が、白人女性を強姦する、経済的な詐欺を行う、暴走する、などといったような何かをしたら、それは何らかの適用可能なカテゴリーの成員がやったことで、名前を持った誰かが行ったことではない、と見なされるだろう。そしてカテゴリーの残りの人々は、それに対して代償を支払わなければならないのだ。(Sacks, 1972: 13)

　サックスの観察は、我々に、どのように人種差別主義が機能するかについての有用な理解を与えてくれるだけではなく、社会変化という、もう一つ別の「大きな」論点について、その一面を描写する方法を与えてくれてもいる。サックスにとって、我々が社会の変化を同定するための一つの方法は、「日常言語の中で使われているカテゴリーの諸特質や、それらのカテゴリーが実際にどのように適用されるかにおける変化」に注目することである (1979: 14)。たとえば、9・11以降、「ムスリム」というカテゴリーの使い方がどのように変わったか、考えてみてほしい。

　したがってサックスは、人種差別主義や社会の変化のような明らかに「重要な」問題について捉えるための力を我々に与えているのである。しかしながら、ここで我々は慎重にならなければならない。というのも、サックスは「何かが重要かどうかについて、すぐさま答えることができるという考え」(1992, 1: 28)を退けているからである。彼は生物学の例を用いて、一見したところ小さな対象（「一つのバクテリア」）についての研究が、どのようにして我々の知識に変革をもたらすことができるかを示した。サックスが示したように、見知らぬ人への質問といった、一見したところ些細な対象が、「人間が物事を行うやり方や、彼らの問題を構成し秩序づけるのに用いるさまざまなことについての、非常に多くの理解を与えてくれる可能性がある」(1992, 1: 28) のであれば、なぜ、たとえば、国家や革命に注目する必要があるのだろうか？

　40年前のサックスの先駆的な講義からのこれらの多様な例は、誰かにインタビューする必要なしに、質的研究者が世界について何を学ぶことができるかをよく示している。それらは、他の条件が同じなら、我々はデータを「制作する」必要はなく、私が「見出された」データと呼ぶものを検討することを選択すべきだ、と提案している。

　これまでのところ、質的調査はどのように適切に実施されるべきか、についての議論を、きわめてゲリラ的に扱ってきた。実際、私は時々、誤解されて「アンチ・インタビュー」だと非難されることがある。

　ここで、いわばペースを落として、批判者たちによってなされた反論を考慮

しながら、議論をより慎重なやり方で検討してみたい。そうすることで、幾分拙い言葉である「見出されたデータ」を、より一般的に用いられている表現である「自然発生的なデータ」に置き換えて、研究者が回答者の集団に直接介入したり何らかの「刺激」を与えることなしに生じるように思われる資料とは何かを、示すことにしたい。

　この章の残りの部分では、私がとってきた立場から生じる以下のような一連の疑問への回答を検討することにする。

- 自然発生的なデータが好ましいとする基本的な論拠は何か？
- こうした議論の限界はどのようなことであろうか？
- 両方の側の（優れた）議論を考慮した、前向きな方法はあるだろうか？

■■■■　なぜ自然発生的な素材は特別なのか

　この節はきわめて短いが、サックスのパイオニア的な研究を今日の何人かの研究者たちの議論と結びつけることによって、私がここまで述べてきたことをまとめるのに役立つだろう。これまで見てきたように、調査者がインタビュイーの発言にコメントする時には、彼らは常識か、あるいは、純粋に調査志向のカテゴリーを使う傾向がある、とサックスは示唆している。

　もちろん調査者は、単純に「内容分析」を行うことによって、すなわち回答者自身によるカテゴリーを同定し、それらを回答者たちがどのくらいの頻度で使っているかをカウントすることで、この問題を避けられる可能性はある。だが残念ながら、これがサックスが提起した問題に対する現実的な解決方法とはならない理由が二つある。

　まず第一に、インタビュイーが特定のカテゴリーを用いる場合（たとえば、ウェインの「ついて行こうとする」と「一番前に出ている」への言及）、インタビューの文脈の外でそのようなカテゴリーを実際に用いているか（そしてどのように用いているか）については、確実に知ることができない。我々が、ホルスタインとグブリアム（Holstein & Gubrium, 1995）やラプリー（Rapley, 2004）といった研究者から学んだのは、インタビュイーは、調査者の持つカテゴリー（たとえば、「あなたの物語を話してください」）や活動（たとえば、「うん、うん、なるほど」）をもとに、彼らのカテゴリーを形成する、ということである。

第二に、もし、カテゴリーが、単純に頭からあふれ出すというよりも特定の文脈において利用されるのだとすれば、我々が用いるどのような方法（内容分析でさえ）も、インタビュイーが話すことを、あるインタビューの特定の時点で用いられたカテゴリー、ということ以上の何かに変換することはできない。したがって、もし我々がインタビューよりも制度に興味を持っているなら、最初に考えることは、それらの制度自体を研究することであるべき、ということになる。サックスが述べるように、このことは、「彼らが従事している活動の中に、［カテゴリーを］見つけようとすること」を意味する（1992, 1: 27）。

　サックスの詳細な議論は、大部分の質的研究者からほぼ無視されてきたが、それがサックス（と私自身）が完全に孤立無援の状態にあるということを意味していると仮定するのは間違っている。特に、現代の影響力のあるエスノグラファーの中には、インタビューによって人々の認識への直接的なアクセスが与えられるのであり、観察の役割は、ただそうした認識や意味が「歪められて」いるかどうかを検討するだけだ（Becker & Geer, 1960）という、ハワード・ベッカーの初期の著作に由来する旧来の仮定に対して、異議を唱える者もいる。

　ベッカーとは異なり、後のエスノグラファーたちは、インタビューがフィールド調査において重要な役割を果たすべきだという主張に常に同意するわけではない。たとえば、エスノグラフィーのフィールドノーツを書くことについて論じている本の中に、以下のような鋭いコメントがなされているのが見られる。

　　エスノグラファーたちは、その場の意味が生成され、保持される、自然発生的で、状況に埋め込まれた相互作用 ··· に焦点を当てることによって、成員の持つ意味づけに関連した資料を収集する ··· したがって、インタビューを行うこと、特に、成員に、言葉が彼らにとってどのような意味を持つのか、あるいは、彼らにとって重要なものや意味のあるものは何なのか、について直接尋ねることは、成員にとっての意味にたどり着く主要な道具**ではない**のである。（Emerson et al., 1995: 140）

　インタビュー調査を行う人々は、エマーソンらの指摘を認めることもあるものの、彼らは実践的な面から異議を唱える。インタビュー・データは、私が示してきたような解釈の問題を提起する可能性はあるものの、単に、エマーソンらが言及しているような「自然発生的な状況でのやりとり」にアクセスすることができないために、やむを得ずインタビューしなければならないことも多い、と彼らは言う。

たとえば、「家族」に関心を持っている場合を考えてみよう。本当に、家族生活を理解するために、彼らの家にアクセスすることは難しいのだろうか？

　この疑問に対する私の答えは、そうした疑問が仮定している、データを入手できないだろうという見込みは、実際には大きなまやかしにすぎない、ということである。家族研究における方法論的問題についての論文の中で、グブリアムとホルスタイン（1987）は、どれだけ多くの社会学における研究が、「家族生活」が、その「自然な」場所である家の中で適切に描写されると仮定しているか、を示している。しかしながらこのことには、たとえば家族は「内」と「外」の面を持ち（「内」的側面は家庭内に位置する）、家庭の外では、我々はただこの「本質的な現実」の「変形版」を得るだけだ、という常識的な仮定が含まれている。

　反対に、彼らは、「家族」は一様な現象ではなく、ある一つの状況の中で見出されるが、「機会に応じて」「文脈の中に位置づけられ」ていると論じる。「家族」は、社会的関係を解釈し、表象し、秩序づける方法である。このことは、家族が私的なものではなく、公の生活と密接に結びついていることを意味している。したがって、家庭に家族生活があるのではない。そうではなく、「家族」は、それが表象されるところのどこにでも見出すことができるのである。

　このことは、家族についての研究は、家庭へのアクセスを得ることにも家族成員にインタビューすることにも基づく必要はない、ということを意味している。これは、「家族」が何なのか、ということが何か不変で単一といった対象ではないからである。したがって、家族に興味を持っているなら、単純にこうした制度がはたらく場所ならどこでも研究すればよい。家庭にアクセスできないのであれば（もしくは、アクセスしたくないのであれば）、法廷、保護観察所、小児科のクリニック、新聞記事、人生相談、などを試みればよい。

　家族研究に対してグブリアムとホルスタインがとる新たな方向性は、サックスのアプローチにぴったりと適合するが、それは家族研究の数多くの魅力的な領域を切り開くものである。我々がひとたび「家族」を、調査可能なひとまとまりの記述的な実践という点から考えるようになれば、家族を「それらが現実にそうであるように」、すなわち、彼ら自身の家庭の中で研究するために、そこへのアクセスを獲得しなければならないという方法論的かつ倫理的な悪夢から解放されることになる。

　家庭の場所や特権的にそれにアクセスできることは、もはや問題というよりも、むしろトピックとして再定義される――たとえば我々は、そうしたアクセスについて専門家が行う主張について研究するかもしれない。このことは、

家族の知識は決して純粋に私的なものではないという、グブリアムとホルスタインの論点を強調している。インタビューの中でさえも、家族成員は、自分たち自身の行動を説明するために、すすんで（格言やソープ・オペラの中の家族についての描写のような）集合的な表象に訴える。家族成員は、また、さまざまな聞き手に対してさまざまな方法で、そして、同じ聞き手に異なった方法で、家族生活の「現実」を示しもする。

　もちろん、グブリアムとホルスタインの議論は、家族研究を超えて適用できる。彼らが明らかにしているのは、**いかなる**制度を調査する場合でも、アクセスできないからといって、インタビューが唯一の方法だと考える必要はない、ということである。

　サックスに従えば、我々はこの議論を、エマーソン、あるいはグブリアムとホルスタインがおそらく望んだよりもさらに先まで進めることができる。この議論における、ジョナサン・ポッターの立場を取り上げてみよう。ポッター（Potter, 1996, 2002）は、彼自身のアプローチ（談話分析）を用いる研究者が、あまりにもインタビュー・データに依存しすぎていることを激しく批判し、自然発生的なデータをより多く用いるべきであると論じた。私の「制作されたデータ」の考え方にも非常に近いが、彼は、インタビュー、実験、フォーカスグループや質問紙調査はすべて「研究者によって計画された」ものだ、ということを示している。その代わりに、彼はユーモラスに「死んだ社会科学者のテスト」と呼ぶものを提案している。彼が述べるように、

　　そのテストは、研究者が生まれていなければ、あるいは、研究者がその日の朝大学に来る途中で車に轢かれたとしたら、それが行われたような形で相互作用が起こったかどうか、というものである。(Potter, 1996: 135)

　ポッターのテストは、調査デザインの最初の段階において問いを投げかけるのに有用な道具である。しかしながら、どの程度までそれを使うことができるのだろうか？　私（とポッター）は、インタビューとそれに類似したものは、有能な質的研究者であればいかなる時でも立ち入ってはならないもの、と言っているのであろうか？　この疑問に答えるために、この極端な立場の限界についての議論に移らなければならない。

■■■■ 議論の持ついくつかの限界
── 制作されたデータは、なぜ決して完全には立入禁止でないのか

　この章の多くの部分が、これまでずっと「良い」調査と「悪い」調査を構成するものについて独断的に述べる議論として読まれたかもしれないことを私は承知している。本書の使命に即して、読者が読んでいるのはただ私自身の見方にすぎず、私の議論の一部もしくは全部とさえ、袂を分かつ多くの優れた質的研究者がいる、ということを、私は再度強調しておかなければならない。

　しかしながら、こうした文脈においてさえ、編集上のバランスをとることは決して悪くはない。したがって、私がここまで書いてきたことを一切取り下げることなく、ここでは、なぜ、我々が自然発生的なデータが持つ疑う余地のない魅力に魅了されすぎてしまってはならないのかについて、数多くの理由があることを示そうと思う。これから論じるように、

- 本来的に不十分であるデータはない。
- 「調査者の手に触れられていない」データは存在しない。
- 自然発生的なデータ 対 制作されたデータといった両極化は、行きすぎればほとんど役に立たない。
- 一見したところ「良質な」データは、「良質な」調査を保証しない。
- すべてはデータソースよりも、どうデータを分析するかにかかっている。

■■ 本来的に不十分であるデータはない

　これは、経験豊かな研究者が総じて同意できるいくつかの原則のうちの一つを重ねて述べるものである。「良い」データとか「悪い」データがあるわけではない。いかなるデータソースの価値を評価する時にも、すべては、それらのデータで何をしたいかということと、リサーチ・クエスチョンによる、ということである。たとえば、パトリック・ブリンドルが問うたように（Brindle, 私信）、インタビューに頼ることなく、記憶の中の過去の出来事の社会的な歴史をどのように研究できるであろうか？

　そうしたインタビュー・データへの実用主義的なアプローチは、この章の初稿を読んだ時のクライブ・シールの次のような鋭いコメントによって、さらに

強められる。

> 中世（すなわち、ロマン主義運動以前）において、人々が何かを見つけたい時（たとえばドームズディ・ブック〔世界初の土地台帳〕を作成した人々）、彼らは、出向いて、人々に報告を求めたというのが事実ではないでしょうか？ ブースがロンドンにおける貧困について調査した時、彼が観察よりも回答者からの報告に依存したからといって、彼は「ロマン主義的だった」と思うでしょうか？ 従来の質的インタビュー調査は、いつでも、単に彼らが見、聞き、行ってきた何かについて報告を求めるよりも、むしろ、人の隠された内面の核心にたどり着こうとする、というのは事実でしょうか？ 人々は、きわめて実用的で常識的な理由から、真っ先にインタビューを考えるというのが事実かもしれません。というのも、あまり多くを知らない経験について調べようとする時、そういった経験を持つ何人かの人々に尋ねることによって調べるというのが誰しものやり方だからです。(Seale, 私信)

シールの実用的なアプローチは、ティム・ラプリー（Rapley, 2004）がインタビュー・データを扱うのに選んだやり方によく表れている。ラプリーは、サックスとポッターに由来する理論的な立場である、会話分析と談話分析を用いている。このことは、私が「制作された」データと呼ぶものの使用を排除しているように見える。しかしながら、ラプリーの博士論文の調査におけるトピックは、まさに調査におけるインタビューの中でアイデンティティがどのように生み出されるか、ということであった。そこで彼はインタビュー・データを扱っただけではなく、実際にそのデータを他の研究者の研究から借りたのである。しかしながら、こうした（二次的なレベルの）制作されたデータを用いることは、その調査のトピックから考えれば、完全に正当なものである。実際、ジョナサン・ポッターでさえ、最近、まったく同じ理由で、（制作された）フォーカスグループ・データを用いている（Puchta & Potter, 2004）。

■「調査者の手に触れられていない」データは存在しない

先にこの章で見たように、「制作されたデータ」という考えは幾分危険ではないだろうか？ それは、何が「自然」で、何が「自然ではない」、あるいは「不自然な」ものかという、危険な両極性を仮定してはいないだろうか？ フィールドに（たとえば調査対象者に質問を投げかけることによって）介入して

いない、と我々が考えている時でさえ、そのデータは完全に「自然な」ものではありえず、記録機器の存在や、今日の倫理基準に照らして必要とされるインフォームドコンセントを得る過程に媒介されているだろう。したがって、人の手に触れられていないデータは存在していないことから考えれば、「自然主義的な」データに言及した方がいいのではないだろうか？　しかし、そうであるとすれば、スーザン・スピアが適切に指摘しているように、先述の「死亡した科学者のテスト」には何が起こるのだろうか？（Speer, 2002: 516）

■ 両極化は一般に調査において役に立たない

「制作された」データと「自然発生的な」データの間の対立を「両極的対立」と呼んだ。つまり、一方の極かもう片方の極のいずれかを選ばなければならないということを前提としている。しかしながら、経験則から言えば、一般に、そうした両極化は、実際の調査よりも講堂においてよりうまく機能する。一般的に言えば、社会科学はそうした両極化を用いるよりも、それらを検討すべきである。たとえば、メアリー・ダグラスのような人類学者が示したように、我々は異なる集団において、何が彼らにとって「自然」で「人工的」なのかをどのように区別しているのかを調査する必要がある。

■「良質な」データは「良質な」調査を保証しない

日常的な活動に従事する人々のビデオを作成することは、インタビューに答える人としてのアイデンティティをとるよう求められた回答者に質問をすることと対極にあるように見えるかもしれない。しかしながら、前者のような資料を用いることが質の高い調査を保証すると仮定するのは危険である。常に技術的な問題（どういった録画機器を用い、それをどこに配置するか）が存在するだけではなく、ビデオデータはそれ自体では決して何も語らないのである。その代わりに、数多くの複雑な問題の中で仕事をすることが必要になるだろう。すなわち、ビデオをどのように書き起こして分析するか、単純に説明するために例として用いるだけにするのか、より体系的に分析しようとするか（そして、そうだとすれば、どのようにして？）、といった問題である。

たとえ単に観察するだけであっても、観察したものを記録する何らかのやり方を見つける必要がある。エスノグラファーの注意は彼らがフィールドノーツを書くロジックに向けられているにもかかわらず（Emerson et al., 1995 参照）、

大半は、観察したものをどう記述するかという問題のある特徴には全面的に向き合っていない。ごく簡単に言えば、このことは、我々がどういったカテゴリーを用いるかということに関連している。サックスが述べるように、

　　あなたが人類学者か社会学者で、どこかの場所にいると仮定してみよう。誰かが何らかの行動をとるのを見て、それは何らかの活動だとあなたは考える。報告するという目的のために、あなたは、それを行ったのが誰であるかをどのように定式化していくだろうか？　少なくとも、あなたが最も保守的な定式化だと考えるかもしれないもの、つまり彼の名前、を用いることはできるだろうか？（1992, 1: 467）

　サックスが指摘するように、この一見瑣末な問題は、実際には、詳細にノートをとるといった、テクニックを向上させることでは解決できない。むしろそれは、分析上の基本的な問題を提起する。つまり、「方法論的な問題は … その時にはできる限りのノートをとっておき、後で決定を行う、といったことによって簡単に対処できるものではないであろう。一つには、メンバーに、それを行ったのが誰かがわかるのはいつか、という問題がある」（1992, 1: 468）。
　事実、今日の進歩したソフトウェア・パッケージにサポートされている現代のエスノグラファーたちの多くは、この問題を無視している。サックスが指摘しているやり方では、彼らは、一般的な使用に由来する何らかの一連のカテゴリーの中に単純に投げ入れるだけである（1992, 1: 629）。もちろん、そのようにすることで、本来の場所において、カテゴリーが実際にどのように展開され、実行されるのか、ということについてわかるわけでもなければ、カテゴリーの使用における違反が実際にどのようにして認識されるのかについてわかるわけでもない（1992, 1: 635-6）。

■ すべてはどうデータを分析するかにかかっている

　多くの（しかし、すべてではなく）意味において、「悪い」データというものは存在しえないが、欠陥のあるデータ分析は確かにある。そうした欠陥は、たとえば、ただ一つのインタビューの抜粋に焦点を当て、会話の中でのその部分の位置づけについて分析しない、あるいは、それとは別の物語を語っているかもしれない他の抜粋との間の比較を行わない、といったことから起こる。現在の私の議論にさらに関係の深い欠陥は、インタビューの中（や他）で人々が話

していることを、彼らの頭の中の単純な写し絵を与えているものとして扱う場合である。

　しかし、そうする必要はない。サックスに従って、人々が話すことを、それ自体が特定の文脈に位置する説明として扱うことが可能である（たとえば、インタビュアーの質問に答えている誰かとして、あるいは、特定のアイデンティティ、たとえば、「家族の成員」、「従業員」、「経営者」などを主張している人として）。ここでは、研究者は人々が言うことを、コメントされることを待っている**写真**としてではなく、分析されることを待っている**活動**として見ている。

　こうした議論は、クライブ・シールが指摘したように、多くのことが自分の分析について行う主張に依存していることを示している。シールにとっては、

　　　研究者が、しばしば特定の見解を提示することに特定の興味を持っている他者の報告に依存していることの問題に気づいている限りにおいて、インタビューは、トピックというよりもむしろ「リソース」として扱うことができます。（慎重な）結論を導き出す際に、これを当然と見なすならば、なぜインタビューにおいてもそうできないのか、私には理解できません。（私信）

　シールの議論をさらに超えて、インタビューの会話をトピックとして扱うなら、インタビューもテープもともに、活動の推移として研究することが可能である。実際、インタビューと観察との間の区別は、よく吟味されていない「考えること」と「行うこと」との間の分離によっている（Atkinson & Coffey, 2002: 813）。

　述べてきたことすべては、これは価値のない議論であったか、せいぜい、危険な両極化についての考えを明確にすることにのみ有用な議論であったと示唆しているように思われる。しかしながら、もし私がこれがまったく事実であると信じているとすれば、読者の時間を無駄にしてはいない。実際、この議論は質的調査を行ううえで中心的な、数多くの問題を提起するものだと私は考えている。したがって私は、この章を控えめな今後の展望を示唆することで結論づけようと思う。

■■■　今後の展望

　この節では、スーザン・スピアによる論文と、それに対する意見の中でも

ジョナサン・ポッターによるものをもとに、雑誌『ディスコース・スタディーズ（*Discourse Studies*）』(2002)における、これらの問題についての非常に有用な議論を臆さず利用することとする。スピアは、自然発生的なデータと人工的に作られたデータとの間の両極性に疑問を投げかけることから始め、ポッターはそれを支持し、両者はともに、最終的には、すべては、この両極の一方を選ぶことというよりも、調査のトピックにかかっていることを認めて結論としている。

　たとえば、スピアは「自然発生的なデータ」のようなものが存在するという仮定を適切でないと感じているものの、インタビュー調査、あるいはデータ収集のための「他の制作」方法は、特定のトピックを調査するための最良の方法ではないかもしれない、と認めている。したがって、たとえば、カウンセリングがどのように行われるかについて研究したいのであれば、どうしてクライエントと実践家の回顧的な説明を探したり、実験室での研究を用いるだろうか？同様に、ジェンダーについて研究しているのであれば、調査を、回答者たちにジェンダーの問題についてコメントすることを求めるインタビューに基づいたものにすることには慎重であるべきだ、と彼女は指摘する。彼女が見るように、日常の環境、たとえば、会議やeメールのメッセージなどにおいて、どのように人々が実際にジェンダーを**行うか**について研究する方が、信頼性のあるデータを得られる可能性が高い（Speer, 2002: 519-20）。

　スピアはこの議論を前に進める第二の方法も示している。制作されたデータと自然発生的なデータとを厳密に区別する代わりに、単純に、調査の状況が、当該の調査トピックに対して、どの程度**重大な結果をもたらすか**について検討すべきだ、と彼女は提案する。

　たとえば、シェグロフ（Schegloff, 1991: 54）が引用している実験室研究では、誰が話すことができるかに制限が課された。それによって、その実験環境は「自己修復」というトピックに対して重大な影響を及ぼすものになり、その結論の価値を下げることになる。そうした制限がなければ、その研究は問題がなかっただろう。

　二つ目の例は、私が学術雑誌のために査読した研究である。その研究のトピックは、精巣がんのコンサルテーションにおけるユーモアであった。データは、患者へのインタビューから得られた。さらに、コンサルテーションの中で冗談を用いることについて、患者が直接的に質問されたという証拠もいくつかあった。私が先に指摘したように（そしてスピアがジェンダーに関する調査について指摘したように）、そうした直接的な質問は、人々が言うことに影響を与

える可能性があり、また、現象を調査するうえで、通常は有用な方法ではない。

　調査のセッティングがどのようにデータの信頼性に影響を与えるかについての最後に挙げる例は、ユーモアに関するドリュー（Drew, 1987）による研究である。もしドリューが、たとえば笑いの頻度に関心を持っていたのであれば、ビデオカメラを用いたのは重要な影響を与えたかもしれない。しかしながら、彼の関心の焦点はジョークがどのように実行されるかという点にあったのであり、カメラの存在は関係がなかったと論じた。

　これらすべてのケースで、シェグロフ（1991）が指摘したように、問題は、調査の環境が**手続き的に重要な影響を持った**かどうか、すなわち、データ収集の方法がその信頼性に影響を及ぼしたかどうかである。研究者は、研究結果が事実上彼らの選んだ方法の産物である可能性について十分考え抜いたことを注意深く示す必要がある。この点において、「手続き的な重要な影響」を乗り越えることへの関心は、データが自然発生的／制作されたという両極のどちらに入るかよりも重要なのである。

▰▰▰ 結びの言葉

　サックスに影響された研究者と言語学的な志向性を持つエスノグラファーの著作を通じて、質的研究の中で新たなプログラムがより重要性を持ち始めている。「ニュートラル」あるいは「客観的」な調査道具を使用することで「バイアス」が生じるのを避けようとするよりも、このプログラムは、あらゆる調査の文脈を完全に社会的で相互作用的な機会として扱う（Speer, 2002）。そうした立場をとると、そうした研究者の既定のデータ源は、社会的な成員が日常的に彼ら自身のために組み立てる文脈、ということになる。そうした文脈が偏在し、複雑であるということに向き合えば、人々がどのように行動するのかについて研究するために、どうして研究者は特別な調査環境を作り出そうとしたりするだろうか？　一部の成員の実践にはアクセスするのが難しいと論じる人々に対しては、同意はしても、そうした入手困難性は見かけ上のものにすぎず、どこで現象（たとえば「家族」）を見出すことができるかについての常識的な仮定に基づいている、と指摘できる。

　しかしながら、これらのもっともな議論にもかかわらず、インタビューやフォーカスグループといった制作された調査場面が質的調査において優勢になってきており、エスノグラファーでさえも、通常、彼らの観察をインフォー

マントへの質問と結びつけたり、そうすることで検証しなければならないように感じている。

『ディスコース・スタディーズ』誌における最近の議論に照らして、私は、「自然発生的」データという概念の価値と、その質的研究プログラムとの関連性について再評価した。もちろん、すべての調査において、データの選択は、部分的には、調査の目的に依存すべきである。同様に、すべての両極性が調べられるべきであるということに疑問の余地はない。特に、ここでの議論のように、「自然」への訴えが関わる場合には。

私がこのところ穏やかな論調を導入しているからといって、私自身の調査の経験からの強い衝動が覆い隠されるべきではない。経験は私に、他の条件がすべて同じだとすれば、自然発生的なデータを眺めることから調査プロジェクトを始めるのが良い方略である（そして、想像力の停滞に対して確実に助けになる）、ということを教えている。鉄の規則が調査において良いアイデアであることはめったにないが、この規則は私や多くの私の学生たちにとって機能してきた。以下に、なぜ私がそうだと考えるのかについて説明したい。

ハーヴェイ・サックスは、彼の学生たちに、我々の直観が人々が実際にどのように行動するかについてのよい道しるべを与えてくれることは稀なことがわかる、と絶えず言っていた。我々は、誰かが言ったことについて自分の記憶に頼ることはできない。というのも、そうした記憶は、人々が彼らの会話を組織化するやり方についての細部を保持していないだろうからである。また、この問題は、インタビュー調査を記録する機械的な道具を用いることで解決可能なものでもない。なぜなら、人々自身の認識は、彼らの行動についての不十分な道しるべだからである。

対照的に、自然発生的なデータは、我々が想像できなかったことについて理論化するための、素晴らしい基礎として役立つことができる。サックスが述べるように、世界の中で我々の周りに日常的に起こることを用いるということは、「我々は、それらが起こったということを示すことで、現在は想像することのできないものから始めることができる」ということを意味している（1992, 1: 420）。

ジョナサン・ポッターは最近、サックスの議論を拡張しているが、以下に示すポッターが見出した自然発生的なデータを扱うことの五つの美点を、そのまま挙げるのが一番いいだろう。

- 自然発生的なデータは、（質問、ことわざ、刺激、挿話などに埋め込まれた）

研究者自身のカテゴリーで調査場面をあふれさせない。

- それは、人々を彼ら自身や他の人々の実践と思考に無関心な専門家の立場に置かない。
- それは、トピックそれ自体が直接研究されるので、研究者に、データ収集の場からトピックへの、多様な、多少とも問題のある推論をさせるがままにしない。
- それは、たとえばインタビューの質問の中に埋め込まれた事前に予期されたものの外側にある、さまざまな新たな論点を明るみに出す。
- それは、彼らの人生を生き、目標を追求し、制度的な課題を扱う、等々を行っている人々の豊かな記録である。(Potter, 2002: 540 改変して収録)

　ポッターの五つのポイントのどれも、インタビューや実験が有用または意義深いものになりえることを否定してはいない。「しかしながら、それらは、正当化が逆であることを示唆している。問題は、なぜ自然な材料について研究すべきなのか、ではなく、なぜ研究しないのか、なのである」(Potter, 2002: 540)。

3

出来事か、
シークエンスか

　前章で、質的研究を行う研究者がどのようなデータを適切に集めるべきかについて考察した。しかしながら、多くの質的研究の初心者が仮定するのとは反対に、データを収集することは戦いの半分ですらない。データの**分析**が、常に最も重要なのである。データ分析がしっかりと基礎づけられ、完全なものであることを示すことができなければ、データにアクセスし、収集することに注ぎ込んだすべての努力は、無に帰することになる。

　どのようなものが「しっかりと基礎づけられ」、「完全な」質的データ分析なのかについて説明するにあたって、本章では、一種のサンドウィッチを提供する。パンは、関連する数多くの調査研究によって構成されている。それらのパンに挟まれているのは、なぜシークエンスが重要なのかについて示した、前世紀の二人の偉大な社会科学の思想家についての短い議論である。

　量的研究では、数がモノを言う。調査対象者の人数が限られているために、質的研究者は、分析を支持する事例、実例に依拠しているように見える。したがって、調査報告では、決まって、何らかの主張される現象の実例を語るものとして機能するような、データの抜粋が示される。2章で議論したインタビューの抜粋を思い出してみてほしい。そこでは、薄弱な論拠を用いることについて、逸話主義（の可能性）、すなわち、自分の議論を支持するインタビューの抜粋を選択しているだけではないか、という疑いが正当にも提起されていた。

　さらに別のインタビューの例は、私の主張をよく表している。ローラ・シェアード（Sheard, 2011）は、女性の飲酒と、彼女たちが夜外で飲酒する際にさらされる危険という、多くの議論がなされてきたトピックに関心を持った。彼女は、イングランド北部で40人の女性に、夜酒場でどのように空間を使い、アルコールを摂取したかについてインタビューを行った。

　2章で見たように、こうした調査では、どうしてインタビューデータを選ばなければならないのか、ということが問題となる。シェアードは次のように答

えている。

> 質的調査は、個人の認識、態度、経験を通した、社会的世界の理解を重視する。深層面接法は、「目的を持った会話」を通じて、個人の安全というセンシティブな話題について女性の経験や考え、意見に触れることのできる、実施可能な最良の方法の一つである ・・・ フォーカスグループや参与観察といった他の質的方法がある中で、特にこの方法を選択したのは、この方法が、こうした文脈依存的で、デリケートで、個人的な性質を持ったトピックに対して必要とされる豊かさと深さを「掘り起こす」うえで、最良の方法だと感じられたからである。(Sheard, 2011: 623)

シェアードが、どのように質的調査を個人の「認識、態度、経験」と同一視しているかに注目し、そうしたオーソドックスな見方によって社会的な組織化がいかに無視されるかについて考えることができよう。しかしそれは、この章の最後で取り上げる論点であり（図3.1から3.3までを参照）、現在もっと関連があるのは、「掘り起こす」ことだとする、インタビューについてのシェアードの見方である。調査の実践においては、掘り起こすとはどのようなことなのだろうか？

シェアードの報告を見ることで、この問いに答えることができる。以下は、その引用である。

> アルコールが中心の空間にひとりでいるということが、多くの女性によって議論された。たとえ誰かに会うとしても、自分からはパブには決して行かない、という女性たちもいた。ある女性は、パブやバーにひとりでいなければならなくなるのを避けるために、友人に会う時には、わざと15分遅れて到着することにしていた。(2011: 624)

ここでシェアードが語っていることと、ジャーナリストがそうしたインタビューについて書くであろうこととの類似性について考えてみよう。どちらも、調査を行う者が関心を持っているトピックに関連したことを人々は調査者に語り、調査者は単にその内容を描写しているにすぎないと私は指摘したい。ジャーナリストも質的インタビュー調査を行う多くの人々もともに、人々が語ることをその話題に対する人々の認識が（多かれ少なかれ正確に）レポートされたものとして扱う。そして、彼女たちが述べている事例は、研究者の解釈を

支持するものとして示される可能性がある。

　例を一つ挙げよう。「インタビューを受けた年齢が高めの女性たちのうちの何人かは、彼女たちがパブにひとりでいることを嫌悪していたり避けているのは、年齢や世代の違いと関係していると信じていた」とシェアードは述べている（2011: 624）。引用3.1の中で、彼女は、その観察を支持するインタビューの抜粋を引用している。

引用3.1（Sheard, 2011: 624）

インタビュアー：パブやバー、あるいはアルコールを供するのが中心の空間
　　　　　　　　といった場所をこれまで利用したことがありますか？
参加者：　　　　確かにパブに行きますが、主人と一緒の時だけです。誰か
　　　　　　　　が一緒の時でなければ、パブには行ったことはありません。
　　　　　　　　自分で入ったことは一度もありません。そうしなければな
　　　　　　　　らない理由もありませんでしたし。誰かに会うという時で
　　　　　　　　も、いつも外で会って、それから一緒に行きました。
インタビュアー：それはどうして？
参加者：　　　　わかりません。私の年齢ということがあるのと、女性は自
　　　　　　　　分でパブに行くべきではないという考えからかもしれませ
　　　　　　　　ん。… 夫や娘と一緒に行ったことはありますが自分では
　　　　　　　　行ったことがない、と話したように。でも、今の多くの若
　　　　　　　　い方たちはいらっしゃるんでしょ？（マリー，47歳，清掃
　　　　　　　　作業員）

　多くの質的なインタビュアーたちと同様に、社会科学のカテゴリー（たとえば、「世代の違い」）と混ぜ合わせて調査参加者自身の言葉（たとえば、「年齢」）を用いながら、シェアードは単純に、インタビュイーが言っていることの一部を言い直しているにすぎない。彼女は、我々が問われた質問を考慮に入れながら、また、質問者をどのようなものとして同定するか（このケースでは、研究者として）ということとの関係において我々が回答を形成していくやり方に、まったく注意を払っていない。

　実際この引用の中では、何かもっと微妙なものが進行しているように思われる。インタビュアーの最初の質問が、「描写」を要求しているように聞こえる可能性がある、という点に注目していただきたい。それに対して回答がなされたのちに、彼女は他の描写を求めることもできたかもしれない。しかし代わり

に、彼女は「それはどうして？」と尋ねている。

　裁判所の法廷や保険の請求、学校のクラスとは異なり、日常の会話では描写はしばしば習慣的なもので足りるのであり、それがさらに問い詰められることはない。このように「それはどうして？」と聞くことは、したがって、自分の行動を説明するよう挑戦されたと聞かれる可能性がある。そして、非常に興味深いことに、インタビュイーは彼女の説明に対する根拠として年齢をアピールして応答し、紋切型の表現のようなもの（「でも、今の多くの若い方たちはいらっしゃるんでしょ？」）で結論づけている。

　したがって、自説に合った抜粋に対して彼女のインタビューを「掘り起こす」ことによって、シェアードは、多くのインタビュアーと同様に、我々が言ったりしたりすることにとって**シークエンス**がいかに大事か、という点を見落としている。しかしながら、彼女の信用のために言えば、引用3.1では、彼女は少なくともインタビュアーの質問を含む比較的長い抜粋を読者に提供している。

　ただ残念ながら、他のところでは、シェアードは質問なしで答えだけを示し、それらの答えを純粋にデータについての彼女の主張を支持する例示として使う、というやり方に戻っている。これは、引用3.2に示されている。

引用3.2　（Sheard, 2011: 627）

シェアードの主張

　女性たちが「ドラッグを使ってレイプされた」というマスコミの報道やメディアの報告は、インタビューされた女性たちの心の中心を占めていた。飲み物に薬物を混入される被害者にならないように、アルコールの消費をめぐって非常な注意が払われていた。

シェアードの根拠

　この女性が説明するように、

　私は、自分の飲み物とその置き場所、それを放置しないことについてはとても注意していて、それは女の子がバーの中にいるとしても（バーテンダーとして働いているとしても）同じです。なので、私は彼女たちに「飲み物をビリヤード台の上に置きっぱなしにしないように」と言います。だって、ほ

んの数秒しかかからないでしょう？自分自身を100％守ることなんてできません。だって、バーカウンターから振り返って、もう一度カウンターの方に向き直る1秒の間に、何か飲み物の中に入れられる可能性があるんですから。でも、誰が自分の周りにいて、どこに自分の飲み物があるかだけでも、十分注意しておくといいと思うんです。(ゾーイ, 22歳, バーの従業員)

　引用3.2では、ゾーイの話のかなり長い引用が示されているが、ゾーイが回答している質問の内容はまったくわからず、そのため、我々はその質問に応じて彼女がどのように答えを形成しているのかについては推測することしかできない。さらに、引用3.1と同様に、それぞれの引用の後に示されているインタビューについての情報の問題点についても論じたい。アイデンティティを描写する方法は無数にある。研究者が特定のアイデンティティの特徴（このケースでは年齢と職業）を選べば、他のものを無視することになる（たとえば、婚姻状況、友人や兄弟の数、など）。そのようにすることは、彼らが、人々が言っていることを解釈するうえで、特定のやり方を好んでいることになる。
　少し違う例を出してみよう。質的研究において、フォーカスグループは、最初は消費者と投票行動の研究に使われていただけであったが、今やインタビューと同じくらい人気がある。フォーカスグループのデータは、通常、しばしば母集団の中の特定のサブグループを代表するように選ばれた小さなグループに対して、言語的あるいは視覚的な手がかりを与えるモデレーターによって収集される。また、1対1でのインタビューとは異なり、フォーカスグループによって、8人〜10人の人々の考え方に素早くアクセスすることが可能になる。
　商業的な質的研究では、フォーカスグループで得られる「発見」は、クライエントのビジネス上の目標に直接的に関連している。このことは、以下の、商業的なフォーカスグループについて研究した社会科学者、ジョナサン・ポッターによるコメントの中で述べられている。

　　フォーカスグループを依頼した企業や組織は、3種類のアウトプットに対して金銭を支払います。第一に、マジックミラーの後ろからやりとりを見ている代理人がいるかもしれません。第二に、やりとりをビデオ録画したものが提供されます。第三に、モデレーターによって書かれたやりとりについてのレポートが提供されます（一般的に、テーマを要約し、人々の考え方のサンプルの引用が提供されます）。

一般に、これらのアウトプット形式のどれか一つが、他の形式に対して優先されることはありません。このことは、データ産出の中でモデレーターが中心的な役割を果たすことを意味しています。彼もしくは彼女は、たとえば、注意を引きつけることで何かの重要性を示したり（たとえば、それを繰り返し言う）、あるいは、その何かを無視することによって、グループの議論にとってそれが無関係であることを示すことができます。このことは、マジックミラー越しであれビデオであれ、あるいは報告書の中で引用されるものであれ、クライエントにとって明らかと思われます。市場調査のためのフォーカスグループにおいてデータが可視的であることは、分析のためのデータセットを生み出す過程でかなりのスクリーニングやコーディングが行われる社会科学におけるフォーカスグループにおけるよりも、より直接的な問題です。そして、調査論文の中に、たとえば生のやりとりがデータとして、また結果として含まれていることを期待されることはないでしょう。(私信)

　ポッターが「スクリーニングとコーディング」そして「生のやりとり」の研究、と呼ぶものが何なのかについて理解するために、社会科学に基礎を置くフォーカスグループによる研究の例を見てみよう。

　フィル・マクナーテンとグレッグ・マイヤーズは、遺伝子組み換え食品（genetically modified food：GM）についての科学的なディベートに、このテーマに関する一般的な心情がどのように反映されているかについて関心を持った。フォーカスグループを通じて、彼らは「人々が動物に関わるさまざまなやり方・・・および彼らの動物に関する信念や価値観と、何が自然かということについての潜在的な信念との関係のあり方」（Macnaghten & Myers, 2004: 67）を引き出そうとした。

　引用3.3は、彼らのデータからのものである（使用されているトランスクリプション記号については、付録を参照してほしい）。引用部分は、モデレーターからの導入の質問から始まる。

引用3.3　（Macnaghten & Myers, 2004: 75 を改変）

（M＝モデレーター；X と Y ＝参加者）
M：ちょっといいですか？　では、これらの動物はどのような点で自然だと
　　思いますか？(1.0)

　現在の目的に照らして言えば、私はただ、社会科学者が（商業的な調査を行う人々とは異なり）そうしたデータをどのように分析するか、という問題にのみ関心がある。非常にありがたいことに、マクナーテンとマイヤーズは、部分的には実践上の偶然から、二つの異なる分析方略について議論している。作業する時間がタイトであることに対処するために、マクナーテンはデータの分析よりもフォーカスグループを設定することにより多くの注意を払っている。彼の分析方略には、以下の三つの単純な段階が含まれていた。

1. 「鍵となるくだり」を素早く見つけること（200,000語のトランスクリプトの中から）。
2. 適切な（そして反復されている）ポイントを簡潔に印象的に表している引用を選び出すこと。
3. ハイライトして、「引用に値するテーマ」をマーキングすること（最終的に関心を持っている各トピックについて、8グループの引用を挙げている）。

　著者たちは、この簡単な方法は、特定の調査トピックに関係するデータを整理するための素早いやり方を提供する、と述べている。データ分析を開始する時には、我々は見知らぬ地形の中にいると言えよう。この意味において、マクナーテンの方法によって、彼らが述べるように「森の地図を作る」ことができる。
　「森の地図を作る」ことを通じて生み出すことができるそういった迅速な答えは、間違いなく、社会的な問題を志向する調査にとって魅力的なものである。しかしながら、繰り返されるテーマを同定するこうした方法は、フォーカスグループの参加者たちが孤立した個人ではなく、会話に参加しているという事実を見過ごしている。会話としてのデータの特徴を理解するためには、モデレーターと参加者、および参加者たち自身の間のやりとりの中で、意味がどのように構成されていくかを見る必要がある、とマイヤーズは指摘している。引用3.3について、彼は次のように指摘する。

1. Xは1秒間間をおいて、「そうですねぇ」という前置きを使用しており、それは、彼の反応が予期していなかったものであったか好ましくないものだったことを示している（選好組織についての議論は、Heritage, 1984参照）。
2. Yは、非常に素早く会話に入り、Mが彼にオーバーラップしており、これら両方が好ましい行為であることを示している。
3. Yは彼の言葉（「人造のもの」）をMの言葉（「操作された」）に合うように修正している。このようにして、YとMは協同的な発言を生み出している。

　こうした詳細な分析は、「森の地図を作る」ことよりも、「木々を刻む」ことに似ている、と作者たちは指摘する。前者のアプローチとは異なり、後者は、フォーカスグループにおける発話と、動物や遺伝子組み換えについての調査に対する人々の「考え方」との間に1対1の関連がある、という仮定を拒否している。その代わりに、それは、どのようにして「フォーカスグループのトランスクリプトが、現在可能な限りにおいて、その瞬間瞬間の状況やその状況における流動的な人々の関係を再現する方法となるのか」（Macnaghten & Myers, 2004: 75）を示している。

　しかしながら、あらゆるデータ分析の方法と同様に、「木々を刻む」ことには潜在的な問題が存在している。第一に、それは「鍵となるくだり」を同定することによって分析を進めるよりも、明らかにゆっくりとした方法である。第二に、言語学的なアプローチは、我々が調査を始めた際のリサーチ・クエスチョンへの視点を失わせるという危険を冒す可能性がある。この事例について言えば、批判者は、マイヤーズのシークエンス分析は、遺伝子組み換え食品についての議論とほとんど関係がないものになっている、という、もっともな議論をするだろう。

　経験豊富な質的研究者は、マクナーテンとマイヤーズによって提案された選択可能なアプローチが、データを分析するための広く使われている（そして非常に異なる）二つの方法を例示していることを認めるだろう。きめの細かいシークエンスの分析によって「木々を刻む」ことは、ただ都合のいい出来事を引用するだけの散弾銃的なアプローチよりも、もっと健全なデータに基づいた調査方法（深さを与える）であるように思われる。しかしながら、「森の地図を作ること」は、その限界が何であれ、少なくとも、現象について実質的な何

かを語ってくれるのであり、したがって幅広さを与えてくれる。

　この章の後の方で、うまく深さと幅広さを組み合わせていると私には思われる、もう一つのフォーカスグループによる研究について検討する。しかしまず初めに、質的データの分析において、なぜシークエンスが重要なのかについて考える必要がある。そのために、我々が行う調査を量的な社会科学者の調査やポッターによって論じられている商業的な調査から区別するのに有用な、我々の理論的なルーツにおけるいくつかの特徴を振り返っておく必要がある。

　二人の思想家が、シークエンスの組織化について深く考えるための基礎を提供してくれている。社会学者ハーヴェイ・サックスと、言語学からはフェルディナン・ド・ソシュールである。これらの偉大な思想家は時代を異にしており（ソシュールは20世紀の最初の20年間に活躍し、サックスは1960年代と1970年代初期に活躍した）、学問的背景も異にしているが、ある一点において、彼らは単一の事例を拒否しシークエンスを探すという、共通のインスピレーションを与えてくれている、ということを示そうと思う。サックスの研究は、本書のこれまでの章の読者であればすでになじみ深いと思われるので、彼の議論から始めて、次にソシュールの議論に移ることとしたい。

■■■■ シークエンスの組織化についてのサックスの議論

　ソシュールとサックスは、奇妙な共通の特徴を持っている。両者の研究は、主に死後に彼らの講義が出版されることによって知られるようになった。

　カリフォルニア大学でのサックスの講義は、1964年から74年の間に行われた。1964年の秋に行われたまさに最初に筆記された講義を、サックスは、救急精神病院で収集された電話の会話についての彼の博士論文のデータから始めている。以下の引用を読む時には、当惑したり、退屈にさえ感じるかもしれないという心の準備をしておいてほしい。ただし、すぐに、なぜそれらが重要なのかわかるだろう。

　引用3.4と3.5において、Aは病院のスタッフのひとりであり、Bは彼ら自身のことについて電話している誰か、あるいは、誰か他の人のことについて電話している誰かである。

> **引用3.4　（Sacks, 1992, 1: 3）**
>
> A：こんにちは
> B：こんにちは

> **引用3.5　（Sacks, 1992, 1: 3）**
>
> A：もしもし、スミスです。どうされましたか。
> B：もしもし、ブラウンです。

　サックスは、これらの引用について二つの最初の観察を行っている。第一に、Bは、彼の発話をAの最初のターンから与えられるフォーマットに合わせているように見える。したがって、引用3.4では、「こんにちは」の交換に、引用3.5では、名前の交換になっている。あるいは、サックスが述べるように、「電話の会話の中で最初に話した人物が語りの形式を選ぶことができ ・・・ それによって会話の相手が使う語りの形式も選ぶことになる」（1992, 1: 4）という「手続き的規範」が存在する、と言えよう。

　サックスが観察した第二の点は、やりとりの中のそれぞれの部分やターンが、ペア（たとえば、こんにちは－こんにちは）の一部として生じている、ということである。ターンの各ペアは、「単位」と呼んでもいいもので、その中では、最初のターンが第二のターンの「スロット」を構成し、そのスロットが適切に含んでいるものについての予期を最初のターンが設定している。そうした予期が存在するため、Aは通常、それを直接要求しなくても、Bの名前を聞き出すことが（引用3.5に見られるように）可能となる。サックスが指摘するように、その長所は、それが直接的に質問することが生み出す可能性がある問題を回避している点にある。たとえば、誰かに名前を尋ねれば、相手は当然のように「なぜ？」と訊くかもしれず、このように、質問する適切な根拠を示すことが必要になる（1992, 1: 4-5）。対照的に、名前のためのスロットを提示すれば、説明の義務は生じない。電話で自分の名前とともに返事をすることは、電話のかけ手の名前を知ることが重要であるような制度の中で機能しているのである（1992, 1: 5-6）。

　もちろん、ひとたびスロットが作られれば何かが適切に起こるかもしれないからといって、それが起こる**だろう**ということではない。サックスが引用している別の例を挙げてみよう。

> **引用 3.6 （Sacks, 1992, 1: 3）**
>
> A：もしもし、スミスです。どうされましたか。
> B：聞こえないのですが。
> A：もしもし、スミスです。
> B：スミスさん。

　サックスの二つの手続き的なルールは、話者たちがロボットであることを意味しない。引用3.6の中で起こっていると考えられるのは、Bの「聞こえないのですが」という返事が、会話の他方の側が自分たちの名前を与えるスロットが失われたということを意味している。このことは、それらの名前が「欠如」しているということではなく、それが置かれる可能性のある場所が閉じられた、ということを意味している。サックスが述べるように、

> 　単純に電話のかけ手が、適切になすべきことを無視しているのではなく、何かもっと絶妙な何かなのである。すなわち、返される名前が当てはまる場所が開かれていないということを示す方法を持っている、ということである。
> （1992, 1: 7）

　サックスは、1966年春の講義で「場所」あるいは会話の「スロット」の問題に立ち戻っている。スロットとは、特定の最初の活動の後で、特定の2番目の活動が適切に起こるであろう場所のことである。しかし、それをどのようにして示せるだろうか？　「スロット」とは、単に、分析者が見るものを説明するために呼び出された、分析者のカテゴリーにすぎないのだろうか？
　サックスは、成員自体がスロットが適切に使われているかどうかという問題に日常的に注意を向けているということを示すことで、これらの質問に答えている。このことについての一つの好例は、スロットの適切な使用が「欠如している」と我々皆が認識することができるようなやり方である。たとえば、「こんにちは」と言ったことに誰かが返答しない（そして明らかにそれを聞いている）場合、我々は問題なく何かが欠如していると考える（1992, 1: 308）。実際、我々はこの出来事を「ひじ鉄」の例として、当然のように誰か他の人に語るかもしれない。
　こうしたあいさつの「欠如」の例は、たやすく見つけることができる。というのも、返されたあいさつは、「あいさつ」であるだけではなく、たとえば、

質問−返答を含む、「ペアになったオブジェクト」のカテゴリーの一部だからである（1992, 1: 308-9）。そうしたペアになったオブジェクトの最初のパートが完了すると、第二の話者グループによる間は、**彼らの**ためらいとして（すなわち、彼らの責任として）見られることになる。これは、そうした最初のパートを「発話を完結させるもの」として聞くことができるためであり、ひとたび最初のパートが与えられると、その場合には、他の話者グループが話す番であり、最初のパートに適切に注意を払うようなやり方で話す番なのである（1992, 1: 311）。

　そうした適切な注意は、もし認識可能な質問に対して「こんにちは」と返事をすれば、いかにも「奇妙だ」ということを意味している。しかしながら、それは、我々が期待されたやり方で行動するように縛られているということを意味しているのでもなければ、期待されていなかった返答がいつでも「奇妙な」ものとして聞かれるということを意味しているのでさえない。

　あいさつが返されるということが示すように、連続する活動はペアにグループ化される可能性がある。これは、次の話者が行うかもしれない行動に制限を与えるが、そのペアの最初のパートを開始する者にも制限を与える。したがって、たとえば、あいさつを返してほしければ、自分から最初にあいさつをしなければならないのである（Sacks, 1992, 1: 673）。

　あいさつだけではなく、質問−返答、呼びかけ−応答といったような隣り合う活動もまた、ペアにされている。このことは、二つの結果をもたらす。まず第一に、二つのパートは、「相対的に秩序づけられている」（1992, 2: 521）。このことは、「最初のものが与えられると、2番目のものが行われるべきである」ということを意味している。また、行われるべきことは、「ペアの組織化によって特定化される」（1992, 2: 191）。二つ目に、指示された2番目が行われない場合には、「欠けているものとしてみなされ」（1992, 2: 191）、最初の反復が与えられるだろう。たとえば、サックスは、「やあ」と誰かに話しかけたのに返事が得られなかった幼い子どもが、普通、最初に言った「やあ」を繰り返し言って、返事としての「やあ」を言ってもらってから、自分のことをする、と指摘する（1992, 1: 98）。

　このような二つの連続する発話を組織化することは、「隣接ペア」、すなわち、二つの長い発話であり、隣接して配置されるシークエンス（あいさつ−あいさつ、質問−返答、呼びかけ−応答）という考えを与えてくれる。これまで見てきたように、隣接ペアは「相対的に秩序化されている」。というのも、常に一方が他方の前に行われるからである。それらは「弁別的に関連づけられ」ても

いる。すなわち、最初のパートが適切な第二のパートを定義（あるいは弁別）する（1992, 2: 521）。

　したがって隣接ペアは、現在の発話と先行あるいは後続する発話との間の関係を組織化する、強力な方法と見なすことができる。実際、ただ一つの発話のタイプを許容する次の位置という考えを設定することによって（1992, 2: 555）、サックスは、「発話間の隣接する関係は発話を関係づける、最も強力な装置である」(1992, 2: 554) と指摘している。

　この装置が持つ力は、「呼びかけ－応答」の隣接ペアに関連する二つの例によって示されている。カフとペインが指摘するように、「呼びかけを受けた者は応答することに駆り立てられているように感じる」(Cuff & Payne, 1979: 151)。彼らが指摘するように、その一つの不幸な結果は、北アイルランド紛争の時期に見られたものであり、玄関のドアのベルが鳴ると、それによって「呼びかけ」が構成され、「そのようなことが起こることについて知識を持っているにもかかわらず、ドアを開けて撃たれた」(1979: 151)。

　第二の例は、サックスの「あのね、ママ？」という、子どもの質問についての議論の中のものである（1992, 1: 256-7 & 263-4）。サックスが指摘するように、子どもが「ママ」という言葉を使うことは、呼びかけへのママにとっての適切な回答が「何？」と言うことであるような、もう一つの呼びかけ－応答シークエンスを打ち立てる。それによって、子どもは、会話の開始時に望んでいたことを、義務として、言うことができる（なぜなら、質問は必ず回答を生み出すものだから）。したがって、こうした発話は、通常は彼らが話す権利が制限されているにもかかわらず、子どもたちが会話に入ることのできる強力な方法なのである。

　しかしながらサックスは、呼びかけ－応答といった隣接ペアが、必ず機械的なやり方で機能するという仮定をしないように、注意を与えている。たとえば、引用3.7に見られるように、彼は、質問が、時には適切な形でさらなる質問によって続けられることがある、と指摘している。

引用3.7（Sacks, 1992, 2:529）

　Ａ：車を借りてもいい？
　Ｂ：いつ？
　Ａ：今日の午後。
　Ｂ：どのくらい？

```
Ａ：２時間ほど。
Ｂ：オーケー。
```

　引用3.7の中で、Ｂは２行目ではなく６行目で、質問－返答ペアの第二のパートを提供している。シェグロフ（1968）を引用しながら、サックスは２行目から５行目を「挿入的シークエンス」（1992, 2: 528）と呼んでいる。そのようなシークエンスは、Ａの発言が終わればＢは回答するだろうという理解に基づいて、質問－返答のペアの中で許容される（1992, 2: 529）。しかしサックスは、あいさつにおいては、他の隣接したペアとは違い、挿入的シークエンスは稀であると指摘している（1992, 2: 189）。

　隣接という現象がどのように機能するかについてサックスが述べていることをまとめれば、「隣接ペアの最初のパートは、最初のペアのパートが挿入シークエンスの最初のペアのパート**でない限り**は、最初のペアのパートの直後を**除いて**、会話の中で**どこにでも**置かれうる」（1992, 2: 534）。

　さらに、隣接ペアの最初のペアのパートはどこにでも置かれうるが、再度、人々が常に聞いていなければならないことがわかる —— 今回は、彼らが第二のペアのパートを実行するように求められる場合に備えて（1992, 2: 536）。実際、我々は隣接ペアがただ二つの発話から構成されると仮定すべきではない。挿入シークエンスが存在するかもしれないだけではなく、時には、隣接ペアの連鎖が構築される可能性もある。

　そうした連鎖の例として、サックスは、「今晩は何をするの？」といったようなことをしばしば言うが、この時「特に何も」のような答えが、かなり確実にさらなる「招待－回答」という隣接ペアにつながるということを相手は知っている、と指摘する。このようにして、最初の質問－返答のペアは、「来てもらえるように招待する」ことの「前触れとなる合図」として機能する（1992, 2: 529）。

　サックスが会話の組織化について語っていることについてのここまでの私の議論に対して、一部の読者は興ざめに感じるかもしれない。「ハンバーガーで言えば肝心の牛肉にあたるものがないんじゃない？」と言うかもしれない。会話の詳細な部分に興味を持っていようがいまいが、あらゆる質的研究者にとってなぜサックスが必読書なのか、ということをここで私は示したい。

　サックスは、シークエンスの組織化について研究することの重要性について、三つの印象的なメタファーを用いて説明している。

- 経済
- 偏在性
- 観察可能性

私はこの節を、それぞれについて簡単に論じることで結びたいと思う。

■ 経済

　サックスは、会話を、思考を伝達することに関連した内的過程として考えたい、という誘惑から我々を引き離す。こうした反－心理学的な批判は、彼の、インタビューがどのように機能するかを描く「コメンテーター・マシーン」という用語（2章で論じたように）や、会話の順番取りシステム（ターンテイキングのシステム）を描く「装置」（Silverman, 1998: 4章参照）という用語の使い方に見ることができる。

　サックスと彼の同僚たちは、「経済」というメタファーを、次の引用の中で、この装置を描写するのに用いている。「社会的に組織された活動にとって、『ターン』の存在は、高い価値を付与されている何かのためのターン、という点で、経済を連想させるものである。また、それらを配置するための手段という点でもそうなのであり、それらは、経済と同様に、ターンの相対的な分配に影響を与える」（Sacks et al., 1974: 696）。

　こうした「経済」の概念は、個人の経験が少々流れ出たものとして会話を扱いたい、という誘惑にかられないように、我々を強力に方向づける。その代わりに、商品やサービスと同様に、会話におけるターンは、それらの分配のシステムに依存している。さらに、そうしたターンは、発言権を獲得することの潜在的な「利益」や、特定の時点においてターンをとることに失敗した際の潜在的な（たとえば、記憶の）「損失」に見られるような、価値を持っている。そのようにして、「経済」のメタファーは、会話だけではなく、ジェスチャーや身振りも組み込んだ会話の順番取りシステムの持つ力や実際の地位について我々に思い起こさせてくれる（たとえば、競売が行われている部屋を見まわし、机の上で小槌を叩いて鳴らす際の、競売人の身振りを我々がどのように理解するかについて考えてみてほしい。Heath & Luff, 2007 参照）。

■ 偏在性

　この力は、あらゆる社会的文脈において、我々が議論してきた会話のルール
を話者が扱うやり方の中に反映されている。この点について言えば、異なる文
化の間に存在する明らかな境界線でさえ、ほとんど重要ではないように思われ
る。

　このことは、サックスが人類学者のマイケル・モアマンとともに執筆した
共著論文の中に見ることができる。モアマンとサックス（Moerman & Sacks,
1971）は、タイ語話者とアメリカ英語話者の基本的な類似性を指摘している。
タイ語では、アメリカ英語と同じぐらい、間もオーバーラップもなく、一度に
ひとりの話者が話す。同時に、両方の「文化」において、規則違反に気づいて
修正すること、協同的に移行するポイントを配置すること、協同的に次の話者
を決めること、話の完了を待つこと、ターンの移行、無礼などによってこのこ
とが達成される。

　著者たちが述べるように、タイ語でもアメリカ英語でも

> 　会話への参加者は、確認のテスト、互いの記憶の確認、突然の質問、その
> 他の理解を確認するやり方なしで、彼らが参加している会話を理解してい
> るか、理解できていないかを絶えずその場で互いに示さなければならない。
> (Moerman & Sacks, 1971: 10)

　サックスの講義に見られるように、著者たちは、人々がいかに素早くこれら
のことを行うことができるかに驚く必要はない、ということに気づかせてくれ
る。「文法の精緻な規則を瞬時に適用できることは、人間の頭脳が素早く行う
ことができることは非常に少ない、といった素朴な考えが間違っていることを
示している」(Moerman & Sacks, 1971: 11)。

　しかしながら、こうした「瞬時に適用できること」と偏在性が、会話の規則
が強制的なものであることを意味していると考えるべきではない。そうではな
く、サックスが以下で指摘するように、そうした規則は、注意を向けられ用い
られることによって、その適切性を実現しているということである。

> 　まるでそれが非常に衝撃的な何かに違いないとでもいうように、Ａ－Ｂ－
> 　Ａ－Ｂの規則に違反している人々がいるのを見つけた、と誰だったか私に

言ったことがある ・・・ つまり、実際、Ａ－Ｂ－Ａ－Ｂの規則が、それに注意
を向けてさまざまなやり方で使う何かであり、今彼が話すターンだというこ
と、あるいは**いつ**話すターンなのかということを知らせることのできる何か、
であるとするよりも、むしろどんな二者間の会話をも性格づける、自然法で
あるかのように言ったのである。(1992, 1 : 524)

■ 観察可能性

　サックスは機械的なイディオムを強調しているが、サックスが述べているこ
とには何ら抽象的、あるいは純粋に理論的なものはない。サックスは、規範や
カテゴリーの自己完結的なシステムを形成しようとするよりも、むしろ、人々
の観察可能な活動にアクセスする方法を我々に示そうとした。このことは、以
下で彼が述べる「秩序正しさ」は、普通の人々が依拠し使用する秩序であるこ
とを意味している。

　　　我々が扱う資料が秩序を示す限りにおいては、我々だけにとってそうであ
　　るのではない。実際、そもそも私たちにとってそうであるのではなく、それ
　　らを生み出した共同参加者にとってそうなのである。(Schegloff & Sacks, 1974:
　　234)

　このことから導き出される結論は、「問題」は、分析者にとって興味深いも
のであるためには、成員にとって観察可能な問題でなければならない、という
ことである（1974: 234）。しかしながら、サックスが以下で述べる「どこでも
観察できること」は、何か深く重要なことを含意している。

　　　偏在性とどこでも観察できることは、**陳腐さ**、したがって沈黙も、必ずし
　　も意味しない。あるいは、それは例外や変化を探させるだけのものでもない。
　　むしろ、我々が見なければならないのは、そうしたありふれた何らかの出来
　　事によって、我々は**それほどに圧倒的に真実**なことごとを捉えているという
　　ことであり、それは、世界のその部分について理解しようとするならば、折
　　り合わなければならないであろう何かなのである。(Sacks, 1987: 56, 強調は筆
　　者)

　この偏在性と「折り合う」ことは、我々に、調査上の課題を与える。シェ

グロフとサックスにとって、少なくとも、社会的な（諸）活動の詳細を厳密に、実証的に、形式的に扱うことができる、自然主義的な観察による学問を達成しようとすべきなのである（1974: 233）。

ハーヴェイ・サックスは、我々にシークエンスを扱うことを教え導く、近代における傑出した思想家であった。しかしながらサックスは、一部の質的な研究者がかなり誤解して、派閥主義者として、あるいは彼らの関心とは関係のないものとして見なしている一つのアプローチ——会話分析（conversation analysis：CA）——の開祖と見なされることが多い。

ここで私は、シークエンスの組織化が、会話分析を用いる人々をはるかに超えた関連を持つことを示したい。その目的を達成するために、約束したように、ここで社会科学における早期の基礎を築いた人物であるフェルディナン・ド・ソシュールを参照しよう。その道すじをたどって、ソシュールが異なる要素間の分節化に焦点を当てたことが、出来事よりもシークエンスに基礎を置く調査の基盤を築いたことを指摘する。

■■■■ シークエンスの組織化についてのソシュールの議論

ソシュール（1974）は、関係と差異が、交通信号のような記号システムの中で分節化される、そのされ方について研究することを求める。彼は、個々の語とその意味との間の対応に関して、言語の実体的な見方を拒否し、**関係論**的な見方を支持して、意味の源としての複数の語の間の関係のシステムを重視した。この考え方によれば、記号は自律的な実体ではなく、記号システムの中での位置づけからのみ、その意味が引き出される。言語的記号を構成するのは、他の記号との差異のみである（したがって、赤という色は、ただ緑、青、オレンジなどではない何かにすぎない）。たとえば、列車は、時刻表の中の位置づけによって表される。したがって、10時30分チューリッヒ発ジェノバ行きの列車が11時になっても出発しなくても、その列車はなお10時30分発の列車なのである。

記号は、主に二つの経路を通じてまとめられうる。最初の経路としては、組み合わせの可能性がある（たとえば、宗教儀式の順序、あるいは、「friend」が「boyfriend」「friendship」「friendly」などになる、というように、名詞に付与することができる接頭辞と接尾辞など）。ソシュールは、それらの結合のパターンを「統合的関係」と呼んでいる。第二の経路として、対照的な特質がある（たとえば、礼拝において、別のものよりも、ある讃美歌を選ぶ；「はい」あるいは「い

いえ」と言う)。ここでは、一つの言葉を選択することが必然的に他の言葉を排除することになる。ソシュールは、そうした相互排除的な関係を、「範列的対立」と呼んでいる。列車の時刻表に見られるように、記号はその意味を他の記号との関係性と差異のみから導き出している。

　ソシュールの議論は、主に、テキストデータや視覚的データの分析の際に留意されてきたように思われる。というのも、おそらく、そうしたデータはほとんど自明に近い形で分節化されているからである。しかしデータ分析にとって、ソシュールのアプローチにはより幅広く適用可能なメリットがある。我々がいったん「意味は単一の要素には属していない」ことを認識すれば、個別の出来事や事例のデータを探すことについて考え直す必要が出てくる。いかなる事例を解釈する際にも、それが埋め込まれているシークエンスを無視することはできない。したがって、たとえばインタビュイーの単一の答えに基づいた分析は、通常不十分であろう。綿密な分析は、通常、インタビュアーとインタビュイーの間の会話の広範囲のシークエンスに基づくものでなければならない（Rapley, 2004 参照)。

　しかしながらこの例は、ソシュールの議論を、彼が考えていたよりもさらに先へと押し進める。

　ソシュールの分節への興味は常に、相互作用よりも、構造やシステムのレベルにあった（つまり「**パロール**」ではなく「**ラング**」)。しかし、分節化は非個人的なシステムのレベルでだけ起こるのではない。以下のデータの引用に見られるように、調査参加者は、さまざまな活動の間の関係に深く関わっている。それはたとえば、招待をしたり受けたりすることについての我々の複雑な方法の中に見られる。したがって、招待した後では、招待する側の人は、間を何らかの問題を示すものとして扱い、「おわび」をするかもしれない（たとえば、「あるいは、ひょっとして、今あなたは忙しすぎるかもしれませんね」）（Heritage, 1984: 241-4 参照)。

　我々は皆、明らかに活動のシークエンスを扱い、それに則っているのであるから、それはつまり、ソシュールが認めようとしたよりもはるかに統語的関係がローカルなものであることを意味している。以下の例では、要素間の関係を分節化することを強調するソシュールに着想を得ながら、やりとりがローカルに埋め込まれていることにデータ分析がどのように細心の注意を払うことができるかを示したい。ソシュールは、言語学や構造人類学において最も引用されるが、彼は我々すべてに当てはまる単純規則を与えてくれている。我々が出来事に依拠することを非難して、ソシュールは、「意味は単一の事項の中には

存在しない」と語る。すべては、単一の事項（要素）がどのように分節化されるかにかかっている。

　一つの日常的な活動といえど社会的世界が分節化されており、それはシークエンスの構築による。調査参加者が相互作用的な「出来事」のシークエンス的配置に注目するように、社会科学者もそうすべきである。フォーカスグループ、フィールドノーツ、音声テープからの例を使いながら、私は、出来事を引用するよりも、そうしたシークエンスを同定することが、質的データについてのあらゆる主張の妥当性に対する第一の検証となるはずであることを論じる。

　マクナーテンとマイヤーズ（2004）の遺伝子組み換え食品についての研究に対する先述の議論では、私は形式 対 本質についての問題を提起した。分節化とシークエンスの組織化に関心を持つことは、会話の構造以上のものを語ることができるだろうか？　この疑問に対する最初の答えを得るために、そうした本質的な問題がより明確に強調されている、二つ目のフォーカスグループを用いた研究について議論したい。

■■■ ポジティブ・シンキング

　スー・ウィルキンソンとセリア・キッツィンガー（Wilkinson & Kitzinger, 2000）は、一般の人々と多くの医療スタッフが、ともに「ポジティブ・シンキング」はより良くがんに対処するのに役立つ、と考える、その考え方に興味を持った。彼女たちは、こうした信念の根拠となるものの大部分は、ボックスにチェックを付けたり、数字を丸で囲んだりした質問紙から導き出されたものだと指摘した。

　対照的に、ウィルキンソンとキッツィンガーは、「ポジティブに考えること」について語られたことを行動として扱い、特定の会話のシークエンスの中でそれらが果たす機能を理解することを選択した。簡単に言えば、彼女たちはポジティブ・シンキングが現れている箇所に「マーク」を付け、それがいつどのように使われるのかについて探った。

　引用3.8に示す、彼女たちが乳がんを患う女性たちのフォーカスグループから使用したデータを見てみよう。

> **引用3.8** （Wilkinson & Kitzinger, 2000: 807）
>
> ベティー：私が最初にがんだと知った時、自分に言い聞かせたの、オーケー、
> 　　　　　私はそれで参ってしまったりしない、それだけのこと、と言った
> 　　　　　の。つまり、（イボンヌ：そうね）明らかに、それは恐ろしいこと
> 　　　　　だから、打ちのめされるけど。
> イボンヌ：[オーバーラップ] そう、でも、あなたはポジティブな態度をとる
> 　　　　　ようにしなきゃいけないわ、私は
> ベティー：[オーバーラップ] でも、そういう時に、パーコット先生と話した
> 　　　　　ら、彼は、どんなタイプのがんにかかった人でも持つことのでき
> 　　　　　る最も役に立つものは、ポジティブな態度だよ、と言ったの
> イボンヌ：ポジティブな見通しね、そう
> ベティー：だって、戦うって決めたら、体の残りの部分が、か、開始
> イボンヌ：おのずと動機づけられる、そうね
> ベティー：戦うことに向けて

　この引用の中で、がんの診断結果によって「打ちのめされる」気持ちについてのベティーの説明に続いて、イボンヌとベティーの両者によって「ポジティブな態度」が強調されている。したがって、表面的には、引用3.8は、ポジティブ・シンキングががん患者の内的で認知的な状態である、という考えを支持するように思われる。しかしながら、

> 　それは、これらの女性たちが、がんにかかることへの自然な反応（[ベ
> ティーが言及している] 自然な反応は、「明らかに、それは恐ろしいことだから、打
> ちのめされるけど」である）としてではなく、むしろ、「ポジティブな態度をと
> るようにしなければならない」という道徳的な責務として、「ポジティブに考
> えること」について議論している、ということを見過ごしている。(Wilkinson
> & Kitzinger, 2000: 806-7)

　このようにウィルキンソンとキッツィンガーの分析は、これらの女性たちが状況を定式化する二つの異なったやり方を示している。

- ポジティブ・シンキングは、ポジティブに考えなければならないという道
  徳上の責務、道徳的秩序の一部として提示されている。
- その他の反応（恐れや、泣くことを含む）は、「あなたがすべきこと」とし

てではなく、単に「私がした」こととして表現されている。

　こうした区別は、会話を単に基底にある認知プロセスについての透明な「窓」を提供するものとして扱うのではなく、どのように会話が組織化されるかについて見ることの価値を示している（Wilkinson & Kitzinger, 2000: 809）。対照的に、ウィルキンソンとキッツィンガーの会話のシークエンスへの注目は、まったく異なる、より過程としての現象の把握を与えてくれる。

　さらに、この種類の「木々を刻むこと」では、本質的な現象に対する視点を失うことがない。生命の危険のある病気に対して、通常特定の心理的反応を行うことの有効性に関する一般人の信念，あるいは、医療上の信念を単純に確認するだけの質問紙法による研究とは違って、この調査は、ポジティブ・シンキングを表明することが、人々がそれらの病気に対して実際にどう反応するかということよりも、個人の道徳的な立場の開示により関係が深い可能性がある、ということを明らかにしている。

　このような結論は、患者と医療従事者双方に対して大きな価値を持つ可能性がある新たな洞察 —— 次章で論じる、優れた質的調査の応用可能性の問題 —— を与えてくれる。この段階では、ウィルキンソンとキッツィンガーの結果は、単純に質問紙への回答からでは、あるいは、より適切には、これらの女性たちの会話の中に間違いなくポジティブ・シンキングに関連する多様な出来事を見出すであろう旧来の質的分析からだけでは、手に入れることができない、ということを考えることに価値がある。

　ウィルキンソンとキッツィンガーは、シークエンスの組織化に対して詳細な分析を加えることが、いかに実践的に妥当なものになりえるかを示している。私自身のテープ録音データから抜き出した引用3.9と3.10は、この点を強調しようとしたものである。

■■■■ HIV検査カウンセリングの音声テープの分析

　ジョン・マクロードは、「ほとんどすべてのカウンセリングと心理療法についての調査は、心理学の分野で実施されてきた」（McLeod, 1994: 190）と指摘している。心理学では実験的、あるいは統計的手法が好んで用いられ支配的なため、その結果として、研究は個人に対して評価尺度を適用する量的なものに集中してきた。

心理学的な問題はまた、インタビューを用いた研究の中でも注目されてきた。それらは、時にはオープンエンドな質問や質的データ分析に基づいていたが、主な関心は認識や知識における変化を抽出することにあった。このような個人への注目は、人々が語ることを多かれ少なかれ彼らの（さまざまな）世界に開かれた透明な窓として扱う、ということを意味している。

　HIV検査のカウンセリングについての調査をデザインするにあたって、私は、現象に対する異なる観点を提供するために、二面作戦をとった。まず、評価のための尺度を用いる代わりに、HIVカウンセリングが実際のカウンセラー－クライエント間の面接の中でどのように機能しているかを研究することを選んだ。二つ目に、クライエントを他と切り離して見るよりも、カウンセラー－クライエント間の会話におけるシークエンスを検討した（Silverman, 1997参照。短縮版としては、Silverman, 2011: 61参照）。

　私が研究対象としたすべてのHIV検査センターで、カウンセラーは、人々がHIV検査に来た理由について予断を持たないようにしていた。したがって、検査前のカウンセリングは、通常、なぜクライエントが来所したのかについての質問から始められた。引用3.9は、まさにそのように始まる。それは、イギリスの地方都市にある病院の性感染症部門で開かれたカウンセリング・セッションの冒頭でのことである。カウンセラー（C）に、なぜHIV検査を受けたいのか尋ねられて、この男性患者（P）は、彼のガールフレンドの休日に起きたことについて語る。

引用3.9　（Silverman, 1997: 78 から転載）

1 C：今日はどうしてHIV検査に来たのか、教えていただけますか＝

2 P：＝そうですね、実は、AIDSにかかってるんじゃないかと心配なんです (0.2) あの (0.2) 私のガールフレンドが休暇をとって (.) [X] 4月に彼女の友人と

3 C：うん、うん

4 P：私は行きませんでした。忙しかったからです … 彼女は帰ってきて (0.6) あの、4月 … それで、今、11月になって、彼女が私に［Xian］とセックスしたと話したんです、彼女がそこにいた時に、そうですね、実際にセックスしたわけじゃないんですが、この、彼女が言うには、この男が (0.2) これは彼女が私に言ったんですが、この男が (.) 無理やり彼女を (.) 彼が彼女にのしかかって、ええと (0.6) あの::

　　［さらに詳細を語る］

　Pの説明を読む時、ガールフレンドの休暇についての物語がどう聞かれる
だろうかということに、彼が相当な注意を払っていることに注目してほしい。
「彼女の友人と」（ターン2）という箇所は、彼の「ガールフレンド」が自分だ
けで出かけたのではない、ということを語っているのであり、彼女が自分だけ
で出かけるということは、関係に問題があることを暗に示していると聞かれ
る**だろう**。「彼女の友人」という言葉は、その「友人」の性別については語っ
ていない。しかしながら、その性別が男性だったのであれば、語られている
物語にとって大きな意味を持つのであり、したがって、Pはそれを語らざるを
えなかったはずである。彼がそれを語らなかったことから、「彼女の友人」は
「女性」なのだと考えなければならない。さらに、同じ理由から、それが性的
な関係ではないということを仮定することができる。

　しかし、「一緒に休暇に出かける」ことがガールフレンドとボーイフレンド
の関係として適切なものとして聞かれるはずだということを考えれば、なぜP
がガールフレンドと一緒に行かなかったのかについては、疑問を残したままに
もなっている。「私は行きませんでした。忙しかったからです」（ターン4）は、
この疑問に対するものである。彼は、この「行かないこと」について説明す
る責任があり、「忙しかったからです」という、その根拠を提示している。P
は、休暇にガールフレンドと一緒に行かなかったことについて説明責任を果た
し、それによって、描写された出来事は**通常のこと**だという特徴を呼び起こ
し、そして、それによって、描写された彼の行為を、道徳的に受け入れ可能な
「よくあること」として構成している。

　Pの説明はまた、別の道徳的な問題の点から聞かれるかもしれない出来事を
描写してもいる。「彼女が休暇をとって」（ターン2）は、「休日を楽しんでいる
人」のカテゴリーを呼び出すが、それは、無邪気に楽しむことを意味するとも
聞かれうるが、同時に、他の活動（たとえば、休日の「ロマンス」、休日の「浮
気」）を連想される可能性もある。我々は、休日は、道徳的な抑圧が一時的に
解除される時かもしれないことを知っているため、次の、可能性としての「み
だらな」行為についての描写は、潜在的に、あまり重要なものでなくなるか、
少なくとも、理解可能なものになる。

「彼女が私に (.) [Xian] と (.) セックスしたと話したんです、彼女がそこにいた時に」（ターン4）は、一連の高度に暗示的な活動についての描写からなっている。第三者とセックスをすることは、「不誠実であること」を意味する。その前の「休暇をとって」という描写（「彼女がそこにいた時に」という場所ロケーターによって確証される）は、この描写を理解可能なものにしているかもしれないが、弁明可能なものとはならない可能性がある。見てとれるように、Pは、「分別ある」人物であるという彼自身の立場を脅威にさらさないやり方で、ガールフレンドの道徳的な立場を守るという、かなり解釈的な仕事を行っている。

　「そうですね、実際にセックスしたわけではないんですが」（ターン4）：ここでは、「［第三者と］セックスする」というダメージを与える描写が、すぐに繕われている。したがって、含意されたカテゴリー「不誠実なガールフレンド」を保留しなければならない。しかし、この繕われた描写は、あいまいである。たとえば、「実際にセックスしたわけじゃない」は、その行為の身体的描写として聞くべきなのだろうか、それとも社会的描写として聞くべきなのだろうか？

　「彼女が言うには、この男が (0.2) これは彼女が私に言ったのですが、この男が (.) 無理やり彼女を (.) 彼が彼女にのしかかって、ええと」（ターン4）。彼の次の発話から、Pが、さらなる詳しい説明を必要とするものとしてこのあいまいさを気にしていることは明らかである。もし「彼が無理やり・・・彼女にのしかかっ」たのであれば、レイプ犯／被害者というカテゴリーを暗示する描写を与えているのであり、「被害者」という言葉は、それが同意していない活動であったことを意味している。

　したがってPは、彼の元々のカテゴリー「セックスする」が、ダメージを与える意味合いを持っているために、合意の欠如を仮定して「不誠実なガールフレンド」という非難への根拠を引っ込め、何ら非難することのない出来事を描写することに戻ることで、その元々のカテゴリーを見直している。

　しかしながら、Pの描写の中には、さらに見事な特徴が埋め込まれている。それは、その前置きとなる「彼女が言うには、この男が (0.2) これは彼女が私に言ったのですが」の中で起こっている。これらの出来事に関するPの語りは、こうして二重に埋め込まれている（「彼女が言うには」と「これは彼女が私に言ったのですが」の両方の中に）。「これは彼女が私に言ったのですが」は、どのようにして「彼女が言ったこと」を繕うはたらきをしているのだろうか？

　人が説明を行う時、その結果が彼らを望ましくないものに見せる場合、我々

は、彼らがより望ましいものに見えるように説明を組織したのではないかと疑うかもしれない、ということを認識すると、この繕いの本質を解きほぐすことができる。そこで、もしPが単純に「ガールフレンド」がこの出来事について語ったことについて報告したのであれば、彼は「信頼しているパートナー」であることを暗に示しているとしても、「人がよすぎる」（すなわち、間抜けな奴）として見られる可能性がある。

　ここで我々は、「これは彼女が私に言ったのですが」の語りは、彼のガールフレンドの説明に関する潜在的な信用性の問題に注意を向けさせることによって、彼を抜け目のない証人にしている、ということを見てとることができる。しかしながらこのコメントとは異なり、Pは、彼のガールフレンドが信じられない人間だとは直接的には**述べていない**、という点に注目してほしい。むしろ、彼女の物語は、まさに彼女の物語として――Pがそれを本当であるか嘘であるか知っていることを示すことなく、彼女の**語り**として――示されている。

　Pが「これは彼女が私に言ったのですが」と繕ったことの見事さは、直接的には彼のガールフレンドの誠実さについて追及する（それは、我々が彼を「忠実でないパートナー」として見ることになるような行為である）ことなく、彼は望ましい印象を与えることができる（抜け目のない観察者として）、という点にある。それによって、彼の物語の聞き手に、彼のガールフレンドの説明を信じることも、信じないことも可能にし、そして彼は、いずれの結論ともうまく合わせていくことができるようになる。

　これは不誠実なガールフレンドの物語なのだろうか、それとも、強姦されて辱めを受けた物語なのだろうか？　しかしながら、Pは「忠実なパートナー」という記述子に自身を適合させて、うまく切り抜けていると判断することができる。Pの巧みに作られた物語は、どちらの物語が一番うまくそれらの「出来事」を描写しているかについての決定を、聞き手に任せている。

　引用3.10は、前の引用の続きで、CがPの説明をどのように聞くことを選択したかを示している。

引用3.10　（Silverman, 1997: 78 から転載）

8C：そうですね：それで明らかに、誰かが無理やり (0.2) 彼女にのしかかって＝

9P：＝はい＝

10C：＝ああ、何も：なかった、彼女ができることは

11P：ふーん、うーん、でも、明らかに、そこで彼らはそういう風だったよう
　　　です：ええ

　Cは、Pの物語の中に見事に埋め込まれているあいまいさを、無視すること
を選んでいる。彼女のたった今聞いたことがらの結論についての説明が、「そ
れで明らかに」（ターン8）と前置きされていることに注意してほしい。しかし
ながら、彼女の反応は単純なものではない。これを（乱れた性的関係の例とい
うよりも）強姦の物語として聞くことを選ぶことで、Cは結局のところ、彼の
性的パートナーの道徳的状態よりもクライエントのリスクについての認識と関
連している、彼女の仕事の本質に専心している。

　Pがどれだけ速やかに（ターン9）Cの「何が起きたのか」についての一つ
のバージョンの選択に同意し、Cの選択したバージョンを強調し説明したか
（ターン11）に注目してほしい。彼の物語をあいまいなものとして設定したた
めに、もしCによるその物語の理解に従わなければ、Pは自身を難しい状況
に押しやることになる。Cによって明らかに却下された説明（彼のガールフレ
ンドが性的に無節操である可能性）に固執すれば、Pは自分自身を忠実でない
パートナーとして定義することになるかもしれない。

　Cの反応を通して、Pは自分がずっと意味していたこと（彼のガールフレン
ドがレイプされたこと）に気づく。このことは、シークエンスの組織化が、姿
のよく見えない社会科学者たちによって扱われる抽象的な問題であるというだ
けでなく、むしろ、社会の成員によって非常に詳細に注意を向けられる何かで
ある、ということを思い起こさせてくれる。社会の成員は、深く、巧みに、彼
ら自身や他者の行動の結果の分析に関わっているのである。

　ここまでは良いとして、しかし、これらすべてと実践との間にどのような関
連があるのだろうか？　第一に、参加している人々のスキルを理解しようとす
るこうした試みは、標準的な指導や、あるいは、ロールプレイでさえ及ばない、
実践家をトレーニングするためのずっと適切な基礎を提供する（Silverman,
1997参照）。第二に、「実際に起こった」ことは、参加者たち自身がリアルタイ
ムで取り組む難問のことなのだといったん理解すれば、「結果」についての信
頼できる基準だと考えていたものに問題のあることに気づかせてくれる。

　私の音声テープとフィールドノーツからの次の最後の二つの例は、こうした
特徴にさらに直接的に焦点を当てており、「本当？」という質問が、どのよう
に参加者の説明についての本当らしさに対抗して、追及するものとして使われ

る可能性があるかを明らかにしている。

■■■■ 二つの口蓋裂クリニック

　これらのクリニックでは、兎唇や口蓋裂を持って生まれた子どもの治療を行っている。口蓋裂は、赤ん坊に授乳することができなくなるため、通常生後数ヶ月のうちに治療が行われる。兎唇は、通常患者が10代の間に実施される、定番の、リスクが低い、美容整形手術によって治療可能である。口蓋裂クリニックにおいて、美容整形手術を遅らせる理由は、容貌は個人的な判断の問題であり、外科医や親たちに影響を受けるよりも、自分で決断できる年齢になるまで待つのがベストだから、というものである。実践においては、こうした合理的仮定は、医師（D）が、当該の若者に、イギリスのクリニックからとった、引用3.11のターン1に見られるような形式の質問を投げかける、ということを意味している。

┌───┐
│ **引用3.11** （Silverman, 1987: 165）

　D：自分の見た目についてどう思う？バリー。
　　(3.0)
　B：わかりません
　D：へへ、君はあんまり自分のことを心配していないようだね。

　バリーの答えは、このクリニックにおいてはよくあるものであった。後で自分から見解を変えたり親からの説得的な介入がないために（どちらもそうさせるのは難しい）、それは、多くのそうした患者が美容整形手術を受けない、ということを意味していた。
└───┘

　このような証拠に基づいて、私は、そうした若者たちに彼らの容貌について質問することは、相談を心理学的な尋問として設定することになり、介入しないことにつながる、と論じた。このことは、相談の後の方になって、バリー（12歳）が最終的には美容整形手術を望んでいたことが明らかになったという事実によって強化された。バリーや他の患者のケースは、こうした青年期の患者たちが、自分の容貌についてどう感じているか評価するように求められるよ

りも、むしろ、彼らが単純に手術を望むかどうか尋ねられた時の方が、はるか
に困難を感じない、ということを示していた。したがって、ここで我々は、こ
のように詳細に「木々を刻むこと」から、実践的な結果を目にすることができ
る。しかしながら、オーストラリアのブリズベンのクリニックを訪れることで、
私は、引用3.12に示したような特異な事例に山会うことになった。

引用3.12　（Silverman, 1987: 182）

D：自分の容貌について心配してる？

S：うん。本当にそれに気づいてるんだけど、うん、もし改善できるなら、
　　僕はそれをしたい。僕は本当に気にしてるんだ。

　サイモン（S）は、こうしたクリニックで容貌についての質問が一般的に生
み出すコミュニケーション上の困難を、一気に乗り越えてしまったように見え
る。彼は、彼の容貌について、率直に「気づいて」いて「気にして」いること
を認めており、そしてその結果、「それをしたい」と答えている。この明らか
に特異なケースをどう考えるべきなのだろうか？

　最初に報告しておかなければならないのは、サイモンは18歳という年齢で
あり、イングランドのクリニックで見たバリーや他の子どもたちよりもかなり
年齢が高いということである。したがって、見かけについて議論するうえでの
寡黙さは、年齢と関係する可能性があり、年齢集団によって、異なる診療上の
方略が適用されるかもしれない。

　しかしながら、サイモンのケースにはさらに興味深いものがある。引用3.13
（引用3.12の続き）には、クリニックの医師によって彼の心配の報告がどのよ
うに扱われたかが示されている。

引用3.13　（Silverman, 1987: 183）

S：僕は本当に悩んでます。

D：本当に？

S：はい。

D：本当に**本当**？

S：はい。**本当**に本当です。

引用3.13では、何が起きているのであろうか？　なぜサイモンの率直に見える答えが、さらなる質問の対象となっているのだろうか？　この質問に答えるために、私は、サイモンが入室する前に医師が言ったコメントに注目した。それを、引用3.14に示す。

引用3.14　（Silverman, 1987: 180）

　Ｄ：彼は、あの、(0.5) 彼が手術を受けるべきかどうかを決めることが問題なんです。それで、あの、我々が心配しているのは、彼の成熟の程度についてで、あなた ［Ｄは私の方に向き直る］ が、彼が入ってきた時にそれをどう判断するか、とても興味深いです。

この引用から、サイモンが部屋に入る前でさえ、彼の「成熟の程度」が問題になっていたことがわかる。サイモンの答えは、ただ彼の希望を表現したものであるのではなく、成熟しているかしていないか、そして、おそらくは、その答えを捨て去るか解釈し直すものとして判断されるべきだ、と我々はアドバイスされた。
　サイモンが部屋を出た後で、この医師は、サイモンの答えが「本当は」何を意味しているのかについて、さらに心配している（引用3.15 参照）。

引用3.15　（Silverman, 1987: 186）

　Ｄ：評価するのがとても難しいですよね？　いくつかの彼の意見についてはかなり垢ぬけているのですが、えっと (1.0) ただ、あの、いつも陽気な性格で、そのことが、それを行うべきなのかどうなのかという問題について、少しばかり私の悩みになっています。

最終的に、この医師は、サイモンの気楽な調子は、ただ自分の容貌についての自意識を「隠す」ものにすぎないと結論する。この結論は、サイモンが彼の容貌について気にしていると率直に認めていたことから考えればやや奇妙なものだが、それは意見の一致を生み出し、すべての医師が、サイモンは「やる気になっていて」、彼の手術を行うべき、ということに同意を示す。
　この特異なケースは、口蓋裂クリニックにおける意思決定のしかたについて

■新刊

平川祐弘 編

森鷗外事典

陸軍軍医として最高地位にまで上り詰めながら，文学者としても漱石とともに近代日本文学の双璧といわれてきた森鷗外。しかし不思議なことに，まだ本格的な事典がない。本書は，鷗外の文学に限らない全貌と魅力を現代の読者に生き生きと伝える。

ISBN978-4-7885-1658-8　Ａ５判768頁＋口絵２頁・本体12000円＋税

佐藤邦政

善い学びとはなにか 〈問いほぐし〉と〈知の正義〉の教育哲学

善い学びとは何だろうか。ソクラテスの問答や寺子屋をヒントに我々が求める認識的な善の定義を探究し，あるべき〈問いほぐし〉の実践を提唱する。社会における知についての不正義を減らし，我々が〈学び人〉へと変わるための哲学を求めた提起の書。

ISBN978-4-7885-1648-9　四六判266頁・本体2400円＋税

山 愛美

村上春樹，方法としての小説 記憶の古層へ

村上春樹は，小説という枠組みの中で自らの心の深みに下降し，「物語」が自発的に語り始める場を作り出す。そういった創作過程をともに体験する読み方を心理臨床の立場から提示し，なぜ村上の作品が多くの人を力づけ，惹きつけ続けているのかを探る。

ISBN978-4-7885-1657-1　四六判244頁・本体2600円＋税

実重重実

生物に世界はどう見えるか 感覚と意識の階層進化

細菌から植物，カビ，動物まで，あらゆる生物は感覚を持ち，世界を認識している。それはどんな世界だろうか。私たちの意識は，そこからどのような過程を経て生まれてきたのだろうか。最新の知見に基づきつつ想像力も駆使して生物の中に潜り込む探索行。

ISBN978-4-7885-1659-5　四六判224頁・本体2400円＋税

元森絵里子・南出和余・高橋靖幸 編

子どもへの視角 新しい子ども社会研究

1980年代以降の世界的な子ども観の問い直しは十分なものであったのか？　その問い直しをさらに問い直し，型にはまった子ども観を脱し，複雑な現代における子どもたちの世界のありようを事実に即して，具体的に分析するための有効な視角のヒント集。

ISBN978-4-7885-1667-0　A 5 判208頁・本体2600円＋税

塚田みちる・岡本依子・菅野幸恵

エピソードで学ぶ保育のための心理学 子ども理解のまなざし

保育者を目指す学生が乳幼児期の子ども理解を深め，その支援を生き生きと学べるよう，具体的エピソードと発達心理学の知見を交互に配してわかりやすく解説。新しい保育者養成の教育過程に対応し，保育士資格における指定科目のテキストとして最適。

ISBN978-4-7885-1656-4　A 5 判248頁・本体2100円＋税

遠藤野ゆり・大塚 類

さらに あたりまえを疑え！ 臨床教育学2

これがあたりまえ，ふつう。でも見方を変えるとまったく違う世界が見えてくる！　好評の前著をさらにパワーアップして，若者たちに切実な新たなテーマを取り上げ，モノの見方・捉え方・感じ方そのものを問い直す。現実を広く・深く認識するための本。

ISBN978-4-7885-1665-6　四六判200頁・本体1800円＋税

川瀬 慈 編著

あふりこ フィクションの重奏／遍在するアフリカ

アフリカ各地の光・音・匂い・気配をフィールドワークする気鋭の人類学者5名が，強靭なイマジネーションで新たな「アフリカ」を遍在させ，重層的な物語世界を創作。まったく新しい人類学が躍動する。カラー写真ふくむ写真多数収録。

ISBN978-4-7885-1654-0　四六判344頁・本体2400円＋税

中村桂子 編／JT生命誌研究館 発行

容　いれる ゆるす 生命誌年刊号 vol.96-99

細胞はそれぞれの役割にあった受容体を持ち，必要なものを受けとり外部とつながっている。人間も社会の一員として受容体を働かせながら生きている。今号は生き物の「容」の姿をテーマに，多彩な視点から最新の研究，第一線の科学者たちの歩みを紹介。

ISBN978-4-7885-1655-7　A 5 判変形222頁・本体1600円＋税

高田 明

相互行為の人類学 「心」と「文化」が出会う場所

心理学と人類学を架橋し，人間理解のあらたな地平を拓くアプローチの手法と魅力をフィールドワークの実例から伝える入門書。
ISBN978-4-7885-1607-6　Ａ５判248頁・本体2800円＋税

川上清文・髙井清子 編／岸本 健・宮津寿美香・川上文人・中山博志・久保田桂子 著

対人関係の発達心理学 子どもたちの世界に近づく,とらえる

利他行動，指さし，笑顔，泣き，母娘関係という５つのテーマを軸に，子どもによりそった観察・実験から「心の発達」に迫る。
ISBN978-4-7885-1646-5　Ａ５判144頁・本体1800円＋税

飯長喜一郎・園田雅代 編著

私とパーソンセンタード・アプローチ

PCAは心理臨床家・教育者としての実践や自己実現にどう生きたのか。15名の実践者が自らの歩みを振り返りつつ自在に語る。
ISBN978-4-7885-1638-0　四六判288頁・本体2600円＋税

針塚 進 監修／遠矢浩一 編

臨床動作法の実践をまなぶ

「教育」「医療」「福祉」「地域支援」など様々な領域での臨床動作法の実践例を幅広く紹介。支援のプロセスを具体的に解説。
ISBN978-4-7885-1650-2　Ａ５判248頁・本体3200円＋税

平木典子・藤田博康 編

キーワードコレクション カウンセリング心理学

カウンセリングの実践に関わる基礎知識や諸理論を，精選された50のキーワードで解説。カウンセラーをめざすすべての人に。
ISBN978-4-7885-1632-8　Ａ５判240頁・本体2400円＋税

山 祐嗣

「生きにくさ」はどこからくるのか 進化が生んだ二種類の精神システムとグローバル化

人間の脳における「進化的に古いシステムと新しいシステム」という視点から，現代の「生きにくさ」の由来を説き明かす。
ISBN978-4-7885-1640-3　四六判192頁・本体2200円＋税

たちまち3刷！

日本認知科学会 監修／山田 歩 著／内村直之ファシリテータ／植田一博アドバイザ

選択と誘導の認知科学 【「認知科学のススメ」シリーズ10】

人の選択結果を誘導する認知的環境や選択肢の設計とは？　情報処理の仕組みを解明し，誘導技術の活用へと考察を誘う入門書。
ISBN978-4-7885-1618-2　四六判192頁・本体1800円＋税

山縣太一・大谷能生

身体(ことば)と言葉(からだ) 舞台に立つために・山縣太一の「演劇」メソッド

「チェルフィッチュ」の元看板俳優にして，独立後も演劇界にその
名を轟かし続ける山縣太一の独自かつ王道，驚愕の演劇メソッド。
ISBN978-4-7885-1612-0　四六判 264頁・本体 1500円 + 税

日本記号学会 編　叢書セミオトポス14

転生するモード デジタルメディア時代のファッション

今やインスタグラムなどのネット上には読者の「ファッション」
が溢れている。デジタルメディア時代のモードの変貌を解読。
ISBN978-4-7885-1637-3　A5判 192頁 + 口絵 2頁・本体 2600円 + 税

坂本佳鶴恵

女性雑誌とファッションの歴史社会学 ビジュアル・ファッション誌の成立

『an・an』，『non・no』の創刊は女性雑誌の歴史的転換点だった！
明治大正の婦人誌から 1990年代ビジュアル・ファッション誌まで俯瞰。
ISBN978-4-7885-1610-6　A5判 392頁・本体 3900円 + 税

「よりみちパン！セ」シリーズ　好評刊行中！

温 又柔

「国語」から旅立って

台湾生れ日本語作家が母語と母国語の間で揺れ続けながら，「私」
が感じ，考えるための言葉の杖を掴むまで。帯文＝後藤正文氏。
ISBN978-4-7885-1611-3　四六判 264頁・本体 1300円 + 税

大谷能生

平成日本の音楽の教科書

小中高の教科書をつぶさに確認し，そこに驚きの事実の数々を発見
しつつ，私たちの日常の中のリアルな「音楽」へと架橋する。
ISBN978-4-7885-1613-7　四六判 280頁・本体 1600円 + 税

石川直樹

増補新版 いま生きているという冒険

23歳で世界七大陸最高峰を制覇し，土門拳賞ほか数々の写真賞を
受賞。世界が注目する冒険家／写真家の現在までの全軌跡。
ISBN978-4-7885-1614-4　四六判 320頁・本体 1800円 + 税

信田さよ子

増補新版 ザ・ママの研究

母―娘問題，虐待問題に精通する著者が，ママを好きでいるために，
ママを分析し研究する術を伝授。パパ／祖母研究法を増補。
ISBN978-4-7885-1615-1　四六判 176頁・本体 1400円 + 税

の私の理解をかなり進めることになった。イギリスのデータからは、彼らの容貌について若者に尋ねることは、彼らが望んでいるかもしれない美容整形手術を避けることにつながるという問題を生起させがちであることが示唆された。このオーストラリアのデータは、患者が彼の容貌について気にしていることを堂々と告げている場合でさえ、そのことがさらなる問題の複雑化をもたらす、ということを示していた。このケースでは、医師は、非常に気にしている人が、どうしてそのように堂々とした（あるいは「陽気な」）感じで自己開示できるのかを心配しているわけである。

『キャッチ22』のようなジレンマ状況が、ここで明らかになった。医師の実践的な推論は、図らずも以下のような袋小路に陥ってしまったのである。

1. 手術を受けるには、容貌について不満を言う必要がある。
2. 最も容貌について悩んでいる人たちは、しばしば、最も不満をもらすことができない人たちであり、したがって彼らは手術を受けないであろう。
3. 不満を言った患者は、自信過剰と見られ、したがって潜在的な問題のあることが疑われ、彼らもまた手術を受けない可能性がある。

こうした袋小路は、患者自身の考え方を聞き出したいという医師のもっともな欲求と、彼らの患者が実際に語ったことの意味についての心理学的な解釈とを結びつけることから生じていた。このことは、参加者たちがやりとりの中で、実際にどのバージョンの説明を用いているかを理解すること、そして語りの「背後」に安定した精神状態を探さないようにすること、の重要性をはっきり示している。

ここでも、単一の発話を語りのシークエンスの中に配置することによって、意味が生じる過程を見ることができる。こうした過程がどの程度純粋に相互作用的なものなのかについては、検討する必要がある。そのために、非常に異なる状況ではあるが、オーストラリアの口蓋裂クリニックで見て来たものに非常に似ているように思われる、さらにもう一つの事例を取り上げたい。

■■■「本当に？」

私が口蓋裂クリニックで観察していたころ、グブリアム（Gubrium, 1988）は、アメリカの情緒障害の子どもたちのための居住型療育施設である、シダー

ビューについてのエスノグラフィー研究を行っていた。引用3.16には、寮で会話する三人の少年（9～10歳）がいる。グブリアムは、他の少年たちと漫画を読んでいた時に、隣の部屋からこの会話を漏れ聞いたとレポートしている。

引用3.16　（Gubrium, 1988: 10）

ゲイリー：	本当に君の兄弟から爆竹を手に入れられるの？
トム：	本当さ！
	［ゲイリーは、「本当に」という言葉をめぐって、「一連の非難めいたやりとり」をする］
	［ゲイリーとビルはトムに本当のことを話すように迫り、「さもなければ」、トムが冗談を言っているのかと尋ねている］
トム：	ほんとに、ほんとに、ほんとだよ。
ゲイリーとビル：	［トムを押しながら］いや、違うな・・・嘘をついているだろ。

この引用の中で、ゲイリーとビルは、トムが爆竹を手に入れられることを疑っている。ここで語られていることを、オーストラリアの口蓋裂クリニック（引用3.17）について先ほど見たものと比べてみよう。

引用3.17　（引用3.13を再掲）

S：僕は本当に悩んでます。
D：本当に？
S：はい。
D：本当に **本当**？
S：はい。　**本当に** 本当です。

二つの非常に異なった状況と参加者（仲間集団と専門家－クライアント間の面接）にもかかわらず、参加者たちが系統的に何が「本当に」事実なのかを探って、この言葉を用いて質問を枠づけ、答えを出そうとしていることに注意してほしい。形式的な点では、二つの引用はともに、法廷でよく見られる、告発－反論シークエンスのように見える。たまたまさまざまな文脈の中に位置づけられた単一の現象を扱っていると言うのは適切であろうか？

イエスでありノーである。告発－反論シークエンスの特徴について分析を行うことは、それによって、人々が告発したり反論したりするために使えるさまざまな戦略を同定することができるので、実際役に立つ実習である。しかしながら、参加者がさまざまな文脈に持ち込む関心事や、たとえば、臨床クリニック、仲間集団でのやりとりや法廷で、彼らが利用できる資源を除外してはならない。そうしたさらなる段階がなければ、我々の分析は、純粋に形式的なものになり、私が関心を持つ、一種の実践的な関連性が欠如するという危険を冒すことになる。

　グブリアム（1988）は、この二つの異なる種類のエスノグラフィーの限界を際立たせる議論を、どう再構成できるかを示唆している。　**構造的エスノグラフィー**は単純に参加者にとっての主観的な意味を理解することを目的としている。それは、オープンエンドなインタビューを多用し、そのようなものとして、最も一般的なアプローチである。対照的に、**分節的エスノグラフィー**は、相互作用の形式的構造を見出そうとする。それは通常、自然発生的なやりとりの音声テープ、あるいはビデオテープに基づき、告発－反論シークエンス、あるいは、優先性の組織化のようなシークエンスの構造を同定する。グブリアムは、これらのエスノグラフィーはともに重要な疑問に答えるが、それらは、たとえ二つを合わせても、エスノグラフィーの仕事の全体を定義することはできない、と論じる。全体を定義するには、その中で人々が意味ややりとりを生み出す、文脈を理解することが必要である。

---

1. **構造的エスノグラフィー**：共同体の中における主観的な意味の組織化と分布（たとえば、子どもたちの間での友情と仲間関係、「嘘つき常習犯」や「やり手の交渉人」といったトムの性格についてのさまざまな解釈で、スタッフがどのように爆竹のエピソードに反応したか）。すなわち、社会生活における「何」にあたるもの（森の地図を作る）。
2. **分節的エスノグラフィー**：意味がどのようにローカルに構成されるか、すなわち、相互作用の「どのように」にあたる部分（たとえば、引用3.16と3.17における、非難－防衛シークエンスのローカルな組織化（木々を刻む））。
3. **実践的エスノグラフィー**：「日常生活の実践者は、単に彼らの世界を解釈するだけでなく、それとわかる予兆のもとで、認識可能な関心事を持って世界の解釈を行っている」（Gubrium, 1988: 34）。たとえば、非難のシークエンスは、子どもの会話とクリニックや法廷とでは異なって見える。

図3.1　グブリアムによる3種類のエスノグラフィー

この目的を達成するために、**実践的エスノグラフィー**は、メンバーの解釈が限界のないものでもなければ純粋に形式的なものでもないことを認める。たとえば、グブリアムの研究の療育施設では、スタッフは、治療審査チームと子どもの家族との会合のようなさまざまな文脈によって、特定のバージョンの子どもを構成するだろう。さらに、告発−反論シークエンスは、子どもの語りとクリニックや法廷とでは非常に異なって見える可能性がある。グブリアム（1988）が述べるように、そうした行為は、「組織の中に埋め込まれて」いる、すなわち、異なった場面は参加者に異なった意味と相互作用の資源を提供するのである。グブリアムの議論を図3.1に列挙した。

■■■ まとめ —— 質的研究が果たす役割

　図3.1に示された選択肢は、どれか一つを選ぶべきものというよりも、むしろ特定のシークエンスにおいていずれが答えられる必要があるかという相補的な問題である。これから示すように、それは、質的研究の主な強みが、他では手に入れることができない現象を研究できるという、その力にあるからである。
　量的研究者たちは、当然のことながら、変数間に相関が存在することを立証することに関心を持っている。しかしながら彼らのアプローチは、何らかの現象（たとえば、カウンセリング）へのインプットとアウトプットについて多くのことを教えてくれるものの、現象の純粋に「操作的な」定義がなされていなければならず、そうした現象がどのようにしてローカルに構成されるかを記述するための資源を持たない（図3.2 参照）。結果として、それらの研究の社会的な問題に対する貢献は、偏りのあるものとなり、限定されたものとならざるをえない。

インプット　→　［現象］　→　アウトプット

図3.2　量的研究における現象の欠如

　さらに、質的研究者が、個人の認識を引き出そうとしてオープンエンドなインタビューを用いる場合にも、やはり調査参加者が言及している状況や文脈を得ることができなくなる（図3.3 参照）。

認識　→　［現象］　→　反応

図3.3　（一部の）質的研究における現象の欠如

　質的調査の真の強みは、自然発生的なデータを用いて、調査参加者にとっての意味（「何」）がその中に配置される相互作用的なシークエンス（「どのように」）に位置づけることができる点にある。ある現象の特徴が確認されると、その時には（しかし、その時にのみ）、その現象がどのように組織的に埋め込まれているかについて検討することによって、「なぜ」の質問に答えることへと進むことができる（図3.4参照）。

何？　→　　　　　　　［現象］　→

どのように？　　　　　　　↑

　　　　　　　　　　組織的に埋め込まれていること（なぜ？）

図3.4　現象が再度現れる

　図3.4に概説されているような調査は、その使用に制限を与えている状況が何なのかを特定することで、「なぜ」の質問に答えることができる。本章では、それらの限界について、いくつかの例を提供した。たとえば、口蓋裂専門の外科医が、患者自身の容貌についての「本当の」気持ちを見つけ出すことをいかに必要としているか。HIVのカウンセラーが、いかに、クライエントの危険状態について確証しようとし、彼らのパートナーの行動の道徳性については詮索しないようにするか。ポジティブに考えることが、がん患者にとって、彼女たちの見通しを定義する文化的に認められたやり方になるさまざまな方法。そして、子どもたちの集団の成員にとって用いることが可能な資源。

　20年ほど前に、グブリアムとの共著論文（Silverman & Gubrium, 1994）の中で、私は、量的研究とは異なり、我々の研究が「なぜ」という疑問を先送りにして、「何」と「どのようにして」という質問を好む、と論じた（その後のグブリアムの考えについては、Holstein & Gubrium, 2004参照）。本章では、この議論を発展させることを目指した。単純に認識上の出来事を記述する調査は、おそらく規模の大きな質問紙調査で得られる相関に任せておくのが一番よいと思われる。それとは対照的に、質的研究は、相互作用の「何」と「どのように

して」を扱うことができる。それらの「何」と「どのようにして」は、相互作用のシークエンスに参加する人々によって、どのようにローカルに相互作用の管理が行われているかについて研究することを通じて見出されるが、そうしたシークエンスそれ自体が、組織化された形で埋め込まれている。

　本章では、（最良の）質的研究者たちが、どのように彼らのデータの意味を理解しようとするかについて理解するために、やや複雑な道すじをたどって論じてきた。そうする中で、私が「シークエンスの組織化」と呼んできたものについての、かなり複雑な考えを紹介した。

　先に本章で述べたジョナサン・ポッターのコメントは、商業的な市場調査では、こうした種類の深い分析はほとんど用いられず、（通常）複雑でない質問への素早い回答が好まれる、ということを明らかにしている。商業的な調査を行う人たちや、おそらく本章を読んだ一部の学生読者たちは、私がサックスやソシュールといった難解な思想家に依拠して論じたことは、結局のところ、ただ科学に対して目を閉じさせることになっただけではないか、と考えるかもしれない。

　私に残された課題は、これまで説明してきたような理論的に基礎づけられたデータ分析が、何らかの実践的なインプットを持っているという、ここに含まれているさまざまなヒントをまとめ上げることである。次の章では、関連する質問、「どこに牛肉があるのか？」について答えたい。

4

質的調査を応用する

　エスノグラファーたちには、量的研究を行う研究者が手に入れることができない「フィールド」への近さ、がある。そのことによって、研究の結果が彼らが研究する人々に対して及ぼす影響について考えることは、ほぼ避けられないものとなる。ここに、3章で論じた、アメリカの精神障害を抱える青少年のための療育施設であるシダービューでの調査に基づいた、ジェイ・グブリアムのこの問題についての考察がある。

　　「調査結果」は、彼ら（シダービューのスタッフ）の仕事にとって有用な、患者たちについての何かをあまり明らかにするものではありませんでした。というのも、結果は、彼ら、つまりスタッフが、彼ら自身に向き合う姿のポートレートを提示するものだったからです。何度も何度も、彼らは、そうだ、その通りだ、それが我々がやらなければならないことだ、特にシダービューで、と言っていました。彼らは、国の福祉部門の財源（基金）の恩恵を代表して受けていると認識していて、彼らがその財源の結果として「しなければならない」ことを、私が示そうとしているのだと考えていました。別の言葉で言えば、なぜ子どもたちを彼らがしたようなやり方で描写しなければならないのかについて彼らは自覚的であり、同時に、それをあまり好んでいませんでした。その反面、他の時に、他の文脈で、彼らは、私が言わなければならなかったことについて、あまりにも皮肉っぽく、あまりにも観客的な立場のものだと見ていました。言い換えれば、現実の問題があって、彼らはそれに効果的に、あるいは、少なくともできる限りのベストなやり方で、対処していたのです。

　　この点において、私のフィールドにおけるすべてのことについて語られるべき物語があります。私は、それについて、私が、あるいはあなたや他の人々も、かもしれませんが、語られるべき時期に来ていると思います。我々

は、彼らの生活を脱構築しましたが、パフォーマンスに投資する行為者としての彼らに、現場におけるダイナミクスがどのように作用しているのかについては、あまり聞いてこなかったのです。(Gubrium, 私信)

　グブリアムにならって、この章では、私は我々が行っているような種類の調査の適切性について「語られるべき物語」を考える。まずは、時に困難であるが、質的調査の応用可能性を人々に納得させることを求める、より広範な文脈について見ることから始める。その次に、組織行動と実践家ークライアントの関係という、二つの重要でその問題に関連のある領域における、質的調査に基づく魅力的な知見について議論する。そして、一般的な仮定とは逆に、政策に関連した質的調査は、ある種の、数を数えることと相性がいい、ということを示して結論とする。

　グブリアム自身は、質的研究が実践的な面で応用可能であることを示す強力な事例を記述したのであり、制度的な過程についての「何が」と「どのようにして」を明らかにすることで、いかに優れたエスノグラフィーが、前章で述べたような、量的研究のまなざしからは「逃れ」てしまうような現象に迫れるかを示した。ケーススタディ 4.1 の中で、アン・ライエンは、エスノグラフィーがどのように実践と直接的に関わることができるかの、一つの例を示している。

ケーススタディ 4.1　茂みからビジネスへ ——私の調査を有意義なものに！

　ここで述べる回想は、15年にわたって、私が東アフリカで行ってきた仕事についてのものです。過去5年間、私はアジア人が経営する企業組織でエスノグラフィー的な研究を行ってきました。

　研究の中で得た洞察に基づいて、私は、ウガンダに本拠地を置くノルウェーの民間企業の役員として雇われています。その会社は、厳しいウガンダの民間市場の中で競争している標準的な企業組織です。競争は激しく、我々が競争しているのは同業の他の国際的なビジネス組織です。我々のビジネス上のアイデアは、非常に高い潜在的な市場の需要があり、また、思いがけない幸運が生まれる機会も十分にもあるものと推定されています。

　予算と、我々の会社の統括マネージャーからのかなりポジティブなレポートで強調されている収支との大きな相違が常に存在している状況の下で、新

規事業の立ち上げを扱うことが、取り組むべき課題となりました。実際に来るべき問題に対処するために、我々は、三つの相互に関連した組織に関わる、ビジネスのアイデアを絶えず練り直す必要があり、また、市場に出て行って、（大資金を持つ）他の資本家からのさらなる投資を求める必要がありました。

　私のデータは、現在進行中の課題を抱えてその地域で民営の事業を運営することについての、独特な知識を私に与えてくれました。それは今では、フィールドの人々とコミュニケーションをとる新しい方法として、私の「ビジネスウーマン」アイデンティティを利用するほどに、フィールドでの人間関係にも影響を与えています。私はちょうどそれらの人々の中のひとりと、新しいビジネスを立ち上げるお誘いをいただいたばかりです。したがって、私の研究を応用することは、私のプロジェクトに対しても見返りを生み出してきました。このことは、私の会社役員としての仕事とフィールドワークの両方に活気を与えてきたのです。(Ryen, 私信)

■■■ より広い文脈

　不幸なことに多くの社会においては、ライエンの希望に満ちたメッセージは、社会調査に資金を提供したり実施したりする大多数の人々には届かないように思われる。そこでは、これまで「押しやる」と「引きつける」の両方の要素が重要であった。政策立案者と経営者は、エスノグラフィーによる調査をその外に押しやってきた。というのも、完成するまでに比較的長い時間がかかり、代表的ではないサンプルを用いているように見えるからである。単一のよく調べられた事例から読み取れるものについて、説得力のある議論を生み出すことができるエスノグラファーがいるとしても（Flyvbjerg, 2004）、その他のエスノグラファーは、政治的なポーズによって、また、旧来の科学的な基準とは軌を一にしたくないと示唆することによって（5章におけるポストモダニズムについての議論を参照）、事態を混乱させている。

　量的研究における「引きつける」要素とは、それがリサーチ・クエスチョンを、実践家や行政家にとって即効性のある意味を持つようなやり方で定義する傾向があるということである。第一に、多くの質的研究者とは異なり、量的研究者たちは、研究で用いる変数を（それが「操作可能なものになっている」とし

ても）、（たとえば「犯罪」や「効果的なコミュニケーション」といった）流行りの見出しからとったり、あるいは原因と結果についての科学的な言葉を話すことにあまりためらいを感じない。第二に、一般的に、量的研究が、専門家による実践がどのように行われるかについて多くを語らないというまさにその理由によって、そうした実践が検討されないままに、したがって問題にされないままになっている。反対に専門家は、彼らのお気に入りの理論が研究者の顕微鏡の下に置かれているのを知ると、当然ながらきわめて防御的になる。そうした状況は、以下のジョナサン・ポッターの挙げる例によく示されている。

　　一般的な意味において、我々はより「応用可能なもの」にしようとする時に、二つのことがらに悩まされてきたと思います。第一に専門家は、調査されることに抵抗を覚えるかもしれません。というのも、彼らはしばしば、彼らが行っていることを、社会科学におけるより早期の正統な学説（カウンセリング、精神分析、その他何でも）ですでに構成された例を用いるよう訓練されているからです。彼らは自分たち自身の実践をそうした点から「見ている」のです。我々の研究における子どもの慈善活動を行う児童保護士たちは（Hepburn & Potter, 2004 参照）、電話の内容について話す時、しばしば、いくつかの一般化された（そして個人化された）精神分析的な解釈から離れるのを嫌がることがあります。

　　第二に、人々の実践についての規範的な前提の足元をすくうようなことをするのは、非常に難しいということです。たとえば、［フォーカスグループの研究において］熟練したモデレーターによるモデレートを見ていた時、彼らが質問するやり方は、フォーカスグループでのモデレートに関するあらゆるマニュアルのそれとは大きく異なっていました。また、そうしたマニュアルの著者たちは、我々の調査を、彼らが主張していることの足元をすくうものとしてかなり嫌がっており、それはおそらく、我々の調査が彼らに大いに関わると思ったからだと思われます。（Potter, 私信）

　患者と医者のコミュニケーションは、おそらく社会科学者によって調査される実践の中でずっと主要な領域であった。その領域における主な調査の道具は、間違いなくデブラ・ローターによって開発された量的な尺度であり、それは、異なるコミュニケーション上の「出来事」（たとえば、患者の質問）を単純にカウントできるようにするものである。ジョン・ヘリテッジとダグラス・メ

イナード（Heritage & Maynard, 2006）が指摘するように、「ローターのシステムは過去20年もの間、医師と患者の関係についての研究を支える役割を果たしてきた」。しかしながら、彼らが見るように、ローターのシステムには「議論がなかったわけではない」。特に、

　　この … システムに対する批判は、その成功に貢献したまさにその特徴に焦点を当ててきた。すなわち、医療の中で遭遇することについての、徹底的で量的な概観を伝えることができるという能力である。[そうした] モデルは、患者が来院している文脈やその内容についてはほとんど考慮しないのであり、医療上遭遇する出来事の概観を得るために、それらを犠牲にしている。しかしそうしたやり方では、一方が他方の行動に影響を与える能力、あるいは、他方の反応に対して行動を調整する能力、といった相互作用が不可視になる。したがって、インタビューの内容や文脈が評価されないために、これらの方法は、人々がどのように語ったかということと、何を語るか、または、なぜ語るか、ということとの間には関連がないものと、暗黙のうちに仮定している。… 最後に、一般的な患者の好みは、病気の状況によって非常に異なる可能性がある。たとえば、上気道感染症を患っているという文脈での消費者主義的な考えの患者は、がんの診断を受けるという文脈における医師からよりも、もっと父権的な姿勢を求めるかもしれない。（Heritage & Maynard, 2006: 357-8）

　すぐ後で、メイナード自身の、医師－患者間の相互作用で知らせを語ることの組織化についての先駆的な研究について論じることとする。残念なことに、量的研究の限界についての例証が政策担当者たちに理解されている場合でさえ、彼らは通常、現象それ自体についてメイナードが行っているようなエスノグラフィー調査に目を向けることはない。その代わりに、多くの社会において政策担当者が委託するであろう質的調査は、もしうまくいけば、後続の、あるいは、修正されたうえでの量的研究の基礎となりえる、フォーカスグループや「探索的な」インタビュー調査、といった種類のものだけである。エスノグラフィー調査とは対照的に、それらの質的研究は、数日あるいは数週間のうちに結果を出すことができ、したがって、調査責任者や「起業家大学」(https://webspace.utexas.edu/cherwitz/www/articles/gibb_hannon.pdfおよびhttps://youtu.be/YrWNQXa5nBMを参照）の提唱者が求めているような、「素早い解決」を提供することができる。

たとえば、政党が選挙キャンペーンをどう組織化するかにおいて、フォーカスグループが今ではどれほど中心的なものとなっているか、考えてみてほしい。皮肉なことに、これらの比較的支持されているテクニックは、前章において見たように、制度がどのように日常的に実行されているのか、という（実践的に重要な）テーマに迫ることができないという問題を、量的研究と共有している。

　問題の一部は、多くの社会科学者たちや社会調査を委託する政策立案者たちの考えの背後にある、二つの危険な通説から生じている。最初の通説は、人々は社会構造の操り人形であるというものである。このモデルによれば、人々の行いは「社会」によって規定される。実際には、人々の行動を矮小化して、（社会階層、性別、民族のような）特定の「フェイスシート」変数の結果として説明する。これを「説明の通説」と呼ぶことにする。この通説によれば、社会科学者が調査を行うのは、どうして人々が安全でないセックスをするのか？といった所与の問題への説明を提供するためである。必然的に、そうした調査は一つ以上の「フェイスシートの」変数に基づいた説明を見出すことになる。

　二つ目の通説は、人々が「間抜け」であるというものである。インタビューの回答者の知識は、不完全なものであると仮定される。実際、彼らは我々に嘘をついている可能性すらある。同様に、（医者やカウンセラーのような）専門家は、いつも良い実践の標準的な基準から外れるものと仮定されている。これは「全智の通説」である。この通説では、社会科学者は、常に、人々の主張を見通すことができ、それについて彼ら自身よりもよく知っている、哲学者の王（あるいは女王）とされる。

　これら二つの通説のどこが間違っているのだろうか？　説明の通説は、説明することを急ぐあまり、説明しているのが何なのかという重要な問いを問わないでしまっている。

　そこには、我々が今「ポストモダン」現象と呼ぶべきものとの類似がある。アリゾナ州のグランドキャニオンへの観光客は、今日では、キャニオン（峡谷）それ自体を探検するという面倒から解放されている。そうする代わりに、彼らは今では、体験しやすい形のスリルをすべて与えてくれる、マルチメディアを使った「経験」の中で、啓発的な時間を過ごすことができる。そして、グランドキャニオン観光を「成し遂げた」という知識を持って、安全に帰路につくことができるのである（こうした現象についてのさらなるコメントは、Percy, 2002 を参照してほしい）。

　この例は、さらにずっと大きいものの一部である。現代文化においては、現象の周りの環境が現象そのものよりもより重要になってきている。したがっ

て、人々は映画それ自体よりも、映画スターの生活により興味を持ちがちとなる。同様に、スポーツの場合には、観衆のウェーブや試合前後の選手へのインタビューが、実際の試合と同じくらい（あるいはそれよりも）エキサイティングなものとなる。3章で使った言葉で言えば、両方のケースで、**現象が逃れてしまう**。

　これがまさに、説明の通説が助長するものである。我々はあらゆる種類の社会的現象について説明することを焦るあまり、十分に時間を使って現象がどのように機能しているのかについて理解しようとすることはほとんどない。したがって、私がHIV検査のカウンセリングについて研究した際に（Silverman, 1997）見出したように、研究者たちは、単に「危険なセックス」についての「操作的定義」や、あるいは「良いカウンセリング」についての規範的な解釈を押しつけるだけで、日常の（自然に起こる）状況において人々が実際に行っていることの中で、そうした活動がどのように意味を持つようになるのかについて検討し損なっているのかもしれない。

　このことは、直接、全智の通説という愚行へとつながる。そうした方法は、人々が行っていることの中の良識を見ること、あるいは、ローカルな文脈における彼らのスキルを理解することを妨げる。それは、人々が、日々の生活の中ではまれにしか起こらない質問に対して答えることを強制されるような、インタビューを好む。そうした生活を見ることを避けているために、我々は皆、非常に多くの言葉を費やして語ることができる以上に聡明だということを理解しないままに、人々に失敗を宣告する。人々が実際に行っていることについて検討する場合でさえ、全智の通説は、人々の活動をたとえば「よいコミュニケーション」といったような、何らかの理想化された規範的基準によって測定する。したがって、再度、一般的な人々と同様に、実践家もまた失敗を宣告されることになる。

　そうした環境においては、質的調査は、「出来の悪い一族」になり下がってしまうのであり、最も問題の多い形式では、せいぜい、結果を数で表現することができる、より尊敬すべきいとこのお手伝いさんとしての役割を果たす程度となる。実践への明確な含意を持つ優れたエスノグラフィー調査が、資金を提供され出版された場合でさえ、科学的正統性が「疑わしい」として、既得権を持つ人々から効果的な攻撃を加えられる可能性がある。

　あらゆる規則と同様に、必ず例外が存在する。たとえば、マーケティング調査は数多くの合理的に洗練された質的方法を蓄積してきており、ビジネスにとって非常に満足のいくものであることを証明している（Moisander &

Valtonen, 2006 参照）。しかしながら、より一般的な質的調査に対する敵意や抵抗が、ケーススタディ 4.2 に示されている。

ケーススタディ 4.2　「医療過誤」をめぐる議論

　2005年に非常に権威ある医学雑誌（アメリカ医師会のジャーナル）が、アメリカの病院での薬の処方箋のコンピューター化された医師処方エントリー（computerised physician order entry：CPOE）を可能にする新しいソフトウェア・システムについての、エスノグラファーであるロス・コッペルによる研究を掲載した（Koppel, 2005）。この研究は、ロス・コッペルが若い研修医の経験するストレスについての調査を行っていた時に、偶然始まったものであった。その結果、CPOEシステムが、それらの医師たちにストレスを生み出しているだけでなく、注目すべき数のミスも生み出していることがわかった（コッペルが指摘するように、それらのミスのうちのいくつかは、その当時はストレスフルなものとして経験されていなかったかもしれない）。さらに、CPOEがどのように機能しているのかについて研究がなされてきてはいるものの、それらは一般的に量的研究で、それらの若い医師たちへのインタビューや観察に基づいたものはなかった。

　どの程度そういう現象が起こっているのかを確証するために、コッペルは、研修医たちへの1対1のインタビューとフォーカスグループ、医師がシステムに処方箋を入力する時の追尾、看護師や薬剤師が処方箋を受け取る時の観察、古参の医療スタッフと看護スタッフに対するインタビュー、研修医の90％にあたるサンプルに対する72項目からなる質問紙調査を組み合わせた、マルチメソッドな研究を構成した。見出された薬の処方上のミスには、医師たちが薬の変更を処方した際に一つの薬の処方を止めるのを忘れたり、薬を受け取る患者を混同したり、薬の在庫一覧表を診療ガイドラインと取り違えたり、といったことが含まれていた。

　アメリカでは、病院内での医療過誤によって年間4万人が死亡し、77万人が傷害を受けている、と推定されている。コッペルの研究によれば、CPOEシステムがそうした医療過誤を促すことが明らかになった。皮肉なことに、CPOEは、ごくわずかの危険な結果を止めるのには最も有用であった。特に、CPOEシステムのプログラミングのやり方のために、二つの不幸な結果が生じていた。データの表示が断片化されているために、医師たちが処方箋を書こうとしている特定の患者を同定するのが難しく、システムは医師が作業しているやり方では作業してくれず、そのことが混乱や、こうしたあいまいさに対処するための余分な仕事を生み出していた。

政府や業界がCPOEに与えていたサポートの量から考えれば、コッペルの調査結果が全国的なメディアによって大いに報道に値するものとして扱われたのも驚くことではないが、すぐさま攻撃を受けることにもなった。多くの医療関係の研究者たちは、そうした質的調査は「本当のデータ」を生み出すことはできない、と指摘した。CPOEシステムの製造メーカーは、コッペルは「ただ人々と話しただけ」で「逸話」を報告している、というキャンペーンを開始した。特に、コッペルの研究は、有害薬物の事象についての測定を行っておらず、「本当の」ミスではなく「ミスについての認識」だけを取り上げたために、欠陥のあるものとなっている、とされた。批判者たちはまた、コッペルが古いCPOEシステムについて研究しており、新しいシステムではそれらの問題はすべて解決されている、と非難した。

　そうした批判への反論として、コッペルと同僚たちは、三つの論点を提示した。第一に、彼らは、次のように、彼らを批判するために用いられた先行研究の限界を示した。「CPOEについての大部分の調査は、その紙ベースのシステムと比べた時の利点を明らかにしている。調査のほとんどは、実際［の有害事象］よりも、潜在的なものの低減に関するものであった。多くの研究は、医師の満足度、CPOEを導入するうえでの障害となるもの、単一の結果に焦点を当てており、非常に限定されたサンプルであった。いくつかの研究では、CPOEと臨床判断支援システムをまとめて扱っており、したがって、CPOEの有効性の解釈が交絡している。」第二に、コッペルとその同僚たちは、彼らに対する批判の大部分は、医療における意思決定をリアルタイムに観察することの価値について誤解していると論じた。第三に、コッペルによるその後の調査では、新しいCPOEシステムによってあらゆる問題が解決された、という主張は支持されない。

　コッペルの研究は、質的な研究者が論争の的になるようなトピックに行き当たった時に、どのようなことが起こり得るかについての、興味深い例である。それは、既得権益の力が、隠された関心を支持して、質的研究を誹謗中傷するように作用する可能性があることを明らかにしている。このようにして、こうしたエスノグラフィー研究の鍵となる強み（その場で起こることについて描写する能力）は、弱点として示される。

　こうした政策に関連したエスノグラフィー研究の中心にあるのは、その場を直接的に観察すること（時には記録用の器具に助けられながら）は、どのように制度が機能しているかについて理解する鍵となる、という仮定である。この

ことは、2章で論じたように、インタビューやフォーカスグループといった他の調査方法は、人々が実際にどのように行動しているかについて特権的に知ることができるものとして扱うことはできない、ということを意味している。

　ゲイル・ミラーとキャスリン・フォックスは、観察に関心を持つということは、認識（「社会的世界」）に関心を持つ質的インタビュー調査を行う人々とは異なり、我々が常に参加者によってどのように制度が形成されるか（「社会的環境」）に焦点を当てていることを意味する、ということを示している。彼女たちが言うように、

　　　多方面的な傾向を持つエスノグラファーの観察が焦点を当てているものは、他の質的研究者のそれとは異なっている。そのような違いを理解するための一つの方法は、社会的場面と社会的世界を研究することが、それぞれどのような意味を持つのかについて考えることである。後者の研究上のトピックは、日常生活が比較的安定していて、統合された生活の中で組織化されていると仮定している ・・・ 社会的世界の質的研究を行う者は、さまざまな社会的世界を組織化する行為や相互作用の全体像やパターンを同定し再構築するために、観察や関連した方法を用いる。他方で、社会的場面に多方面的に焦点を当てる研究は、いかに社会的現実が常に構成されつつあるかを強調する。社会的現実を構成し、守り、修繕し、変化させるために社会的場面から「提供された」相互作用的で解釈的な資源を、場面の成員が絶えずどのように集め用いるのかを、それは検討する。したがって、多方面的な志向性を持つ調査を行うエスノグラファーたちは、（直接的には、音声や映像の記録によって、また、テキストを注意深く読むことを通じて）場面の成員が、社会的現実を実践的な問題の意味を理解することによって構成している実際の方法を観察することに、強調点を置く。（Miller & Fox, 2004: 38）

　一つの章だけでは、ミラーとフォックスが「社会的場面に多方面的に焦点を当てる研究」と呼ぶものによって社会に対してなされてきた、実践的な面に関わる多くの貢献について、ほんのわずかしか説明できそうにない。そこで、以下の議論を重要で、関係のある二つの領域に絞ることとした。

- 組織的行動とテクノロジー
- 実践家－クライエントの関係

各領域における重要ないくつかの研究について議論してから、ほとんどの両極性（たとえば、純粋な／応用的な調査、制作された／見出されたデータ）と同様に、数を用いた調査と質的調査との間の両極性は、両者が過度に異なるものと受け取られかねない、ということを示したい。それから、私がこれまでずっと触れ続けてきた方向づけのテーマに戻って、この章を結論づけたい。

■■■ 組織的な行動とテクノロジー

　エスノグラフィーによる調査は、その最も優れたものでは、組織としての生活が「逃れて」しまう現象を止めるために、私が「説明の通説」と呼んできたものと戦う。ゲイル・ミラー、ロバート・ディンウォール、エリザベス・マーフィーが指摘するように、エスノグラフィーによる調査が持つ強みの一つは、その場での観察によって、事前には気づかなかった「最善の実践」を同定することができる点にある。彼らが述べるように、

　　「最善の実践」は、組織内の問題に対する解決法がしばしばすでに組織成員の日々の実践の中に非常に明白に表れていることを観察するうえで、質的研究者が独特で優位な立場にあることを強調する［のに役に立つ］。カー・ミューア（Muir, 1977）による、警官の独特の指向性と実践についての議論は、どのように質的研究者が、支配的な、問題の多いパターンに隠された最善の実践や、問題の多い環境の中で効果的な仕事を同定しうるかについての一例である。他方では、オール（Orr, 1996）によるコピー機技師の研究が示しているのは、普及した（しかしながら、公式には認められず、反対されている）最善の実践が、組織の目標を達成するために、組織成員によって発展される、ということを質的調査によって明らかにすることができるということである。
　　(Miller, Dingwall, & Murphy, 2004: 338)

　「最善の実践」を探し求める研究者は、危険な道に足を踏み入れることになる。ミラーたちにならって、「最善の実践」を、当該組織が目指す「目標」と同一視すべきであろうか？　あるいは、研究者は、彼ら自身の規範的基準（たとえば、「フェアプレー」、「環境への配慮」）から始めて、組織がどれだけそうした基準を満たしているかについて見るために審査を実施すべきだろうか？
　なされるべき研究に関するそれらの問題に対してどのような立場をとろう

とも、組織の行動についての議論には、何が**そうなのか**という事実についての知識が最も役に立つ、という議論に異議を唱える者はほとんどいない。どのように従業員評価体系が定められるかについてのある優れた最近の研究が、いかに組織の機能のしかたについての数多くの検討するに値する事実を質的研究が明らかにできるかの例として、参考になるだろう。

二人のスイスのエスノグラファー、エヴァ・ナダイとクリストフ・メーダー（Nadai & Maeder, 2006）が、三つの企業（多国籍企業、小売グループ、銀行）と三つの非雇用者向けの労働統合プログラム（未熟練労働者向けのワークショップ、オフィス・ワーカー向けの教育促進企業、青少年向けのプログラム）でのケーススタディからなるマルチサイト・エスノグラフィーを行った。ナダイとメーダーのデータは、80日近く現場を訪れてのフィールドノーツと、経営者や従業員との多くのやりとりやインタビューの記録から構成されていた。スペースの関係で、以下の私の議論は、彼らの行った公的組織と私的組織間の魅力的な比較については省き、その代わりに三つの企業について彼らが見出したものに焦点を当てる。

ナダイとメーダーは、彼らが調査した三つの民間企業のうち、彼らが「ギャラクティカ」と呼ぶ多国籍企業は、他の二つよりもより構造化された評価体系を用いていたと指摘する。彼らは次のように述べている。

　パフォーマンスは、ギャラクティカの組織文化に浸透したテーマであった。ギャラクティカは、「クラスでトップ」、すなわち、その業種の中で一番になることを目指しており、その結果、すべての従業員に、「卓越する」という目標を課している。人々のパフォーマンスのレベルに関して高度に精緻な用語が存在し、特にパフォーマンス尺度の「高い」側の端においては、そうした人物は「高い可能性を持った」、「高いレベルのパフォーマー」、「移動させるべき」などといった用語が見られる。従業員は、DRIVE PROCESS と名づけられた人材開発サイクルの中で年に2回評価を受けており、その人材開発過程は、世界中で、最高のレベルを除き、あらゆるレベルの従業員と経営側の人間に対して適用されている。このモデルは、ギャラクティカが緊密に提携しているハーバード・ビジネス・スクールからもたらされたものである。そのモデルでは、一定レベル以上のあらゆる経営側の人間は、ハーバード・ビジネス・スクールによって、この会社のために特別にデザインされ提供される研修に参加しなければならない。そのモデルでは、3件法の名義尺度を用いて分析を行い、その際、パフォーマンスと行動という、二つの側面が区別さ

れている。従業員は、二つの軸上で、設定された「目標以上を達成している」、「目標を達成」、「目標を達成していない」ことになる。(2006: 9)

　以下は、ギャラクティカにおいて用いられている査定のモデルが、どのようにパフォーマンスを定義しているかについてのものである。

　　少なくとも一つ、1の評価を受けた従業員は、「パフォーマンスの低い人」とラベル付けされる。いずれの側面でも1を含んでいる場合には、それらの側面を合わせて考えて大文字のLが付けられ、それは全般的に「低い」パフォーマンスであることを意味している。こうした分布と帰属のロジックに従えば、高いパフォーマンスの従業員は、いずれの側面でも3の評価を得ていることになる。行列の中心は、「良い」あるいは「達成している」従業員であり、「目標以上」でも「目標以下」の達成でもない人たちである。しかし、こうしたロジックの中で、従業員は成長を止めることを決して許されないため、行列の中の特定の側面で要求されるものは変化する。そのことは、「ハードルを上げる」、つまり、毎年すべての従業員にパフォーマンスや行動への要求を増すためにシステムが用いられていることを意味している。したがって、今年十分なレベルにあるからといって、翌年も十分なレベルにあるとは限らない。ハードルを上げるという原則は、トップダウンな過程の中で組織される。すなわち、年に一度「最高役員グループ」(chief executive group：CEG、すなわち企業の最上層部)が、その年の「優先事項トップテン」を設定する。次に、経営側の人間は、それらの優先事項を行動やパフォーマンスにおける実践的な目標へと翻訳し、個別の従業員についてすでに存在している要求や目標に適用しなければならない。このようにして、終わることのない改善の過程が制度化されている。(Nadai & Maeder, 2006: 9)

　ナダイとメーダーによって研究された他の二つの会社、UNIVERSUM（小売グループ）と PECUNIA（銀行）は、そのような複雑なものではないが、ハーバード・ビジネス・スクール形式の従業員の査定を行っている。ナダイとメーダーが述べるように、

　　たとえば、ギャラクティカにおいては、パフォーマンスのレベルを示す精緻な用語を見ることができるが、UNIVERSUM と PECUNIA では、「高い」パフォーマンスと「低い」パフォーマンスに対する特別な用語すらなく、

あらゆる言葉の意味が中間的なままである。そして、「パフォーマンス」は、ギャラクティカにおいては、人事的な手続きと賃金制度を正当化するための核となる概念であったが、「コスト削減」というトピックが、UNIVERSUMにおいては同様の機能を果たしている。PECUNIA では、従業員評価システムを導入することが、組織文化の近代化が必要であるという考えに関連づけられているが、企業には、パフォーマンスについての強力な正当化パターンが欠けている。(2006: 13)

　こうした異なったパフォーマンス評価体系があるにもかかわらず、予想通りに、任意の特定の評価体系と実際にパフォーマンス評価において起こっていることとの間には、1対1の関連は存在しなかったと、ナダイとメーダーは指摘している。インタビュー調査の中で、「一見単純に見える、ギャラクティカの3件法の評価尺度に対して、異なるインフォーマントの間で、異なる解釈が与えられた。そして、ほとんどのインフォーマントは、パフォーマンスのいくつかの側面は、あいまいさなく決定することは不可能だ、と認めた。」(2006: 13)
　このことは、それらの異なる評価体系がどのように定められ、評価が遂行された後にどのような結果が生じるのかについて、何を意味しているのだろうか？　ナダイとメーダーによるエスノグラフィーは、三つの企業の間の、六つの印象的な類似性を明らかにしている。

1. 経営者たちは、評価体系に不十分なところがあることを認識しているが、同じ経営者が評価する側の人間としての役割を果たす時には、「**まるで正確な評価が可能であるかのように**行動し、それらの評価を、それに対応した従業員の待遇を正当化する客観的な事実として利用する。このようにして、客観性の仮定は、異議があるにもかかわらず、必然的なものとなる」と、ナダイとメーダーは指摘している。
2. このことは、「個人のパフォーマンスは、企業における彼／彼女の価値の、唯一の正当な決定要因だと信じられている」ことを意味していた。したがって、評価者はまるで「パフォーマンスにはポジティブな結果とネガティブな**結果を伴うべき**」であるかのように行動する。
3. 「三つの会社すべてで、パフォーマンスのレベルは全従業員の中で正規分布に従うものと仮定されている。すなわち、パフォーマンスが「高い」数少ない従業員とパフォーマンスが「低い」数少ない従業員がいて、大多数の従業員はその間のどこかに位置するだろう、ということである」

（2006: 13）。

4. 彼らの会社のパフォーマンスのモデルに合うこれらの作業仮説は保持しながらも、ナダイとメーダーは認識された低いパフォーマンスが公式には記録されない可能性について指摘している。それは、「たとえば、従業員が何度も不十分なパフォーマンスを示すことが部分的に上司にその原因が帰せられる場合や、何らかの理由でその従業員の替えがきかないと見なされている場合に、監督者が部下をパフォーマンスが低い従業員としてレッテル貼りすることを好まない可能性がある」からである。

5. 従業員の低いパフォーマンスが記録された場合でも、決められたネガティブな結果は起こらない可能性がある。「我々のデータは、この点において、行動が決定的に重要であることを強く示唆している。すなわち、もし従業員が行動上で期待されているものに一致した行動をとっている場合には、不十分な結果は容認される可能性がある、ということである」（2006: 14）。

6. 対照的に、行動面で不十分さが認識されている場合には、通常、処罰につながるが、それは、従業員に、彼らに何が起きているのかについての「良識」を理解したいと思わせる努力によってやわらげられている。それは、アメリカのエスノグラファー、アーヴィング・ゴフマン（Goffman, 1959）が「カモの頭を冷やす」こととして鮮やかに描写した、詐欺師によって使われるプロセスでもある。

　ナダイとメーダーが見出したものは、30年前にグレーター・ロンドン・カウンシルの人事部についての研究でジル・ジョーンズと私が見出したことと響き合う（Silverman & Jones, 1976）。両方の研究によって明らかにされた、理論と実践の間の（必然的な）ギャップは、現在人事部と呼ばれているもの（それ自体が「カモの頭を冷やす」ための先手をとる方法として役に立つ、呼び方の変更）に対する明確な含意を持っている。

　フランスの社会理論家ミシェル・フーコーは、システムをパフォーマンスの評価や監獄の統治と同じくらい多様なものとして、「テクノロジー」として言及することを好んだ。しかしながら、以下で私は、「テクノロジー」を、機械的なシステム（「ハードウェア」）とその操作の構造（「ソフトウェア」）とする、より慣習的な使い方を採用する。エスノグラファーたちがどのように新しいテクノロジーを検討してきたかについて、一つの例を見てみよう。

　クリスチャン・ヒースとポール・ラフは、「パーソナル・コンピューターの

近年最も注目すべき発展の一つは、それが広く普及して配置されたことと、グラフィカル・ユーザー・インターフェイスの使用であった。コマンドやインストラクションをタイプするのではなく、ユーザーは、ウインドウ、アイコン、メニュー、カーソルといった、システムを操作する幅広い仕掛けを与えられている」と述べた（Heath & Luff, 2000: Ch. 6 Introduction）。

　ヒースとラフは、グラフィカル・インターフェイスがなぜ、たとえば、建築家が用いるのに、より簡単に思われるのかについて、我々は明確には理解できていない、と指摘する。その答えを探すためには、単一の個人の活動と心理に焦点を当てる従来の実験室での研究を超える必要がある。

　対照的に、ヒースとラフは、現在の人々を、普段の職場環境の中で研究することを好んでいる。彼らが述べるように、「実験を通じてユーザーの行動を検討するのではなく、我々は、日々の仕事を遂行するうえでの、グラフィカル・ユーザー・インターフェイスや『ダイレクト・マニピュレーション』システムの利用について研究する」（2000. 201）。

　ヒースとラフの研究は、建築家たちが、場合によっては他の道具やアーティファクトを併用しながら、特定のプランに変更を加えたり、同僚との仕事の分担を調整したりするために、コンピューター——特に最近のCADパッケージ——を用いる方法に関連したものであった。彼らの調査は、イングランドの中規模の地方都市における建築実践の中での、CADシステムの使用に焦点を当てた。この実践のメンバーは、工事施工業者への施工図を作成するため、また、完成した建物がどのように見え、どのように景観と調和するかを顧客に示すため、CADシステムを用いている。

　ヒースとラフの研究は、これまで実験室で見出すことができたよりもさらに多くのものを明らかにしている。特に彼らの研究は、もし我々が人間−コンピューター間の相互作用（human-computer interaction：HCI）について理解したいのであれば、個人に焦点を当てる以上のことをしなければならないことを示している。彼らが論じるように、

　　個人がひとりで仕事している場合でさえ、また、どのように建物のデザインや開発における資料をテクノロジーが提供していても、［我々の］観察は、システム使用が偶発的に組織化されていることを明らかにしている。また、それは、システムの利用が、「ユーザー」のありふれた、固有の能力の中に埋め込まれていることを再び示してもいる。そしてその能力は、さまざまなやり方で、参加者たちの相互作用の中に生まれ、保持されていくものであ

る。(2000: 202)

　人々が同僚とやりとりするやり方を観察することの重要性は、ロンドンの地下鉄のベーカールー線を監視する、管制室で働くスタッフのビデオについてのヒースとラフの研究の中に明確に示されている。この管制室の中には、4名から6名のスタッフがいて、交通状況の変化を監視し、問題や困難が起きた時には、それに対処している。ヒースとラフは、スタッフの活動の柔軟性と創発的な性格は、文書や訓練マニュアルで事前に規定できるものよりもはるかに複雑で、相互作用的に調整されたものだ、と論じる。
　主な要因は、スタッフがお互いに払う注意である。ヒースとラフは、次のように述べる。

　　管制室の職員は、一つの活動に従事していても、同時に他の活動を監視したり、それに参加するといった具合に彼らの監視活動を組織化している。こうした、鉄道管制室の中でそれらの専門的な職務を遂行するうえでの要素が二重化されているという点は、彼らの「共同作業」の本質的特徴なのであり、それに参加する者には、一つの仕事にとりかかっている間も、同僚（たち）の「独立した」活動に対して神経を尖らせておくように、彼らの活動をデザインすることが求められている。(2000: 133)

　管制室には、列車の日々の運行を調整する路線管制官（line controller：LC）、乗客に公衆アナウンス（PA）システムを通じて情報を提供することや駅長と連絡をとるといった職責を持つ区間情報助手（divisional information assistant：DIA）、そして、路線の最も運行が頻繁な箇所について信号システムの動作の監視を行う二人の信号助手がいる。
　ヒースとラフは、スタッフがお互いが行っていることを監視する必要性が、モニターや電話のような物の使い方に影響していることを示している。

　　別の活動に同時に従事しながらある活動を生み出すことは、職員が鉄道の管制室の中でさまざまな道具や技術を使うやり方への含意を持っている。したがって、たとえば、区間信号助手が構内放送を流すことに従事していて、特定の列車の番号の同定に関する問題が生じていることを偶然ふと耳にしただけであっても、彼は、監視カメラの画面を特定のプラットフォームに切り替えて、管制官のために列車の前面の番号を読む。あるいは、たとえば、管

制官または区間信号助手が、電話の受話器をもう一方の耳に持ち替えて、鉄道管制室の外に拠点を置いている地下スタッフのメンバーとの会話を同僚に聞こえるようにする、というのは、珍しいことではない。鉄道管制室における仕事のほとんどすべては、区間信号助手か管制官によって、彼らが同時に同僚たちの同時発生的な活動に参加しながら生み出される。それらの仕事をサポートするために提供されているさまざまな道具やテクノロジーは、管制室の職員が、多かれ少なかれお互いに巻き込まれ合っている多様な活動に同時に参加できるようにするために、形作られ、変形され、中止されることさえある。(2000: 133-4)

　列車の時刻表に関わる一つの出来事が、管制室のスタッフがお互いが何をしているかについての感覚をどのように維持しているかを明らかにしている。ヒースとラフは、「時刻表はサービスの運行における問題点を同定するための資料であるだけではなく、彼らの管理のための資料でもある」(2000: 133) と指摘する。列車の間隔が空くこと、無断欠勤、車両の故障、怪しい包みの発見、といった不慮の出来事によって、しばしば、小さな調整から時刻表の「再編成」までの、時刻表の「変更」が必要になる。それは、管制官が、一貫性のある規則正しいサービスを維持するために、列車や乗務員のスケジュールをやり直す過程である。しかしながら、ヒースとラフは、サービスの再編成はきわめて複雑な仕事であり、しばしば緊急の場合になされるということ、また管制官が、適切な同僚に情報を伝える時間が明らかにないということは珍しいことではない、ということを見てとっている。
　ヒースとラフは、こうした潜在的な困難に対して、実践的な解決方法を示している。管制官は習慣的に、

　　　再編成の過程を通じてそれを成し遂げながら個別の推論や行動の特徴を話し続けることで、「公的に」可視化していた。その方法は、ジャーナリストがロイターでニュースを扱うやり方に類似している。管制官は「声を出して」話すが、それは特に管制室内の特定の同僚に向けたものではない。むしろ、自分自身に「向けられた」語りを生み出しながらタイムテーブルを見て、それへの変更をスケッチすることで、管制官は誰かに反応する義務を負わせることを避けている。時刻表を通して会話し、その一方で「私的」な活動を公的に可視化することで、直面している課題を完成することを邪魔するかもしれない、同僚との間でお互いの仕事に関与し合うことになるのを回避してい

る。（2000: 135）

　管制官が一つの再編成を終えて別の再編成を始めている引用4.1は、この「声を出して」話すことが、その場でどのようになされているかを示している。

引用 4.1　（Heath & Luff, 2000: 断片 4.4、トランスクリプト 1）

((… 管制官（C）は時刻表を読む …))

C：10 時17分発° hhhhhhh (4.3)
C：(Rr:) よし (.) それは終了:.
C：hhh ° hhh (.) hhh
C：に：ぜろ：ろく：：(.) よん：じゅうろく：(0.7)
C：に に ご：お

((… 区間情報助手は椅子をタップし始め、彼と実習生は別の会話を始める。彼らが会話を始めると、Cは声を出して話すのをやめる …))

以下は、上記の引用についてヒースとラフが述べたものである。

　　時刻表を見ながら、管制官は一つの再編成が終わって、別のものを開始したことを知らせている。管制官は、番号、列車の番号を言い、彼が直面している問題、すなわち列車を246あるいは225に変更することに対処するために、206に対して可能なさまざまな変更を列挙する。管制官が第二の可能性に言及すると、区間信号助手は、椅子の側面をタップし、少しして、現在の問題と可能な解決法を、区間信号助手の隣に座っている区間信号助手実習生と議論する。区間信号助手が椅子とディスプレイをタップし始めるや否や、おそらく、それは彼がもはや同僚の活動に注意を向けていないということなので、管制官は、時刻表に可能性のある変更をスケッチし続ける一方で、声に出して話すのをやめる。したがって、管制官がサービスへの特定の変更を扱うことに単独で関与しているように見えるにもかかわらず、彼は同僚の仕事にも敏感であり、活動を、少なくとも最初の時点では、区間情報助手が入手可能になるようにデザインし、次に課題が達成されていくにつれてやり方を変えていき、「公的に」アクセス可能であることを止める。（2000: 137）

これらのデータの引用と、その他の引用（多くはビデオクリップを含んでいる）は、管制室の中のスタッフがどのように同時に、彼らの同僚たちの同時発生的な活動に参与し、あるいは注意を向けるか、について明らかにしている。このことは、彼らがそれを使って仕事しているシステムが、「管制室の職員が、多かれ少なかれお互いに巻き込まれ合っている多様な活動に同時に参加できるようにするために、形作られ、変形され、中止されることさえある」（2000: 134）ことを意味している。

　相互作用におけるシークエンスの組織化に対する会話分析の注目に影響されたこうした種類の詳細なエスノグラフィーは、もちろん、非常に大きな実践的な意味を持っている。ヒースとラフは、実習中の管制官が務める一連の3週間の実習は、失敗に終わる確率が高い、と指摘している。ロンドンの地下鉄システムを運営する中で起こるさまざまな予想できない出来事は、リアルタイムに同僚の行動や活動と系統的に調整されてはじめてうまく成し遂げられる、一連の複雑な職務上の課題を生み出している。彼らはそのようには述べていないものの、私はヒースとラフのビデオを見ることは、意味のあるスタッフ研修用の資料となると確信している。

　複雑な仕事上の課題をこなすことについてのこうした詳細な研究は、職員が同僚との連携の中でテクノロジーを使うやり方をあくまでも強調することに依存している。こうした強調は、ひとりの職員が情報機器をどのように使うかについての、HCIの研究のありきたりの焦点化よりも、かなり広い実践的なインプットをもたらすことができる。ヒースとラフが結論づけているように、

　　ある個人特定の道具やテクノロジーの使い方が同僚によってモニターされ、それが多様な活動を生み出す中で役割を果たすしかたは、単一のユーザーとその認知能力を分析領域の中心に置くHCIの従来の見方に、あらためて疑問を投げかけることになる。自分の振る舞いに他者が注意を向けていることに気づくこと、他者の行動が自分自身の行動や活動に影響を与えていることを敏感に感じることは、個人が行っている道具を媒介にした仕事の達成について、情報を提供している …それは、鉄道管制室内における仕事に留まらず、むしろ、一見したところ個人的な仕事の達成においてさえも、人々は同僚の活動に敏感であり、それに参加しており、また、そうした参加は仕事の組織化の本質的な部分なのである。鉄道管制室の中でのさまざまな道具やテクノロジーの使用は、そうしたさまざまな活動やそれらの調整を達成する中で大

きな役割を果たし、資源を提供しており、それを通じてローカルな環境の中で潜在的に「個人的」行動が可視化される。(2000: 162-3)

ヒースとラフ、ナダイとメーダー、そしてコッペルと同僚たちの研究は、従業員たちがどのように特定のテクノロジー（たとえば、管制室、CAD、CPOEのパッケージ）や組織のルール（たとえば、仕事の評価基準）に対応するのかを、詳細に明らかにしている。テクノロジーと規則は、実践家－クライエント間の関係にも影響を与える。しかしながら、組織のクライエント（たとえば、ロンドンの地下鉄の乗客や医師に処方された薬を受け取る患者）は、従業員による決定を受け取る側にいる。次に論じる研究では、クライエントが身体的に存在し、意思決定における潜在的なパートナーである。

■■■ 実践家－クライエントのやりとり

先にコッペルらの調査で、既得権益を脅かすようなエスノグラフィーによる知見に、組織がどのように抵抗する可能性があるかについて見た。また、組織のリーダーが、彼らの企業についての調査結果を無視する可能性があること、あるいは、公共部門の組織における人事の機能についての私の調査で起きたように（Silverman & Jones, 1976）、調査結果が事前に決定されていた政策を支持する正当化の装置として用いられる可能性があることも我々は知っている。

対照的に、独立した実践家は、調査に対してより心が開かれているように見える。これは推測だが、このことは、職業倫理によって促された、彼らの「専門家」としての自己認識、および、多くの実践家が独立して仕事をしているために、彼らが訓練を受けて以降他の実践家の仕事の様子を観察したことがない、という事実と関連があるかもしれない。

手法は違っていても、あらゆる種類の社会科学的調査は、実践家にとって魅力的なものであると思われる。たとえば、（ローターの評価尺度のような）医師－患者間のコミュニケーションに対する量的アプローチは、一定の顧客をつかんでいる。インタビューに基づいたクライエントへの質的調査もまた非常に魅力的で、実践家たちに対して、コンサルテーションでは得ることのできないことを明らかにしている。たとえば、グブリアムと同僚たちは、患者が脳卒中にどのように向き合ったかについてのレポートに対して、実践家たちから好意的な反応をもらったと報告している（Gubrium et al., 2003）。グブリアムがコメ

ントするように、

> ［我々の研究は］いくつかの面で実践的な実りがありました。何よりも、患者の脳卒中からの回復を支援する仕事やリハビリテーションの仕事をするさまざまな保健医療提供者（特に、理学療法士、作業療法士、リハビリテーションカウンセラー、リハビリテーションナース）に報告書を送った際、彼らは、この研究結果が患者の脳卒中やその治療に対するさまざまな向き合い方について理解するのに役立つ、と述べました。この研究は、「応諾する」ということに新たな光を当てている、と言う人もいました。私は、ある人が、患者たちが将来について考える際に、何に直面しているのかがわかるようになった、といったようなことを言ったのを思い出します。(Gubrium, 私信)

　医療場面におけるそうしたインタビューによる研究が洞察を与えてくれるとしても、実践の観察に基づいたエスノグラフィー研究が大きな魅力を持っていることに疑いの余地はない。彼らの専門領域での実際のコンサルテーションの録音記録を再生してみせた時に実践家たちが示した、実践をあらためて認識できたことからくる叫び声を、私はありありと思い出す。実際、小児科におけるコンサルテーション (Silverman, 1987)、あるいは、HIV検査のカウンセリング (Silverman, 1997) についての私の調査を実践家たちにフィードバックした際に、テープ録音されたコンサルテーションに対する彼らの関心は、彼らの間で素晴らしい議論を始めさせるのに十分なものであり、それは彼らを夢中にさせ、しばしば私が調査結果を報告する時間をほとんどとれないほどであった。
　そうした資料が持つ生き生きとした、啓発的な性質は、マイケル・ブルアの次のコメントに反映されている。

> 他の実践家たちについて言えば … 質的な研究者には、その調査方法によって、日常的な実践について豊かな記述を行うことができるという有利な点がある。そうした記述は、それを読んだ実践家たちが想像をはたらかせて、彼ら自身の日常的な実践を調査による記述と並べてみることを可能にするのである。したがって、それは、実践家が、彼ら自身の実践について評価判断をする機会となり、調査結果の中に描かれている新しいアプローチを使って試してみる機会ともなる。日常的な実践についての質的な研究は、行われている実践の十分に詳細な描写を提供し、判断や実験をすることに拍車をかけるものとしてはたらくのである。専門的な仕事は、科学的な知識よりもむし

ろ行為の中の知識（knowledge-in-action）を展開することに関わるものである、とショーン（Schon, 1983）は論じている。その議論が正しいとすれば、質的研究は、それまで当たり前のものと見なしていた、そうした行為の中の知識について、専門の実践家が省察することを可能にするのである。（Bloor, 2004: 321）

ブルアのコメントに呼応するかのように、イギリスの社会学者セリア・キッツィンガーは、出産後に危機に陥った女性からの出産時危機ホットラインへの電話についての、自身の会話分析を用いた調査結果を、実践家とのワークショップの中で、フィードバックした（Shaw & Kitzinger, 2005 参照）。ケーススタディ 4.3 は、彼女が私宛私信でそれらのセッションについて書いた、その内容である。

ケーススタディ 4.3　助産師への会話分析

　私は、出産後危機にある女性向けの相談ホットラインにかかってきた発信者300人と電話対応オペレーター5人の間の、500ほどの通話録音を持っています。私は、調査とトレーニングの目的でそれらを使用する許可を得ています。

　データの中でよく見られる現象の「コレクション」を作るために、私は会話分析を用いました。それらのコレクションには、共感的な受容のコレクション（たとえば、同情的な声のトーンでの、あ::::あ）、継続子のコレクション（うん、うーん）、異なるシークエンス上の位置での沈黙のコレクション（たとえば、質問の後と質問の前、一つのターンの真ん中）、オーバーラップする会話のコレクション（会話への割り込みになっているものもあれば、そうでないものも）、そして電話のはじめと終わり、物語、前に話したことの言い換え、修正などのコレクション、が含まれます。

　[あなたに手紙をもらった時] 私はちょうど助産師、ドゥーラ（産後ヘルパー）、授乳カウンセラーや出産前クラスの教師向けの研修ワークショップを一つ始めたばかりのところで、それは、彼女たちの仕事の中で出会った、出産によってトラウマを抱えた女性たちとどのように繊細な気づかいをしながらやりとりするかについてのものでした。私は、現在進行している調査に基づいて、ここ3年、こうした丸一日のワークショップを毎年2、3回他の講師と共同で開いてきました。

　以下に書くのは、それがどのように進められるかについてです。20人か

ら30人の、出産領域の保健関係の専門家がワークショップに出席しています。このワークショップは、私の共同ファシリテーターからの、診断カテゴリーとしての産後心的外傷後ストレス障害（post-natal post traumatic stress disorder：PN-PTSD）についての紹介（症状、病因、治療など）から始まり、次に、出産後の、危機／トラウマ／苦痛のより一般的な現象と、それが産後うつ病とどのように異なるか、という話題に移ります。参加者たちは、このようなことで苦しんでいる女性たちに出会った経験と、彼女たちがそこで経験した難しさ（たとえば「彼女はまったく正常出産で、PTSDになるはずがない」、「彼女はただいつでも私に怒るだけで、その怒りには理由がない」、「彼女は授乳を試そうとすることさえ拒否した。というのも、彼女が言うには、赤ちゃんはすでに彼女に相当な身体的ダメージを与えてきたから」）について共有します。

　ワークショップの参加者は、訓練を受けたカウンセラーではないので、彼女たちは、（ほとんどすべての女性が健康な子どもを授かるので、彼女たちの人生の中で幸せな時間であるはずの時の）女性たちの怒りや悩みを、しばしば理解しがたいもの、扱いづらいものと感じています。少し議論した後で、彼女たちはロールプレイのための小グループに分かれます。そのロールプレイでは、ひとりがPN－PTSDを抱えた女性の役になり、ひとりは「聞き手」の役になり、他の人たちはそれを観察して、その過程についてメモをとります。彼女たちは、そこで経験したことについて、メイングループにフィードバックを返します。

　通常、次のような心配が報告されます。やりとりをどのように始めて終わらせるか；どれだけの「アドバイス」を与えるべきなのか、あるいは、「聞いている」ことは黙っていることを意味するのか；どれだけ自分自身の経験を開示していいのか、あるいは、専門家として距離を置くべきなのか；質問をすることは干渉的なことなのか、それとも適切な興味を示すことなのか；苦しんでいる女性に過度の同一化をしてしまい、したがって「ともに涙に暮れる」ことなしに、どのように共感と思いやりを示すか；女性が助産婦／産婆に対して怒っているが、それを聞いている助産婦／産婆からすれば、同僚の助産婦／産婆は困難な状況の中でベストを尽くしているように見える場合に、どのようにして職業的な保身の感情をコントロールするかなど。それから昼食のための休憩をとります。

　昼食の後で、私は、参加者がロールプレイから挙げた問題をまとめて簡単なイントロダクションを行い（各グループの特徴に合わせて）、それから、今から我々は、ロールプレイではなく、苦しんでいる女性と、その女性の話を

聞いて助けようとしている人との間の実際のやりとりの録音を使って、それらの問題のうちのいくつかについて作業をします、と言います（同時に、それらのやりとりはつらいものになる可能性があることも —— かなり強烈な電話なので —— 注意しておきます）。

　私は通常、電話の「オープニング」のやりとりから始めます。参加者全員にパートナーを選ぶように求め、やりとりの最初の部分を再生し、数秒後にテープのスイッチを切ること、それから、ペアのひとりが、悩み事を抱えている女性の役をしてほしいということと、彼女が電話対応オペレーターだとして、次に言うことを何でも言ってみてください、と言います。そこで言われたことに対してフィードバックするように求め、我々はさまざまな選択肢や賛否両論について議論し、それらを、それらを電話対応オペレーターが実際に言ったこと —— 良い例も悪い例もあります —— や、そのやりとりの結果と比較します。

　私は通常、「継続子」、「受容」、「反応トークン」に移ります。やりとりの続きを再生し、オペレーターが何らかの音を発した時には、その都度テープを止めます。それには「んん ふむ」、「.ふふふ！」、「あ∷あ」、「むむ」、「そう」などを含みます。我々はそれぞれの音について議論します。私は参加者たちに、「そこで何が行われているのでしょうか？　もしこれの代わりに別の小さな音声だったら、やりとりはどのように違ったものになるでしょう？」と言い、考えるように求めます。（私は、「んん ふむ」が、特定の位置では時に間違っているということがわかるように、切り貼りでいくつかの「嘘の」反応も作っておきます。）彼女たちはいつもこの活動に非常に熱心で、興奮します。皆が、「現実の出来事」を扱うのは、ロールプレイとは非常に違うと言います。

　私は、グループの必要に応じて、別のコレクションの中から選びます。私は、泣いている女性（多くの人が扱うのが難しいと感じるもので、特に泣いていて言葉が明瞭に聞き取れない時にはそうです）のコレクション、出産後の性器と性行為についての「デリケートな」会話のコレクション（女性たちは性器の一部が傷ついている、傷跡が残っている、などを描写するための用語を欠いています ——「お尻のところ」、「下のそこ」だけでは、十分に具体的ではないのです！）、電話対応オペレーターがその中で個人的な情報を明かしている会話のコレクション（うまく機能することは稀）、などを持っています。

　私はいつも、私のコレクションの中で最も効果的に対処している電話のうちの一つから抜き出した、長いシークエンス（6分）で終わりにします。電話対応オペレーターは、電話のかけ手を「啓示の瞬間」へと導き、かけ手はそ

の後、フォローアップのeメールを送って電話対応オペレーターに感謝し、今ではどれだけ手術台のフラッシュバックが起こることなく、「ゾッとすることもなく」子どもを注射に医師のもとへ連れていけるようになったかと述べています。それは、心を揺り動かされる、強烈な電話です。途中の4、5箇所で私はそれを止め、フィードバックを求めたり、あるいは参加者に、その箇所で自分が電話対応オペレーターだったら何を言うか言い、何が起こっているのか議論するように求めます。我々は、それを（好ましいたぐいの）「沈黙」について考えるのにも使っています。なぜならそれには、いくつか著しく長い沈黙があるからです（いくつかは1秒以上、一つは4秒、そして一つは6秒で、「啓示の瞬間」の前のものです。ジェファーソン（Jefferson, 1973）の、通常の会話では1秒が最長の容認できる沈黙であるという知見と比べてみてください）。我々は、その日全体についての議論と、参加者が何を学んだかについての議論で終わりにします。

　ワークショップを運営してから、私は出産危機ホットラインへの参加者の新規採用に関わるよう誘われました。新しい参加者は最初の10回ほどの電話を録音し、それらを私に送るように求められています。私はそれらを聞いて、長所と短所をいくつか取り出し、それらについて、対応した初心者の電話対応オペレーターと話します。人々は、これは非常に価値のあるフィードバックだ、と言います。

　出産危機ワークショップを始めてから、他の関連するホットラインで働くワークショップの参加者から、彼女たちの電話を記録し分析してフィードバックを与えることに関心があるかどうか尋ねられるようになりました。私は、自宅出産ホットライン（Shaw & Kitzinger, 2005）と（恥骨結合機能不全の女性のための）骨盤パートナーシップ・ホットラインという、他の二つのホットラインでの電話について通話を収集し、学生たちと一緒に取り組み始めました。自宅出産ホットラインと骨盤パートナーシップ・ホットラインで考えていることは、調査と研修を併せて発展させるということと、私の分析をユーザーのグループに還元すると同時に、学術的な出版へと発展させる、ということです。（Celia Kitzinger, 私信）

　キッツィンガーは、会話分析によって、人々がやりとりするやり方の細部に細心の注意を払うことで、実践家にとってどれほど実用的な結果が得られるかということについて、刺激的な例を示している。フィンランド人の研究者アンシ・ペラキラ、ヨハンナ・ルースヴォリー、サンナ・ヴェフヴィライネンによ

る、『コミュニケーションとメディシン（*Communication and Medicine*）』誌の最近の特集号の序文は、会話分析が貢献できる、そうした多くのことがらについて、次のように指摘している。

　　制度的な相互作用が、そこに相互作用を行ううえでの独特の理論を含んでいるような場面では、会話分析的な研究は、専門家の持つ理論が専門家－クライエントの相互作用の経験的な現実に実際に合うかどうか、また、その適合の程度を明らかにできる位置にある。(Peräkylä, Ruusuvuori, & Vehviläinen, 2005: 106)

　ペラキラと同僚たちは、さらに、会話分析は、患者またはクライエントがどのように行動するかについても、多くのことを語ることができる、とも指摘している。彼らが指摘するように、

　　実証的な相互作用研究は、**クライエントの**志向性を説明し、それを言葉で表現することも可能である。専門家の理論が「患者中心主義」といった点を強調する時でさえ、それらの理論は、たいていの場合、専門家による患者とのやりとりのしかたに焦点を当てており、クライエントの相互作用上の志向性に向けられていない。しかし、会話分析によるアプローチによって、クライエントの抱える課題にアプローチすることができる。(2005: 107)

　ペラキラらは、我々が調査の中に「文化的規範」のような文脈的な要因を導入する時、慎重になった方がいい、と考えている。シェグロフ（Schegloff, 1991）が論じるように、文脈の決定の問題は一度きりのものではない。というのも、相互作用を行う人々は、一緒に、絶えず、何らかの文脈を共同で生み出す（そして、時には変化させる）よう働いているからである。したがって、文脈が能動的に構築されている（そして再構築される）時、人々の行為を、何らかの文脈への「反応」として説明することはできないのである。それは、私が「説明の通説」と呼んだ誤謬へと、後退することになるだろう。
　このことは、我々が「文脈」という言葉を安易に使うべきではなく、どのように参加者が即時的に文脈を構成するのかについて積極的に研究しなければならない、ということを意味している。たとえば、単純に、どのように医師がコミュニケーションをとるかについて患者が常識的に持つ仮定、または、医師自身の専門的な理論（たとえば、どのように「病歴」をとるか）によって医師との

相互作用が制約を受けることは稀である、ということを、そうした研究は明らかにする。

　ペラキラらが指摘するように、「実証的な相互作用研究は、専門的な理論がそれらについて言及していない時でさえ、参加者が志向する文脈の特徴を分析可能な潜在的能力を持っている」（2005: 106）。

　こうしたより広い意味での文脈についての素晴らしい解説を、ダグラス・メイナードの最近の本の中に見ることができる。メイナード（Maynard, 2003）は、会話分析の手法を用いて、医療コンサルテーションにおける「良い」知らせと「悪い」知らせをめぐる語りの組織化について検討している。彼の魅力的な本には、良い知らせと悪い知らせを伝えることが、どのようにして、当たり前とされる世界への参与を妨げるか、が描写されている。それは、悪い知らせが、どのようにして、その語り方と切り離せないようなやり方でしばしば予測され、また、そうした予測が、来るべきことがらについての聞き手の認識をどのように効果的に生み出しているのか、について明らかにしている。この過程は、「見通し－開示シークエンス」についての、作者のオリジナルな調査の文脈の中に位置づけられている。このシークエンスの中で、聞き手の認識が、来るべき悪い知らせとしっかり合致するように呼び起こされる。対照的に、良い知らせはすぐにもたらされることが期待されている。

　小児科という場面でのデータを用いて、メイナードは制度的な会話の中に、日常的な会話実践が適用されていることを巧みに示している。そうした実践の一つが、自分自身の意見を言う前に、誰か他の人から意見を引き出すことである（引用4.2参照）。

引用4.2 （Maynard, 1991: 459）

1. ボブ：ワイヤー・ホイールについて何か聞いたことがあるかい？
2. アル：ほんとにめんどくさそうだよ。それが、あの、外れたら
3. それで――
4. ボブ：そうなんだよ――タイヤがパンクしたら、それを持って
5. 特別なとこへ行かなきゃいけないんだ、パンクを修理するために。
6. アル：えっ――どうして？

　ボブのレポート（4行目〜5行目）が、より前のシークエンスによって先取りされている点に注意してほしい。1行目から3行目の間で、ボブはアルに同

じトピックについて尋ねたうえで、答えをもらっている。どうして直接彼のレポートを始めないのだろうか？

メイナードは、こうした「先行シークエンス」が持つ数多くの機能を指摘している。

1. それによって、自分の考えを伝える前に、ボブはそのトピックについてのアルの意見や知識を確認することができる。
2. 次に、ボブは、アルの意見を考慮に入れて彼の発言を修正したり、あるいは、アルにさらなる質問をすることによって（「連鎖」の規則を使いながら）そうした発言を遅らせることもできる。
3. ボブは、アルが提出した（ワイヤー・ホイールについての）「不満」に与しているので、彼の発言はアルを巻き込んだ「好意的な環境」の中でなされる。
4. このことは、アルが次にボブの発言に対して異議を唱えることが難しい（不可能ではないとしても）ということを意味している。

メイナードは、そうしたシークエンスを見通し－開示シークエンス（perspective-display series：PDS）と呼んでいる。PDSは、「それによって、会話の一方の側が、受け手の認識をまず誘い出した後で、報告や意見を生み出すことができる装置である」(1991: 464)。典型的には、PDSは次の三つの部分からなる。

- Aからの質問
- Bによる答え
- Aによる発言

しかしながら、「PDSはことわざや、質問者の後続の報告をあらかじめ示したり、受け手の位置をより正確に示したりする、第二の質問の使用を通して拡張されうる」(Maynard, 1991: 464)。

発達障害で受療する子どものための小児科クリニックでは、医師によるPDSの使用はありふれたものである。引用4.3は、そのような例の一つである。

> **引用4.3 （Maynard: 1991, 468）**
>
> 1. 医師E：あなたはどう思われますか？　彼の —— 彼の問題について。
> 2. Cさん：主に彼の、うーん —— 彼が全部を理解していないという事実
> 3. そして彼の話し方が実際
> 4. 彼が言っていることを理解するのがとても難しくて、多くの場合
> 5. 医師E：そうですね
> 6. 医師E：「どうして」そうなんだとあなたは思われますか？　あなたは —— あなたが
> 7. Cさん：わかりませんね
> 8. 医師E：承知しました。あの、思うのですが、私たちは「基本的には」いくつかの
> 9. 点ではあなたに同意します。Dの
> 10. 「主な」問題は、あの、おわかりのように、「確かに」
> 11. 「言葉」が含まれています。
> 12. Cさん：うん、ふむふむ。

PDSの基本的な三部構造は、ここでは次のように機能している。

- 質問（1行目）
- 答え（2行目〜4行目）
- 発言（8行目〜11行目）

　しかしながら、医師Eが、6行目において、さらなる質問をすることによって、どのようにPDSを拡張しているかに注目していただきたい。

　メイナードが指摘するように、医師は診断を伝えることを期待されている。しかしながら、しばしば、診断結果が悪い時には、患者から何らかの抵抗を受けることを予期するだろう。このことは、母親たちが子どもの状態を評価する際の特別な知識と能力を持っている小児科に、特に当てはまるかもしれない。そうした制度的な文脈におけるPDSの機能は、これから行われる診断に母親を提携させようとすることである。

　医師Eの発言が、8行目から11行目において、Cさんの観点に同意を表明することから始まるが、次に、それを「話し方」から「言葉」へと定式化し直していることに注意してほしい。Cさんは、ここではすでに、やがて悪い知らせの告知へとつながるものの中に巻き込まれている。

もちろん、メイナードが指摘しているように、物事は医師にとっていつでも簡単なものになるわけではない。時に親たちは、たとえば、子どもが進歩していることについてとても嬉しく思っている、と言ったりして、これから行われようとしている告知とは一致しない見通しを示すことがある。メイナードは、そのような状況において、医師が典型的にどのように、親から**何らかの**問題（たとえば、子どもの教師が気づいた問題）を認めているという発言を引き出そうとし、自身の診断をその観点から伝えるか、を明らかにしている。

　メイナードは、PDSが**注意**を要する状況において特別な機能を持っていると結論している。このことは、通常の会話では、それがなぜ知り合いではない人同士の会話、あるいは、知り合い同士であっても、意見を伝えようとしている人が他方の人物の考えについて知っていそうもない場面での会話において最もよく見られるのかを、説明するかもしれない。ここで論じられている小児科の場面では、PDSの機能は明らかである。

> 受け手の知識や信念の表明を引用することによって、臨床医は、温かい会話環境の中で知らせを伝え、患者の理解を確認し、情報を伝達する中に患者たちの視点を混ぜ込み、それによって、公式に肯定的で議論のないやり方で診断を提示することができる。(Maynard, 1991: 484)

　このようにして、我々は、歴史的文化的に多様な文脈の中で、また、HIVのカウンセリングという特異なケースにおいて、どのようにして、また、なぜ、悪い知らせが隠され、良い知らせが隠されないのか、を見てとることができる。こうした全体像は、著者によって、第一の、第二の、第三の人物による知らせの語りに関連して、また、メッセージを伝える者がどのように扱われるかに関連して、微妙に変わる。たとえば、自分自身についての良い知らせを語る時には、通常、自慢をしているという帰属を避けるようとする。同様に、悪い知らせを語る時には、「責任の交渉」が起きるかもしれない。

　メイナードは、ニュースを語ることを、日常生活と一般的な社会的相互作用の中心的な特徴として位置づけようとしている。私が見るところでは、彼はそれに見事に成功している。19世紀のドイツの社会学者ゲオルグ・ジンメルの伝統の中で、一見瑣末に見える社会的形式がいかに我々により広い社会という織物を学ばせることにつながるかを理解するようになった。しかしながら、ジンメルとは違い、この仕事は膨大な量の社会調査に支えられたものである。

　エスノグラファーと社会心理学者は、著者が会話分析と「知らせること」に

ついてのより伝統的な研究とを結びつけようとしていることに魅力を感じるだろう。歴史家と人類学者は、そこに含意されている文化的な普遍性の可能性の点から、ニュースを語ることにおける歴史的ー文化的多様性について、さらに考えることを促されるだろう。社会理論家は、この本が実証的な調査とフッサール、シュッツ、ガーフィンケルの学説とを巧妙に結びつけていることに、落胆することはないだろう。

　それほど幅広い学問的立場に達する試みは、賞賛に値する。しかしながら、そうした学術的な本の中で大いに注目すべきは、メイナードが二つのきわめて異なる読者を引き込むことができている点である。「一般読者」という幻獣がまだ生き残っているとすれば、そうした生き物は、間違いなく、この本の多くの部分に魅了されるだろう。学術的な仕事の中ではきわめてユニークなことに、メイナードは、この本を、彼の言い回しで言えば「フラッシュ・バルブ・メモリー」によって捉えられた、我々の日常的なあらゆる経験の中からの思わず引き込まれるような例を中心に構成されている章から始めている。他のすべての章も、日常生活からの生き生きとした引用から始まる。そうした手法や他の手法を用いて、この本は、ドライで学術的な仕事へのアンチテーゼであり、専門家でない人々が思わず夢中で読んでしまうような読み物となっている。

　本章の関心から言えば、メイナードの本は、さらに他のアカデミックではない読者にとっても有用なものである。私は、医療実践家、カウンセラー、そして、さらに、「心の」職業にたずさわる人々一般のことを言っている。そうした読者は、メイナードが臨床場面においてかなりの量の調査を実施していること、彼が実践家の実践上の関心に沿うことに熟練していることの両方から恩恵を受けることになる。一般的に悪い知らせを受け取る時冷静に対応することについての箇所は、それらの人々にとって、絶対に必読であろう。実際、私はメイナードによる、臨床場面における良い知らせと悪い知らせの語りが非対称であることについての議論は、医学系の学校の必読書になると信じている。次の例の中に、彼の本の中で論じられている調査の応用可能性に関するメイナード自身のコメントを見ることができる。

　　私の本にはエピローグがあるのですが、それは臆面もなく応用的なものです。それは、「知らせをどのように語るべきか」というタイトルがつけられています。さらに、ある程度定期的に、臨床医にまさにこの話題で話をしています（アメリカのメディカル・スクールでは、「グランド・ラウンド（grand round）」と呼ばれる講義です）。臨床医たちは、実際のエピソードを見聞き

する時非常に熱心で、また、彼らも通常、話したい逸話や経験を持っています。彼らの意見は、私のプレゼンテーションによって「誘発」されたもので、今度は、それが、私がやってきた会話分析による研究に関連して私が言うことができるもっと多くのことがらを「誘発」するのです。会話分析による研究が系統だった探究に基づいており、逸話的な報告に対して一種の妥当性チェックを行うことができることを強調したいと思います。(Maynard, 私信)

メイナードの研究は、医療場面でのやりとりが、部分的に、どのように日常会話の中で起こるPDSのようなメカニズムを使うことを含んでいるかについて、明らかにしている。そうした会話をベースラインとして使うことによって、会話分析を通じて、制度的なディスコースの何が独特のものなのかを取り出すことができる。

さらに、会話分析特有の貢献としては、それがどのようなものであれ、繰り返し起こる社会的な過程の**機能**について問うことができるという点にある。そこで、メイナードは、PDSシークエンスが、悪い知らせを伝えるという文脈の中でどのように機能するかを検討している。また、それによって、彼の研究は、医師たちをただ専制君主か資本家の権益の代弁者の役に割り当てがちな、医療実践に対する文脈を無視したイデオロギー的批判と比べて、それ以上のずっと多くのことを達成してもいる（Waitzkin, 1979 参照）。

まとめれば、この節において論じた研究は、質的研究者がいかに最良の実践についての議論に貢献できるかについて、数多くの教訓を含んでいる。特に、

- 研究者たちは「良い」コミュニケーションと「悪い」コミュニケーションについての規範的な基準から始めるべきではない。そうではなく、その目的は、参加者が用いるスキルと、見出されたコミュニケーション・パターンの機能について理解することであるべきだ。
- 質的なインタビューは、実践家に対して、クライエントの認識についての知られていない側面を明らかにすることができるが、実際の実践家ークライエントのやりとりやそれに関連するさまざまな文脈についての詳細に焦点を当てる研究の代替になるものではない。
- 実践家自身や同僚が参加しているやりとりのテープやビデオの記録を再生することによって、実践家は、自らの実践に対する新たな洞察を得ることができる。

これらの教訓が前提としている種類の対話によって、私が先に「全智の通説」と呼んだ、何もかもわかっているという傾向を排除することができる。「どのように」の問いかけに焦点を当てることは、急いで原因と相関を求めようとする「説明の通説」の仮定に異議を唱えるものでもある。

しかしながら、すべてを専門家とクライエントの相互作用の問題にすぎないと考えるのはばかげているだろう。たとえば、HIV検査のカウンセリングについての私の調査において、カウンセラーのコミュニケーションのとり方が、それぞれの患者との面接にとることができる時間に限界があることによって、かなり制限を受けることが多いことを指摘した。

このことが重要なのは、社会的文脈が彼らに特定の方向へと圧力をかけているのに、実践家がどのようにコミュニケーションをとるかについて指摘を行っても意味がないからである。そうした介入は、不適当であるだけでなく、エリート主義的なものになる可能性がある。その代わりに、専門家に課せられる要求という文脈の中で、専門家のスキルが持つ価値を認めることによって、コミュニケーションとコミュニケーションに対する社会的経済的な制約の**両方**について、実りある議論を始めることができる。

しかしながら、議論を実り多いものにするためには、反応してくれる聴衆を見つけなければならない。クライエントとの実際のコンサルテーションを録音したテープに基づいたワークショップは魅力的な資料を提供できるが、ワークショップだけで多くの聴衆に影響を及ぼすことができると仮定するのは非現実的である。次の節では、実践家の聴衆の心に届く、データ分析と調査報告の方法について考える。

◼◼◼ 数字で質的研究を書く

この章の最初で指摘したように、数字は実践家や政策立案者にとって重要である。それでは、数字はいつでも、質的研究の中から排除されるのだろうか――数字を用いることは、あらゆる観察に数による価値を付与することを要求される環境に、いわば寝返るようなものなのだろうか？　別の表現をすれば、エスノグラフィーや会話分析の助けになることができるようなタイプの数量化は、実際に存在するのだろうか？

この問いかけに対して私は肯定的な回答を持っているが、それは、数量化は時には我々が空想から事実を区別するのに役立ち、それによって、次のように

質的研究の妥当性を高めることができる、という私の信念に基づいている。

- データにおける分散の意味をつかむ、初期の手段として（タイプ1）
- より後の段階では、いくつかの現象を同定したうえで、その出現の程度を確認する（タイプ2）

　タイプ1の表作成の例として、児童保護ホットラインへの電話についての研究を取り上げる。HIVカウンセリングについての私自身の研究（Silverman, 1997）と同様に、ヘプバーンとポッターは、イギリスの国家児童虐待防止協会（National Society for the Prevention of Cruelty to Children：NSPCC）で働く実践家が、彼ら（や他の実践家）の実践についての録音テープを聞くことに魅了されたことがわかった。彼らが述べるように、

　　こうした種類の仕事研修の限界の一つは、それが、やりとりの機能のしかたについて理想化や推測に基づいたものになることが多い、ということである … このプロジェクトに関して我々が見出したことの一つは、最初の実践的なインプットが比較的単純なものだったことである。我々は、児童保護士（Child Protection Officers：CPO）たちに、電話の内容をデジタル化したものと、それをざっと書き起こしたもののセットを、彼らのパソコンで使用（停止、再生、少しだけ見る、など）できるようにCDにして渡すことができた。CPOの中には彼ら自身の実践について振り返るためのこの方法が、非常に有用なものだと気づいた者もいた。研究の最後のころには、CPOが、電子化された電話の内容を、それらについての分析的な観察や提言（たとえば、トラブルとその解決策）とともに聞くことができるような、より洗練された研修のための補助手段を提供できるようにしたいと考えている。ここでのこうした実践的な介入の目的は、CPOに、よりよく仕事する方法について教えるといったものではなく、彼らの研修や実践の中で役に立つものとして導入することができる、一種の資料を提供することにある。（Hepburn & Potter, 2004: 194-5）

　しかしながら、ヘプバーンとポッターは、単にテープに記録し、それを再生するだけでなく、データ分析から得られた洞察を実践家たちに提供した。その一部には、さまざまな現象を同定したうえで、ある現象の分散の度合いを検証するために、単純な表を作成することが含まれている。
　たとえば、ヘプバーンとポッターは、このホットラインに電話をかけてきた

人々が、彼らの「心配」について言及してから報告を始めることが多いことを見出した。したがって、典型的な電話は、「私はXについて気になっているのですが」から始まる。こうした現象がどの程度広く見られるかについて確認するために、研究者たちは、「心配している（concerned）」「心配／心配する（concern）」という言葉を使う説明が用いられるパターンを理解する助けとして、一連の単純な数字のカウントを行った。ヘプバーンとポッターは、彼らのアプローチについてこう説明している。

　　心配の説明がどれほどNSPCCのデータに特有のものなのかについて考えるのは興味深いことであった。このことについて確認するために、我々はとてもシンプルなことを実施した。それは、NSPCCでの電話の中でのそうした言葉の出現率を、日常生活における電話のコーパスと比較することであった。「心配／心配する（concern）」と「心配している（concerned）」という言葉は、我々のデータの中では1回の電話につき平均で7回出現し、（日常の）コーパスでは0.3回出現したのみであった。より詳細なレベルでは、我々は電話のはじめの部分における心配の説明の出現率に興味を持ち、それがどの程度電話のかけ手から言い出されたもので、またどのくらいCPOから言い出されたものなのかについて興味を持った。電話のはじめの部分の約60％は、心配していることの説明で、その約3分の2はかけ手によって始められ、約3分の1はCPOによって始められたものであった。（2004: 189）

　質的研究の初期の段階でそうした表作成を行うことは、示唆的なものにしかすぎない。それらは終着点ではないが、さらなる作業のための案内標識の役目を果たす。ヘプバーンとポッターが述べるように、

　　これらの数字は間違いなく興味深いものであり、引き続き検討すべきいくつかのことがらを浮かび上がらせた。しかし、その含意は、それ自体では結論的なものではない。実際、相互作用の細部とそれがどのように展開していくかを考えなければ、大部分が不明瞭なものである。分析のそうした過程は、いくつかのデータにおいて何が起こっているのかについての考え方を発展させ（少々大きな方法論上の言葉では「仮説」）、それらについて検討し、それらがどの程度まで意味を持つのかを考えることを通じて達成される。（2004: 189）

　私がタイプ2の表作成と呼んだものは、明白な現象が同定された後の、調査

のより後の段階で用いられる。この文脈においては、調査や実験を行う代わりに、自然発生的な場所で使われている時の参加者自身のカテゴリーを数える場合に、数量化を質的研究のロジックと緊密に結びつけることができる。これについて、一つ例を挙げてみよう。

　1980年代の初期に（Silverman, 1987: 1章〜6章 参照）、私は小児心臓ユニットについての研究グループを指揮していた。我々のデータの多くは、毎週の外来診療の録音テープから取られたものである。

　我々は、すぐに決定（あるいは「考えの破棄」）がどのように組織化され伝えられるかに興味を持つようになった。医師が決定を伝えるやり方は、医療上の要因（子どもの心臓の状態のような）だけでなく、（治療のさまざまな段階で親たちが何を語られるかということ、のような）社会的要因とも体系的に関係しているように思われた。たとえば、外来患者の最初のコンサルテーションでは、医師は親に対して重大な心臓の異常を発見したことや命の危険を伴う手術が必要であることについては、通常は告知しない。その代わりに、さらに検査が必要であると提案し、ただ重大な手術が必要になるかもしれないということをほのめかすだけである。医師たちは、見た目では子どもたちが「健康」そうに見えるという例を話す親たちに協力もする。このような段階的に情報を提供していくやり方が避けられていたのは、2事例のみであった。子どもが心臓病の専門医に「健康」であると診断された場合には、医師はすべての情報を一度に提供し、患者（たち）のその他の心配事を聞き出し、それらの心配事が間違っていることを証明することによって、我々が「探索殲滅」作戦と呼ぶものにいそしむ。

　対照的に、心臓病の疑いだけではなく、さらにダウン症の障害を抱える子どもたちの場合には、医師は一度にすべての診療情報を示し、段階的な方法の使用を控えていた。さらに、典型的なものとは違い、医師は親たちに、子どもの「人生の楽しみ」、あるいはやさしい性格といった医療に関連したもの以外のことがらについて考えるように勧めながら、さらなる治療についての選択をしてもらっていた。

　子どもの**社会的**特徴に臨床的に注目することは、それぞれのコンサルテーションの開始時には正しいように思われた。ダウン症児と非ダウン症児のコンサルテーションの比較に基づいて、表を作成し、医師の親に対する質問と親の返答の異なる形式を示すことができた。

　表4.1は、まったく特筆すべき点がない —— 初回のコンサルテーションで心臓病専門医が親に尋ねるであろうと予想されるたぐいの質問にすぎない ——

表4.1　最初の病歴問診の質問 —— ダウン症児

彼／彼女は健康ですか？	0
あなたから見て、健康な赤ちゃんですか？	1
彼／彼女について何か問題に気づいておられますか？	0
彼／彼女は無呼吸になることがありますか？	1
彼／彼女は何度か肺感染症になっていますか？	1
彼／彼女はどうですか？	6
質問していない	1
合計	10

出典：Silverman, 1981 を改変して引用

ように見える。これらの質問を非ダウン症児の場合の質問フォーマットと比較してはじめて、何か目を引くことが表れてくる。

表4.1と4.2からは、ダウン症児の場合に、医師が、子どもについて「健康」という言葉の使用を避けるという強い傾向が見てとれる。私が調査した心臓クリニックでは、医師が親に尋ねる最も一般的な質問は、「お子さんは健康ですか？」だった。しかし、ダウン症児の親がそうした質問を受けることはほとんどない。その代わりに、最もよく聞かれる質問は、「彼／彼女はどうですか？」であった。表の中のカテゴリーは、私自身が作成したものではない点に注意する必要がある。単に実際に質問された通りに、さまざまな質問を集計しただけである（ちょうどヘプバーンとポッターが回答者の「心配」という言葉の使用について集計したように）。

さらに分析を進めた結果、親たちは医師による言葉の選択に協力し、「健康だ」よりも「大丈夫」や「快調だ」といった言葉で答えていることがわかった。

表4.2　最初の病歴問診の質問 —— 同じクリニックからランダムサンプリングしたもの

彼／彼女は健康ですか？	11
あなたから見て、健康な赤ちゃんですか？	2
彼／彼女について何か気づいておられますか？	1
あなたの目から見て、彼／彼女は活発ですか？	1
彼／彼女はどうですか？	4
質問していない	3
合計	22

出典：Silverman, 1981 を改変して引用

このように「健康」について言及がないことが、その後の医療コンサルテーションがかたちづくられるのを理解するうえで決定的であることが明らかになった。

　ダウン症児と非ダウン症児を抱える家族との病歴の問診を比較した後で、我々は、どのようにして治療方針が決定までに至るかについて検討するために、それらのコンサルテーションの最後の段階の検討に移った。1980年代初期に、先天的心臓疾患の症状のある子どもは、通常、患者として短期の入院を必要とする、診断のための検査である心臓カテーテル検査を勧められた。

　そうした場合に、医師は親に次のように話していた。

　　　「同意していただけるなら、ということですが、私たちが提案しているのは、ちょっとした検査です。」

　単に形式的なもののように見える提案に同意しない親はいない——ちょうど、女王がイギリスの議会を通過した法案にサインしないという、形式的な権利のように（それが使われたことはない）。しかし、ダウン症の子どもについては、親が選択する権利は決して形式的なものではなかった。医師は、親たちに次のようなことを言うだろう。

　　　「我々が今やろうとしていることは、少々親御さんたちのお気持ち次第のところがあります。」
　　　「それは、少々あなたのお考え次第のところがあります。」
　　　「この先に進むべきかどうかについては、多分にあなた自身の個人的なお考えによります。」

　さらに、こうしたコンサルテーションは、他のコンサルテーションよりも長く、明らかに民主的に見えるものであった。家族の文脈で患者を見るように促され、親たちは、心配を言葉にし、意思決定に関与するあらゆる機会を与えられた。

　より大きなサンプルとは異なり、この小サンプルにおいては、実際に選択を与えられて、親たちは検査を拒否した——例外は1例のみであった。しかしながら、そのことは、当該ユニットにおける診療方針を再検討するよりも、むしろ強化することに寄与した。その診療方針は、他の条件が同じであれば、そうした子どもたちにとって、手術を思いとどまらせるものであった。したがって、

民主的な形式は、独裁的な診療方針と共存していた（そして実際には、それによって支えられていた）。

　調査によって、このように、特定の診療方針が決定される仕組みが明らかになった。コンサルテーションの大量のテープ録音が入手でき、同時に帰納的に仮説を発展させようとする研究手法を用いたことで、我々が元々は探していたのではなかった現象——それは、より構造化された量的研究デザインではかなり発見するのが難しいものである——を発見し、データ分析を発展させることができた、ということを意味していた。

　「民主的な」意思決定、または、「全人的医療」は、このように、本質的な意味を持たないディスコースであることが示された。その代わりに、それらの結果は、特定の文脈における、その展開と分節に依存している。したがって、民主制でさえ、あらゆる状況において推奨すべきものではない。このような文脈では、民主的な形式は力による政策の一部になりえる。

　ダウン症のコンサルテーションについての研究から、二つの実践に関係する問題が生じている。第一に、我々は、当該医師に自身の診療方針について再考するか、あるいは、少なくとも親に医師の隠された計画について明らかにするように求めた。我々は、手術に関して、そうした子どもたちを他の子どもたちとは違うように扱うことには多くの根拠があることについては、論じ合わなかった。たとえば、ダウン症の場合、術後生存率が他と比べて低く、大部分の親は手術について検討することに気が進まない。しかしながら、そのような子どもや親が必要としているものについてステレオタイプ化してしまう危険性がある。医師が診療方針について「白状する」ことで、親により情報を与えられたうえでの選択をしてもらうことができるだろう。

　この研究から明らかになった二つ目の実践的に重要な点は、文脈がどうであれ、特定のコミュニケーションの技術がいつでも同じように機能すると仮定すべきではない、ということを明らかにしたことである。「患者中心の医療」についての私の相対主義的な立場は、当然ながら、こうした流行の通説に傾倒しているリベラルな医師を困惑させることになる。優れた実践家が気づいているように、他よりも勝るコミュニケーションのスタイルというものはない。すべて、その文脈に依存する。

　これら二つの例（心臓クリニックにおけるダウン症の子どもと、ヘプバーンとポッターによる児童保護ホットラインへの電話についての研究）からは、それが適切な場面では、質的研究が量的な方法を用いてはならないという理由はない、ということを示している。単純に数を数えるという方法は、理論的に引き出さ

れ、理想的に参加者自身のカテゴリーに基づいているならば、徹底的な質的研究では通常失われがちな、データの全体的なコーパスを調査するための方法を提供することができる。それに対する研究者の言葉を受け取る代わりに、読者には、全体としてデータの雰囲気を感じることができる機会がある。そうすると、次に研究者は、彼らが一般化したものに対して検証や修正を行い、データについての彼らの印象の正確さについての悩ましい疑いを晴らすことができる。

このことは、十分に基礎づけられた単純な表作成が質的研究の質を高めることができ、数字で表現された調査を見ることに慣れた実践家の心に訴えかけることができることを示している。ジョン・ヘリテッジら（Heritage et al., 2006）による最近のアメリカの一般診療コンサルテーションの研究は、まぎれもなくこの点を強調している（ボックス4.1の彼らの論文からの抜粋を参照）。この研究は、標準的な医療コンサルテーションでは、意外な点で、患者の心配を解消することができない、ということを明らかにしている。

ボックス4.1　患者の対処されない心配を解消する
（Heritage et al., 2006: 1-9）

全米外来医療調査によれば、患者の約40％がプライマリ・ケア、短期治療での来院について一つ以上の心配事を持っている。一部の研究は、機会が与えられれば、患者は、1回の来院につき平均で三つの心配事を挙げる、と指摘している。しかしながら、医師の最初の質問（たとえば、今日はどうされました？）は、通常、ただ一つの心配を引き出すものであり、さらに他の心配事を表現したり尋ねたりすることは、まったくしないことはないにしても、しばしば短縮される。

平均的なプライマリ・ケアでの来院が家族医療の場合で約11分に制限されており、新たに重大な心配事が後の方の来院で生じる可能性があることを考えれば、医師たちは完全に、効果的に患者の心配事すべてをマネジメントすることの困難さに直面する可能性がある …。

この研究は、他の心配事について望ましい形で調べる手段となる二つの質問デザインについて、望ましい時に質問されれば、患者の対処されない心配を減らすかどうかを検証するものである。この研究は、同時に、これらの質問が来院の時間や、来院前には患者は予想していなかったにもかかわらず、研究の質問に答えることで生み出された心配の増加に対して与える影響についても検討する。

二つのタイプの質問デザイン

　イエスかノーかの質問によるデザインは、イエスかノーいずれかの回答を好ましいものとして期待するコミュニケーションをしていることが多いということは、以前から知られている。たとえば、実際の来院時のものから抜き出した以下の質問は、すべて「ノー」の反応を好ましいとするものになっている。

　医師：--> それで、他に何も医療上の問題はありませんか？
　患者：うーん。ありません
　　（7秒の沈黙）
　医師：--> 心臓病はないですか？
　患者：((咳)) いいえ。
　　（1秒間の沈黙）
　医師：--> 知っている限りで肺の病気は何も？
　患者：ありません。

　このコミュニケーション過程が持つ一つの要素は、言語学者によって、肯定と否定という両極性を持つものとして認識されている言葉の中に見出すことができる。たとえば、「何も（any）」という言葉は、否定の極に位置づけられる。すなわち、「何も」は、通常、否定的に枠づけられる平叙文の中で起こり（たとえば、「私は何もサンプルを得られなかった（I haven't got any samples)」）、肯定的に枠づけられる平叙文の中では、普通は不適切なものと判断される（たとえば、「私は何もサンプルを得た（I've got any samples)」。対照的に、「何か（some）」という言葉は、肯定的に枠付けされた文の中では適切だと判断され（たとえば、「私は何かサンプルを得た（I've got some samples)」）、否定的に枠づけられた文では不適切だと判断される（たとえば、「私は何かサンプルを得なかった（I haven't got some samples)」）。
　「何か」と「何も」の両方とも、疑問文の中では適切に用いることができるものの、それらの言葉の両極的な関連性は、反応にバイアスをかける直接的な因果的な影響をもたらす可能性がある。この研究では、「今日の来談で話しておきたいことが何か（something）ありますか？／他に何も（anything）ありませんか？」という質問に関連して、そうした影響について検討する。

介入

　医師は、通常のやり方で4回の来談をこなした後、残りすべての観察においてランダムに二つの介入条件のうちの一つに割り当てられた。医師は、コミュニケーションによる介入について描写し、説明し、例示する、5分間のビデオ録画を見た。そのビデオの中では、医師はいつも通りに来談を開始し、いったん心配事が提示されたのを確認したら、「今日の来談で話しておきたいことは他に何も（anything）ありませんか？」（ANY条件）と聞くか、あるいは、「今日の来談で話しておきたいことは他に何か（something）ありますか？」（SOME条件）と聞くように求められた…

　サンプルの49％が、来談前の調査では一つ以上の心配を挙げた（平均1.7; 標準偏差0.9; 範囲1-6）。記録された来談では、患者の53％が一つ以上の心配事を挙げた（平均1.9; 標準偏差1.0; 範囲1-5）。来談前の調査で医療来談の理由について挙げるように求められなかった他の統制条件の患者との比較では、挙げた心配事の数について両者に有意な差がなく、このことは、来談前の調査がプライミング効果を持っていないことを示している（p = 0.998）。

　介入の一次的な分析は、来院前の心配を二つ以上挙げた患者に限定された（n = 100）。統制条件（n = 36）では、42％の患者が少なくとも一つの未対処の心配事を持って来院していたのに対して、SOME条件（n = 29）では24％の患者だけであった。

　ANY条件（n = 35）の43％の患者が未対処の心配を抱えて病院を去っていた。

　患者の心配が対処されないことは、取り組まれていない医療上の問題がさらに悪化することになり、本来必要のない患者の不安を生み出すことに寄与し、あるいは、その結果、患者の時間という面からも、また、医療上の資源が限られているという面からも、コストのかかる、再来院につながる可能性がある。医療面接についてのテキストは、「今日話し合いたい、心配事は他に何もありませんか？」といった質問によって、来院の初期に患者のその他の心配事について調べるように勧めているが、我々の結果は、こうした勧めに文字通りに従っても、患者の対処されない心配の発生が減少することはない、ということを示唆している。しかしながら、この質問に比較的簡単な変更を加えて、「今日話し合いたい心配事が他に何かありますか？」にすると、患者の対処されない不安の出現率は、ほぼ半分になるかもしれない。

■■■■ 結びの言葉

　いくつかの点で、本章は、「百花斉放」というスローガンのもとで進められた、毛沢東の中国における見かけの自由主義という希有な例にも似た、包括的なアプローチをたどってきた。とりわけ、優れた質的研究が実践との関連性を高めるために、以下を提案した。

- 数をカウントする方法を賢明に使うことは、研究の妥当性を改善するだけではなく、実践家や政策立案者に対して説得力のあるものとなりえる。
- エスノグラフィーは、組織の日常的なやり方について魅力的な、実践にかなったことがらを明らかにすることができる。
- 会話分析は、やりとりの詳細な細部を示し、時には、実践家に彼らがそれを持っていると気づきもしていないスキルを明らかにすることができる（特に、Peräkylä, 1995 参照）。

　しかしながら、これらから生じる、強調しておくべき点が一つある。それは、読者であるあなたに託したい考えである。すなわち、書くことは、常に**読者**のためだということである。後の人生で、大学の学位をとることから、あまりにも容易に、書くことはひとりの人物（自分の教授）にアピールして、良い成績をとることだと見なすようになる。もし幸運にも大学院での研究に進むことができ、大学のポストを得ることができたとしても、仲間の研究者たちはただ潜在的な読者の一部にすぎないということを、常に自分に言い聞かせる必要がある。どこかの段階で、何らかの方法で、あなたの研究の読者に、政策立案者、実践家、そして（本章ではほとんど扱ってこなかったが）一般の人々を含めるべきである。しかしながら、そうした読者がいることを認識することは必要な第一歩ではあるものの、それだけでは不十分である。それぞれの集団は、彼らの必要に関わる時だけあなたの研究に耳を傾けようとするだろう。したがって、そうした集団がどこから「来ている」のかを理解し、形式と内容の両方の点で、彼らと共有する関心に言及するようなやり方で書かなければならない。これは、我々が日常生活の中で常に使用しているスキルを実行することを意味している（すなわち、誰かを誘ったり悪い知らせを告げる時のやり方を、その時の聴衆の期待に関連づける）。会話分析では、こうしたスキルを「受け手デ

ザイン」と呼んでいる。

　最後の分析では、調査で成功し、さらにその上を目指すならば、あなたが言わんとすることに耳を傾ける可能性のあるさまざまな聴衆に対して敏感である必要がある。生活の中の多くの他の側面と同様に、「残酷な世界」に不満を持つ人々はまさに、しばしば他者が言うことに耳を傾けるという、時に困難でも一般的にその価値のあることを軽蔑する、そういった人々なのである。

5

質的調査の美学
── ブルシットと扁桃腺

　前章において、私は社会に対して質的研究が果たすことができる貢献につい
て論じた。本章では、質的調査が社会（あるいは他の場所）に対して果たす何
らかの貢献からはまったく離れて、質的調査とは何なのかという、その本質に
ついてのより根本的な疑問に移る。

　従って、私は、我々が行っているような調査について、それが何を成すのか
ということではなく、いかにしてそれが何であるのかに対して注目するよう求
め、いかにしてそれに価値があると主張するのか、について問いたい。これが、
私なりの「美学」という言葉の使い方なのである。このことは、今日の質的調
査がそれ自体について行っている主張を検討していく、ということを意味して
いるだろう。ボックス5.1に示した、インターネットのサイトでの学生の援助
要請について取り上げてみよう。

ボックス5.1　冷蔵庫の中のアイデンティティ

　私は、現在建築学コースのプロジェクトを完成させようとしていて、場所
とアイデンティティの問題に取り組む手段として、冷蔵庫について検討して
います。これは地図を作る演習なのですが、複雑な関係についての関係図を
作成しなければならず、冷蔵庫の中身の地図を作るだけでは簡単には明らか
になりません。以下は検討すべき点です。

- 冷蔵庫は、自分自身になるものについて熟考する整骨箱となる。
- 冷蔵庫は、食事によって促され、狂乱のペースで進められる、人類学的
  な発掘を定義する。
- 冷蔵庫は、ライフスタイル選択のアルチンボルド的ポートレートを形成
  する〔訳注：ジュゼッペ・アルチンボルド。16世紀のイタリアの画家。
  緻密に描かれた果物、野菜、動植物などからなる肖像画で有名〕。
- 冷蔵庫は家庭の状態のフェティッシュなトーテムであり、しばしば栄養

がないのと同じく意味も存在しない。
・冷蔵庫は、食物の腐敗を中断させる低温チャンバーである。

どなたか、冷蔵庫をアイデンティティの反映として扱っている出版物／論文をご存知ですか？　このトピックを扱っている絵画、描画、大学など、どのようなものにも興味を持っています。直接私にメールをください。

　この学生の調査プロジェクト（アン・マーコットが教えてくれた）は、我々の研究分野について私が懸念していることの例として役立つだろう。このプロジェクトには、多くの疑問が生じる。まず第一に、彼女のリサーチ・クエスチョンを定義するのに、なぜこのようなわかりにくいジャーゴン（たとえば「整骨箱」「アルチンボルド的」「トーテム」「低温チャンバー」）が使われているのか？　どうして、単純に帰納的に作業を行い、人々がどのように冷蔵庫を使うかに興味を持っている、と言わないのだろうか？　そうすれば、人々が何を行うかについて研究し、何が起こるかについて報告して、「アイデンティティ」は関係ないだろうことに気づくことができる。
　第二に、これはひとりの学生のプロジェクトにすぎないことに留意すべきである。建築学コースが、どうして、ここで示されたような気取った理論とジャーゴンのたぐいを含むようになったのだろうか？　どうして建築学の学生が、一見したところ曖昧模糊とした文学を探求するようにトレーニングされていて、人々がどのように現実の世界で実際に行動しているかを研究することが奨励されないのだろうか？　後で見るように、その答えの一部は、特定のアプローチ（ポストモダニズム）によって、誇張のない探求や真実への関心を犠牲にして、大理論や実験的な書き方を特権的なものにしてきたことにあると確信している。
　この点に関して、社会科学は文学研究で起きていることにわずかに後れをとっているにすぎない。現代語学文学協会の会議でデービッド・リーマンは、かつて次のように言われたことを回想している。

　もしあなたが批評の仕事でうまくやっていきたいのなら、脱構築主義者、マルクス主義者、あるいは、フェミニストにならなければならない。そうでなければ、あなたは見込みがない。あなたは真面目に受け取られない。あなたが何を知っていて、何を知らないかは重要ではない。重要なのは、あなた

の理論的なアプローチなのである。そしてそれは、ジャーゴンを知ること、そして誰が仲間で誰がそうでないかを知るということだ。（Lehman, 1991: 52, Benson & Stangroom, 2006: 151-2 からの引用）

　哲学者オフィーリア・ベンソンとジェレミー・スタンルームは、こうしたジャーゴンを披露したいという欲求を、「クジャクの尻尾症候群」と呼んでいる。彼らが述べているように、

　　理論が学会においてその足場を確かなものにするにつれて、野心的な若い研究者は、その理論が規定している領域において競争しなければならなくなる。理論がより支配的なものになればなるほど、競争はますます激しくなり、そのことは、もし学者たちが注目を集めたければ、理論的名人芸をますます誇示することに精を出さなければならない、ということを意味している。最終的には、ポジティブなフィードバック・ループによって動機づけられて、誇示がすべてになる。こうして、クジャクが文学研究の世界を植民地にすることになる。（Benson & Stangroom, 2006: 154）

　もちろん、これは理論が研究において果たす決定的な役割を持っていることを否定するものではない。しかしながら、私が他でも論じたように（Silverman, 2010, 2011）、理論的な考察は、真面目な、実証的研究の助けとなるべきであり、それに置き換わるものではない。

　すでに明らかなように、この章では、私は現代の質的研究についての私自身の診断を示そうと考えている。以降を読んでいくと、この本の他の部分との論調の変化に気づくかもしれない。たとえば、前章は意図的に慎重で冷静な論調にしていた。それに対して本章は、サブタイトルに示されるように、一部の読者に、けしからんもの、あるいは、ひょっとしたら風変わりなものと感じさせるかもしれない。それもまた意図的なものである。

　本書を通して、我々は「質的研究」が大いに異議を唱えられてきた領域であることを見てきた。しかし、これから読者が気づくであろうように、その美学という点に関して言えば、それは、明快な位置こそが最重要であるような、まさに地雷原にいるようなものである。したがって、この最後から二つ目の章は、そうした対立する議論の中で、私が何が正しく何が間違っていると信じているかについて、明確に述べようと試みたものである。

　まずは、私がつけたサブタイトルについてである。扁桃腺についてはさしあ

たり置いておこう。しかし、「ブルシット（bullshit）」についてはどうであろうか？　私のこの言葉の使い方について、間接的なやり方でアプローチしてみたい。

「ブルシット」は近代になっての言葉で、100年前のヨーロッパでは、この言葉はほとんど知られていなかったと思われる。しかしながら、同様に使われる言葉があった。「キッチュ（kitsch：安っぽい、通俗的な）」という言葉は、19世紀末のウィーンで、一般的に、気取った政治的文化的形式を記述するために用いられていた。ジャニクとトゥールミン（Janik & Toulmin, 1996）の素晴らしい本『ヴィトゲンシュタインのウィーン（*Wittgenstein's Vienna*）』を見ると、オーストリア＝ハンガリー帝国のハプスブルク家の皇帝は、自分でサインする時には、「K und K、つまり kaiserlich und königlich（「帝国のおよび王国の」）」とサインしていた。「K und K」は「Kakania」という言葉のもとになったもので、小説家ローベルト・ムージルが、帝国が崩壊しつつあることによって皇帝の権威が支持されなくなった100年前のウィーンを表すのに用いた。ついでに言えば、「Kaka」は「シット（shit）」の婉曲表現であり、したがって、すでに「ブルシット」との関連を見てとることができるのである！

我々が最初に1章で出会った哲学者ヴィトゲンシュタインは、ハプスブルク時代末期のウィーンが生んだもう一つの産物と言える。彼は、グスタフ・マーラーの誇張された音楽だけでなく、（ついでに）哲学者たちの誇張された主張（どちらも同じロマン主義的で感情本位のテーマに依拠している。それらのテーマは、後で示すように、今日の質的研究を多分に特徴づけている）も皮肉った。

マーラーやハプスブルクの時代からおよそ100年後、チェコの小説家ミラン・クンデラは、彼の本『存在の耐えられない軽さ（*The Unbearable Lightness of Being*）』（Kundera, 2004）の中で、キッチュの政治学について論じ、東ヨーロッパの古い社会主義政権が、ナチス時代のニュルンベルク党大会とほぼ同じようなやり方でいつも行進しパレードするような主体をどのように形成したかを示している。クンデラの後の小説『不滅（*Immortality*）』の中のポスト共産主義者の世界では、人々はやはり行進するが、横断幕にはカール・マルクスやフリードリッヒ・エンゲルスよりも、ドナルドダックやミッキーマウスが多く見られる。ディズニーはマルクスに取って代わったが、キッチュは生き延び続け、その光景はやはり同様に政治的なのである。

今世紀の初めまでに、単極的な世界の中で、アメリカ帝国がソヴィエト、ナチス、ハプスブルク家の帝国に取って代わった。したがって、ハプスブルクの言葉だった「キッチュ」も、アメリカの言葉「ブルシット」に取り替えてしま

え、というわけである。ハリー・フランクファート（Frankfurt, 2005）は、この言葉の起源について辞書を用いて議論しているが、私は、ボックス5.2に示す、オーストラリアの奥地で「ブルシット」が何を意味するかについての、エリック・ホイットルによる観察の方が好きである。

ボックス5.2　奥地のブルシット

　「ブルシット」のありとあらゆる定義をこれまで読んできた中で、私は、いまだこの言葉の起源自体 —— ブル（雄牛）—— について議論するものは目にしたことがありません。以下は、長年、この国の北奥の地で野生の牛を扱う仕事をし、観察してきた経験から述べるものです。他の動物種のオスと同様に、野生の雄牛はハーレムの権利をめぐって、しばしば争います。一般的に、それは「少しでも近づいてみろ、強烈なパンチをお見舞いしてやる！」に似た、お決まりの誇示行動を経ることになります。多くのはったり、空威張り、興奮、そして文字通りのブル（雄牛）がシット（糞）する行為があります。その過程は、数分から数時間続くかもしれませんが、その間ずっと、雄牛は絶えず後ろから糞を垂らし、それを尻尾で叩きまわっています。雄牛が戦闘モードに入っている時はいつでもそれがわかります。なぜなら、牛の尻のあたりが緑の粘液で覆われているからです。雄牛たちは、お互いの鼻を下げ、できるだけ多くのほこりをかき上げ（「ブルダスト（bulldust）」を考えてみてください）、叫び合い、お互いの糞を嗅ぎながら、お互いに相手の周りを歩き回ります。これはまるで、見たことのある、ある種のアカデミックな議論のように聞こえませんか！　ポイントは、どの雄牛が勝つかは、しばしばこういう準備段階で決まるということです。その過程はしばらくの間続きますが、実際に角突き合わせる危険を冒す可能性もなく、一方もしくは他方がすでに勝利しています。そして、短く突進して、それですべてが終わるのです。牧畜業者たちの間での会話の中では、「ブルシット」という言葉が使われるのは、ほとんど常にこの文脈でした。誰かが、乗馬、ルーツ、飲酒、けんかの能力についてはったりをかましたり、大言壮語していたり、大げさに話していると疑われる場合に、彼は「ブルシットまみれ」とか「ブルシットしている」、あるいは単純に「ああ、ブルシット！」と言って片付けられます。（Eric Whittle, 私信）

　エリック・ホイットルは、学界においてブルシットが何に似ているかのヒントを与えている。しばらく後でこの問題に戻ることにして、今のところは、ブ

ルシットがどのくらいポピュラーカルチャーや政治に蔓延しているかについて考えてみたい。ここで「ブルシット」は、美学が名声やライフスタイルへと矮小化されるような世界を指している。それは、「真面目」とされる新聞に、どのように生活すべきかについて語るライフスタイルについてのコラムがはびこるような世界であり、政治家が魅力的な「個人の語り」を持っていなくてはならないような世界である。リビー・パービスは、次のようにコメントしている。

> 我々は、すべてのスーツの下で脈打ち、すべての行動を動機づける心を見たい、と考えるが、我々に影響を与えるのは行動それ自体だけなのである。（*The Times*, 2010年8月30日）

したがって、オックスフォード卒のトニー・ブレアは、声門閉鎖音を使って、自分自身を「ごく普通の男」でフットボールファンだとして描いた。金持ち子弟の私立高校卒のジョージ W. ブッシュは、テキサスの農夫の息子としてのイメージを作り上げようとし、裕福でイートン校で教育を受けたイギリス首相デービッド・キャメロンは、「普通の家庭的な男」として見られるように、キッチンで食器を洗っている写真を撮っている。

ブルシットの政治学においては、「事実」は退屈、ないし無関係なものにすぎない。その代わりに、政策は、焦点となっている集団や認識に基づいて作られる。トニー・ブレアは、2006年に、法と秩序についての政策立案は「統計ではなく、人々がどう感じるか、である・・・犯罪に対する恐怖は、いくつかの点で、犯罪それ自体と同じく重要である」（*The Economist*, 2006年6月24日からの引用）と語った。

私が何を意味しているのか、いくつか例を挙げてみたい。2005年の夏、イギリス金融サービス機構（Financial Services Authority：FSA）は、「イギリスの金融監督官は、かなりのビジネスを締め付けていると見られている」というトニー・ブレアのコメントに対して激しく反発したと報じられた。スポークスマンは、ブレアの発言をこう弁護した。

> 首相はもちろん、FSAの仕事を評価していますが、彼は**国民の認識**のことを言っているのです。もし親、一般の人々や企業が、日々の生活に官僚的形式主義や規制があまりにも多いと認識しているなら、政府がそれに目を向けるのは正しいことです。（*Guardian*, 2005年6月6日。強調は筆者）

同様に、最近のイギリス政府は、科学的な証拠に反して、「ソフトな」ドラッグを禁止するという失敗政策を続けており、それは彼らが法律制定がどのように認識されるかを心配しているからである。ジョン・テータムが述べるように、

　　実際に、政府は若者たちに明確なメッセージを送っている。すなわち、政府はドラッグの相対的な害については興味がなく、興味があるのは、ただ「一般の認識」だけだというメッセージである。(*Guardian*, Letters, 2008年5月10日)

　ここでは、政府が、事実の冷静な分析という点からではなく、人々の「認識」（それ自体は、最新の新聞の見出しと大差ないことが多い）への脊髄反射的な反応として、政策を決定していることを見ることができる。ドラッグの分野で起こったように、このことは、法の変更がますます現実と関係なくなっていくという悪循環を招いている。そうした生き馬の目を抜くような政策決定は、単純にブルシットである。
　最後に挙げる例は、数年前にアメリカによる火星への有人飛行計画について出された声明からのものである。無人飛行の方がはるかにコストパフォーマンスが高いという十分な証拠があるにもかかわらず、BBCテレビのワールドニュースで、カリフォルニア工科大学の教授が、ブッシュ政権の有人火星飛行計画を支持して、「人類に実際に火星滞在の経験をさせることは重要です。それは、地球上の数百万の人々もそれを経験することが可能だということを意味しているからです」と述べるのを聞いた。
　この火星への有人飛行への正当化に異議を唱えるには、単純に、火星を「経験する」ということが意味するものについて問いかけるだけでよいだろう。地球的な枠組みを通す以外に、つまり、たとえば、我々が見ているものと地球について我々が知っていること、あるいはスターウォーズやスタートレックのようなメディアのSFで見てきたものとを比べること以外に、どのように異星を経験することができるというのだろうか？　この意味において、カリフォルニア工科大学の教授による「経験する」ことの強調も、やはりまた、ブルシットなのである。
　このようなやり方で「経験」を強調することで、カリフォルニア工科大学の教授は、私の鍵となるテーマの一つであろうものへと私をつなげてくれた。す

なわち、現代文化と質的調査の両方において、（真正の）経験のカテゴリーに優先順位をつけること、である。それについて、やや当たり障りのない例を一つ挙げてみよう。

　ノークスとウィンカップは、最近出版された『犯罪学調査（*Criminological Research*）』（Noaks & Wincup, 2004）という全体としては素晴らしい本の中で、データをより良くトランスクリプションすることを求めている。これは、実に賢明なアイデアである。質的研究者が、トランスクリプトを「整理」して、たとえば、インタビューやフォーカスグループから「引用」することで彼らの議論を支持することがあまりにも多い。そのようなまとめ上げられた引用では、ためらいや間を報告できなくなり、選び出した資料をやりとりのシークエンスの中に配置することができなくなる（3章参照）。しかし、これはトランスクリプトを整理することに対して、ノークスとウィンカップが議論していることではない。そうではなく、彼らは、良いトランスクリプトというのは、「インタビュイーの態度や心の状態について、より多く読者にコミュニケーションするものであろう」と提案しているのである（2004: 130）。

　この一節が示しているのは、トランスクリプトを心理的な状態へのガイドとして見ていることである。したがって、一般の人々がインタビューやフォーカスグループで発言する時、彼らは、単にあらかじめ存在する心の状態を呼び出して、その内的状態を描写していると仮定されている。しかし3章で見たように、話すことは、さまざまな活動に従事することである。そうした活動を経ることで、内的状態は話者の言葉を理解する他の参加者に、すでにわかっているのである。

　たとえば、私があなたに「次の土曜日の夜、空いてる？」と尋ねると、あなたはそれを次に来る「招待」の前置きとして聞くだろうと請け合ってもいい。私の（まだ口にしてさえいない）招待を受け入れたくないのであれば、あなたは言い訳をするか、あるいは、ただためらうだろう。そうすると、私は招待をすべきではないと理解し、それとなくお互いがその話題から離れるようにするだろう。したがって、我々が語ることを内的状態を単純に描写するものとして扱うことは常識的な視点をとることであり、テレビのトークショーの司会者、ゲスト、観客と同じやり方で、「経験のゲーム」とでも呼びうるものを行うことなのである。

　さて、前口上はこれまでにして、メインの議論を始めることとしよう。以下のような、四つの主要な構成要素がある。

1. 今日の質的調査は、ロマン主義的な経験のゲームと、（まもなく見るように）ポストモダニズムの模倣という二つの要素に侵食されている。
2. これらの要素はいずれも、現代文化の特定の特徴を深く考えずに適用することから生まれたものである。私は、この道を進むことは危険であるということを示したい。たとえば、ソヴィエトの科学とナチスの科学が盛んだった20世紀半ばの歪んだ形の科学について考えてほしい。
3. これらに支えられて、質的研究は作られた「ブルシット」となりうる。軽蔑的な、日常的な意味でそうなのではなく、過度に通俗的で、ジャーゴンを多用し、過度に理論化されたものとして、そうなのである。
4. 1章で提起したいくつかのテーマに戻って、私は、最後に質的研究のための（文化的というよりも、よりカウンター・カルチャー的な）別の美学を提案して結びとしたい。

　残念ながら、こうした議論を行うことは負け戦を戦っていることになるのかもしれない。質的研究者が広く現代文化を受け入れていることを考えれば、彼らの研究の大部分がブルシットなのである。
　このことは、多くの論点を前提としている。第一に、我々はどのように現代の質的研究を特徴づければいいのだろうか？　単に販売部数だけに基づけば、ノーマン・デンジンとイヴォンナ・リンカンが編集した、3版が出ている『質的研究ハンドブック（*Handbook of Qualitative Research*)』は、偶像的な役割を持っている。これらの学者たちは、我々のフィールドをどのように定義しているのだろうか？　編集後記の中で、彼らは、質的研究における二つの「一般的な研究スタイル」と呼んでいるものについて述べている。以下に、著者たちの説明コメントとともに、それらを書き出した。

• **個人の視点を把握すること**
　　質的調査を行う者は、詳細なインタビューと観察を通じて、行為者の視点に迫ることができると考えている。彼らは量的研究者たちは、研究対象者の視点をめったに捉えることができないと論じる。
• **ポストモダン的な感受性を受け入れること**
　　もう一つの方法は・・・情動性、自己責任、ケアの倫理、政治的慣習、多声的なテキスト、研究対象者との対話を含んでいる。（Denzin & Lincoln, 2000: 10）

デンジンとリンカンは、今日の多くの質的研究に活気を与える二つの重要な関心事を見事に捉えている、と思う。また、研究が真空の中に存在しているのではなく、現代社会のはたらきと密接に結びついているという、彼らが著作の他の箇所で主張している議論にも賛成する。

　以下では、それぞれの「スタイル」を順に見ていくが、その際にそれぞれのスタイルが、現代文化が当たり前のものと考える観点と結びついているやり方を強調する。そうすることで、私は「である」と「べき」についての質問を区別することを試みる。デンジンとリンカンによる質的研究の関心についての診断を認めるとしても、それを喜んで受け入れるべきなのだろうか？

■■■■ 経験と「リアルであること」との文化的恋愛

　質的研究者が「できると考えている」ことについてのデンジンとリンカンの描写（最初の引用）は、ただ「事実」のみにしか関心のない無知蒙昧な数字屋たちと我々をきれいに区別しているように見えるが、デンジンとリンカンが「行為者の視点」と呼ぶものについての適切な理解を妨げている。この観点によれば、我々の研究は、「参加者の視点とその多様性」（Flick, 1998: 27）に関心を持っており、「研究対象である人々の観点から世界を記録」（Hammersley, 1992: 165）しようとする。あるいは、夜間経済における女性の研究についての計画をローラ・シェアードが描写しているように、

> 　　この研究は、深層・半構造化面接を採用した、質的な方法を使っている。質的調査は、個人の認識、態度、経験を通した、社会的世界の理解を重視する。深層面接法は…経験や考え、意見に触れることのできる、実施可能な最良の方法の一つである。（Sheard, 2011: 623）

　このように我々が研究対象とする人々の「視点」、「観点」、「経験」に注目することは、我々の企図やその分析対象の性質についての、挑戦されることがほとんどないコンセンサスを示している。フリック（Flick, 1998: 17）が指摘するように、それはしばしばシンボリック相互作用論の伝統と関連しているが、質的研究のあらゆる領域に非常に広く行きわたっている。

　しかし、そうした研究者たちが「行為者の視点」と呼ぶものは、彼らの思想的な先祖であるマックス・ウェーバー（Weber, 1949）が十分に気づいていた

ように、非常に危ういものである。約1世紀前にウェーバーが指摘したように、我々の理解と行為の間には、1対1の関係があるわけではない。実際、多くの行動が習慣化された性質を持っていることからすれば、あらゆる行動の背後に「観点」あるいは「視点」が存在していると仮定するのは、危険ではないだろうか？

　問題はさらにある。研究対象者の視点を擁護し、あるいは、経験を特別なものとする大方の質的研究者は、単純に、研究対象者の「視点」がどこからやってきたのか、あるいは、「経験」がどのようにして、その経験を記録しようとしているその個人が行ったやり方で定義されたのかについて、問うことがない。それらは、何らかのやり方で、さまざまな文脈の中から生じてくるものであり、我々はそこから、自分が誰で何者なのかについての説明を伝えるために「経験を描く」のではないだろうか？

　わかりやすい例が、ジェイ・グブリアムの博士課程の学生のひとりについてのエピソードに見られる（Gubrium & Holstein, 2002: 21-2）。その学生は、薬物乱用をした薬剤師にインタビューを行った。彼の目的は、それらの「より知っているはず」の人々が、彼らに何が起こったのかについてどのように説明するか、を理解することであった。そこでわかったのは、それらの薬剤師が言ったことが、馴染みのある自助グループの回復のための心得の中に書かれていたものと、きわめて合致していたということであった。実際に、多くがアルコホーリクス・アノニマス（Alcoholics Anonymous：AA）やナルコティクス・アノニマス（Narcotics Anonymous：NA）のようなグループに参加したことがあった。それでは、どのような意味において、それらの説明は薬剤師「自身の」物語なのだろうか？　グブリアムが指摘するように、それらの物語は個人に所属するだけではなく、特定の組織のディスコースにも「属して」おり、ここでそれが、ただ「声になった」だけなのではないだろうか？

　もちろん、グブリアムの観察は、マスメディアがどのように我々の生活を描写するか、ということとは無関係である。それらは、我々の心の奥底の思考や感情を見ることによって、「本物の経験」を示すと主張する。ジャーナリスト、ルドヴィック・ハンター─ティルニーが指摘したように、そうしたブルシットには、それを待つ市場が存在している。「真の人生経験のための市場は、大きく、そしてしばしば儲かる。それが、のぞき見的なリアリティ番組の形で表現されようと、現実の出来事の丹精な劇的再構成の形で表現されようと」（*Financial Times*, 2003）。

　メディアは、「本物の」感情を探すことにとどまらないように思われる。彼

らは、それを**要求する**のである。たとえば、悲しんでいる親族や友人は、適切に泣かなければならない。ボックス5.3に示されている例を見てみよう。

ボックス5.3　奥地の殺人

　2004年から2005年にかけて、イギリスとオーストラリアの新聞はイギリス人のバック・パッカー、ジョアン・リースについて大々的に取り上げた。彼女は、オーストラリアの奥地で道端で襲われ、辛うじて逃げ延びたが、ボーイフレンドは殺害された。彼女の恐ろしい経験にもかかわらず、少し後になって、彼女の性格がメディアの晒しものになった。その主な理由は、何が起こったのかについての彼女の説明が、奇妙なまでに「感情のない」ものであった点にあった。彼女を襲った容疑者の裁判の中で、彼女は今、自分のそうした「過ち」を学んだことを示そうとしている。そして、今回こそは、検察側の弁護人が、彼女にその時彼女がどのように感じたか尋ねると、リースは、非常に感情的な答えを返し、泣き崩れさえした、と報じられた。

　どこにリースの感情はあるのだろうか？　それは、その時、あるいは、今、彼女が感じたことが流れ出したものなのだろうか？　あるいは、リースは弁護士と協力して、彼女の置かれた状況にふさわしい感情表現を作っているのだろうか？　そして、それが感情が一般的に機能するやり方なのではないのだろうか？　たとえば、ヒース（Heath, 1986）は、医療コンサルテーションにおける「苦痛」の叫びは、医師－患者間の相互作用と密接に関係していることを明らかにしている。つまり、身体の「痛い」部分を医師に2回目に触られても、それは再びは起こらないのである。

　リースの例が示すように、テレビのニュース番組やドキュメンタリー番組は、ますます人々の頭の中に入り込み、「生の」感情を見たいという我々の欲求に応えるようになってきている。幾分無作為に集めた、以下の例を取り上げてみよう。

　　　母親、息子がキャンプ・エックスレイから解放され「ホッとする」（BBCテレビ文字多重放送ヘッドライン）

　「いったい、どこの母親が、息子が収容所から解放されて安心しないでいられるだろう？　もしそうした母親が息子にキャンプ・エックスレイにいてほしいと願い、彼が釈放されると動揺するとしたら、間違いなくニュースのネタに

なるだけではないだろうか？」とあなたは言うかもしれない。

　しかし、メディア（そして、公平に言えば、我々の大部分）は、そうした一見して「生きた経験」の断片を求めている。それらが完全に予測可能だとわかるという事実はどうでもいいことのように思われる。実際、我々は皆、適切な感情的反応をするべきだ、と求められている。たとえば、成功したアスリートが、インタビュアーに「まだ実感が湧かない」と語ることがいかに多いか、考えてみてほしい。結局のところ、彼らは、ちょうど我々がまともな人として自分の幸運に驚いているのと同じように見られたいのである。

　こうした反応がばかげていると実感することは稀である。たとえば、最近アメリカの鉱山で起きた災害から何人かの男性が救出された後で、テレビのインタビュアーが鉱山の責任者に次のように質問した。

> インタビュアー：男性が救出された後、みなさんはどういう気持ちでしたか？
> 鉱山責任者：　いやそれが、私はあなたのようなみなさんと話すのに忙しすぎてね。
> （アメリカのテレビのレポート）

　これは、インタビュイーが「経験のゲーム」をするのを拒否した稀な例である。鉱山の責任者は、こうした「気持ち」についてのディスコースがメディアの要求による産物であることを示している。鉱山事故や（特に子どもの）殺人のような出来事は、メディアにとっての格好の飯の種なのである。イングランドのソーハムで二人の少女が殺害された直後のレポートに言及して、ある批評家が次のように書いている。

> これら二人の10歳の少女が誘拐され殺されたことについて、あなたはどう感じるだろうか？　さあ、あなたは本当にどう感じているだろうか。そう。その通りだ。それはひどくばかげていて、無意味で、無神経な質問だ。そうであれば、メディアの多くがこれまで2週間を費やして、そうした質問やそれに類似した質問に対する答えを、ソーハムのあらゆる人々やそれ以外の人々に要求してきたのはなぜだろう？（「これらのひどく感傷的な涙は侮辱だ」*The Times*, Mick Hume, 2002年8月19日）

　ミック・ヒュームが示しているように、今日のレポートは、「生の」感情を

描写し、出来事に何らかの個人的な関係を持っていようといまいと、強い感情を感じなければならないと要求する。メディアは次第に成功している —— ダイアナ妃との「関係」は画面のつかの間のイメージに限られていたにもかかわらず彼女の死を嘆き悲しんだ世界中の何百万人もの人々、について考えてみればいい。あるいは、どれだけ我々が公に悲しみを表現することを強制されていると感じるか、考えてみるとよい。

　1章で言及した、LiveJournal のこのブログを取り上げよう。

　　36歳男性：ジャニーに私が彼女から盗んだ人生を与える魔法があればいいのに。私が人生の中で傷つけてきたすべての人々の中でも、私が最もひどく傷つけたと感じているのは彼女である。彼女は私に非常に多くの信頼と信用を置いてくれた … そして私は本当に彼女を愛していたし、今も愛している。しかし、私は彼女を台無しにし、その素晴らしい心を二つに引き裂いてしまった。私が彼女の人生に決して現れないような何らかのやり方を持っていたなら … もし私が私の時代［原文ママ］にビッグサンダーのバンドエイドを貼ることができたなら … 彼女が会ったのは私ではなく、彼であったように。確かに、私は私にとって大きな意味を持っている人生の一部を失うことになるだろう … しかし、むしろ彼女を決して傷つけない方を心から望む。そして、どんなに私が申し訳なく思っていて、どんなに深く悲しみを抱えていても、私が謝罪することで彼女を傷つけないではいないのだ。(Hookway, 2008: 102-3)

　ルドヴィック・ハンター―ティルニーが、そのように悲しみを公に示すことについてコメントしているように、「新しい世代の回想録作者たちは、彼らの生活の細部を変えることをいとわない。彼らは、彼らの痛みを感じるよう誘う」(*Financial Times*, 2005年3月12日)。

　現代の世界では、我々はフランシス・ストーナー・ソーンダーズが「悲しみへの渇望」(Saunders, 2011: 2) と呼んだものを見ている。したがって、我々は「問題がどのようなものであれ、それについて話した方がよい」(Porter, 1995: 15) と考えるのである。そして、現代の政治家は、かつて個人的な悲しみであったものを、我々がいかに公の問題として考えるようになったかを知っている。たとえば、トニー・ブレアが、ダイアナ妃を「国民のプリンセス」と涙ながらに描いたことを考えてみてほしい。イギリスの閣僚パトリシア・ヒューイットが指摘するように、「本物の」感情に注意を向けることができないのは、政治的な死に向かう確実な道である。「政治家が信用を失ったのは … 個人的

な経験の信ぴょう性を重んじる社会のためである」(*Guardian*, 2005年6月23日)

　ヒューイットが見るように、西欧世界の文化的環境の避けられない事実は、「生きた経験」が追求され、問われるべきだ、ということである。このことの一つの側面が、「心の」専門家の研究の中に、特に、熟練したカウンセラーの手法の中に見られる（Peräkylä, 1995 参照）。もちろん、すべての人がカウンセラーや精神科医のもとを訪れるわけではない。しかし、我々の多くが、テレビの「リアリティ」番組、ソープ・オペラ、トーク番組を夢中で見、そこでは人々の「経験」が、まさにその狙いとなっている（Atkinson & Silverman, 1997 参照）。そして、我々は「みんなが、iPod、フェイスブック、ブラックベリー、そして固定電話などさまざまなテクノロジーを駆使して」(Bunting, 2010: 29) 猛烈にコミュニケーションしている。バンティングが指摘するように、「問題は、こうした接続性の質であり、それに対して中毒になる潜在的可能性である —— それは人々をさらに深みに導くようデザインされている」(Bunting, 2010: 29)。

　ここで、「経験」の魅力に誘惑された研究者について考えてみよう。最も硬派な場合を考えると、ブログ、ソープオペラ、治療セッションと大差ない必然的要請に反応している時に、質的調査は「経験」や「気持ち」に特権を与えなければならないのだろうか？

　2章で見たように、一部の研究者は相互作用を、観察し、あるいは記録しているが、質的調査における優勢な技術はインタビューである。もしこれを疑うならば、方法論のテキストにおけるインタビューへの注目に目を向けてほしい。質的研究者がインタビューを使用することを正当化する場合には、彼らは、他の質的方法のことを忘れて、単に、量的な固定された選択肢によるインタビューや質問紙と比べた場合の、オープンエンドなインタビューの利点を強調することが多い。たとえば、ブリジット・バーンは次のように指摘する。

　　質的インタビュー法は、個人の態度や価値観 —— 形式的な質問紙では、必ずしも観察したり聞き取ることができないもの —— にアクセスするための調査方法として特に有用である。オープンエンドで融通のきく質問は、クローズドエンドな質問よりもよく考えられた反応を得やすく、したがって、インタビュイーの考え方、出来事の解釈、理解、経験や意見に、よりアプローチしやすくなる …［質的なインタビューが］**うまく実施された場合には**、他の、特に、大規模調査に基づいたアプローチでは得られないレベルの深さや複雑

さを達成することができる。（Byrne, 2004: 182, 強調は筆者）

　オープンエンドなインタビューにおいて、「豊かなデータ」を得るための基本方針は、「アクティブ・リスニング」だと我々は教わる。そこでは、インタビュアーは心の中では研究プロジェクトのより大きな目的を持ちながら、「インタビュイーに自由に語らせ、意味を付与させる」（Noaks & Wincup, 2004: 80）。これは全体として、メディアが「即時的」で「真正の」ものを構成するためにインタビューを使用していることの、繰り返しになっていないだろうか？

　近代的な自己理解の形式としてのインタビューについて、考えてみてほしい。実際、質的研究者にとっての価値ある仕事の一つは、インタビューを書き起こしたものを、18世紀の手紙や日記、それより前の時代の歌や民話と比較することなのかもしれない。

　なぜ現代の小説家ミラン・クンデラは、民主的な社会では、我々が回答する義務があるのは秘密警察よりもインタビュアーの方だ、とコメントしたのだろうか？（『不滅（*Immortality*)』123-4）インタビュー社会は、何を要求しているのだろうか？

　第一に、インタビューが機能するためには、我々自身を個人的な経験や目標を持った、別々の個人として考えなければならない。こうした、語りの適切な対象としての自己の誕生は、比較的近代の現象であろう。たとえば、封建制あるいは貴族制社会において、人は主に集団（たとえば、小作人、貴族、など）の成員であることを通じて同定された。

　二つ目に、インタビューは、内的な思考や感情を適切な専門家に喜んで告白してくれる主体を必要とする。今日では、彼らの告白を受け入れる専門家は、もはや聖職者ではなく、通常セラピストやメディアのインタビュアーである。

　三つ目に、インタビュー社会はマスメディアのテクノロジーと神話を要し、それは疑いなく、公私の間、日常的なこととセンセーショナルなものとの間の永続的両極化への新たなねじれを与える。たびたびテレビのスクリーンに登場する肉親を亡くした家族成員から判断して、そうしたテクノロジーや神話は、喜んで告白するだけでなく、かつては個人的な感情だったものが、メディアのインタビュアーに開示されると、どういうわけか正当なものと確認される、と感じる主体を作り出している。

　これらの歴史的、文化的な変化の影響を認識すれば、質的研究者がインタビューを、人々の「経験」をのぞき込む疑う余地のない資料として使うという、

現在の状況を続けることは難しくなる。グブリアムが薬剤師について観察したように、人々が彼らに「告白」する時、研究者は正当に、データが「直接的」で「真正なもの」であるとアピールするのをやめるべきである。その代わりに、彼らは、聞いたことを単純に偶然の語りや説明として扱い、話者が巧みに繰り出している文化的資源について検討すべきなのである。

　私は、我々が研究者として「個人の観点を捉え」ようとする時、そこに含まれている複雑性を示そうとしてきた。今度は、デンジンとリンカンの二つの「テーマ」のうちのもう一つの問題、すなわち、質的研究者が「ポストモダン的な感受性」に訴えることに目を向けよう。

■■■■ ポストモダンな世界？

　我々の祖父母たちの時代と比べて、今日、我々がより細分化され、より混乱した文化の中に住んでいる、ということは否定しがたい。インターネットという共同の経験によって、アイデンティティの細分化が起こるかもしれない。そして、電脳文化によって、自己の多様化や細分化が促される可能性がある（Kozinets, 2010: 37）。アネット・マーカムは、このことが絶対的な変化というよりも、程度の問題である可能性に注意を喚起している。にもかかわらず、彼女は、「我々のアイデンティティが、メディアで満たされ、他者とネットワークされ、情報やコミュニケーションのテクノロジーと混ぜ合わされているその広がりは最近の現象であり、研究し熟考するに値する」と付け加えている（Markham, 2011: 121）。

　そうしたポストモダンな世界では、「本質はなく、我々は記号と驚きの世界を動いていく。そこでは、すべてのものは、文化的残骸として転がっており、新たな、普通とは違ったやり方で、再利用され、結合されるのを待っている」（Kunzru, 2011: 18）。そうした世界の中では、もはやどんな進歩もなく、変動があるだけである。クンデラが述べるように、

> **変化** という言葉は、我々の古いヨーロッパが慈しんだものだが、新たな意味が与えられた。それはもはや、（ヴィーコ、ヘーゲル、マルクスによって理解されたような）**一貫した成長の新たな段階**を意味するのではなく、（来シーズンの流行を作り出すデザイナーによって理解されているように）一方の側から他方の側に、前から後ろに、後ろから左に、左から前に、移ることを意味してい

る。(1989: 129)

　したがって、クンデラが述べるように、（ポスト）モダンな世界では、カール・マルクスの支配的なアイデア（「イデオロギー」）は、**イマーゴロジー**（imagology）によってとって代わられたのであり、そこでのマスターナラティブは、パスティーシュ（pastiche：模倣）にとって代わられる（1989: 127）。この文脈では、プッチーニのオペラ風アリア「誰も寝てはならぬ」は、サッカーのワールドカップと永久に関連づけられる。そしてブカレストで、マイケル・ジャクソンがレーニンに取って代わる。

　　　かつてレーニンの像があったブカレストの台座の上に、マイケル・ジャクソンのルーマニア初公演を宣伝する段ボールに貼ったスターの切り抜きがふんぞり返っている。（写真の下のキャプション, *The Times*, 1992年10月3日）

　イマーゴロジーの力は、共産主義が崩壊した後1992年の大晦日まで、モスクワのたった一つの赤旗がマクドナルドの外にあったとBBCラジオがレポートした時に集約されて現れている。そのすべてが、クンデラの小説『不滅』の登場人物、ポールの見方を支持しているように見える。彼は次のように予測する。

　　　物事は、その意味の90％を失い、軽くなる。そうした無重力の環境の中で、熱狂は消失するだろう。そして、戦争は不可能になるだろう。（Kundera, 2000: 135）

　ポールの予言は、ポスト・ソヴィエトの新しい世界秩序、あるいは、フランシス・フクヤマ（Fukuyama, 1992）が「歴史の終わり」と呼んだものに似ている。この新しい世界秩序の中に、アイロニー、抵抗、破壊活動は、すでにイマーゴロジーの中に組み入れられている。デヴィッド・リンチの映画や『シンプソンズ』のアニメを考えてみてほしい。あるいは、現代の広告におけるイメージのはたらきについて考えてみてほしい。
　たとえば、1992年のソヴィエト帝国の崩壊時に、イギリス企業ボーダフォンは、「携帯電話革命」と題する広告を出した。それは、赤軍の制服のようなものを着ている女性を描いている。彼女は、革命を表すような姿勢をとっている。付随するテキストでは、「10月」と「革命」という言葉が、ボーダフォン

の製品と関連づけられている。

　クンデラは、我々が、アイデンティティがイメージの遊びになってしまうポストモダンの世界に住んでいることを思い起こさせる。こうした変化の中で、安定した自己へのロマン主義の力は揺らいでいる。

　　　我々のイメージは、社会の人々の目とは独立した唯一の本質としての自己を覆い隠す幻想にすぎないと信じるのは、無邪気である。イマゴローグたちは、逆が真であるという、シニカルな急進主義を明らかにした。つまり、それは、我々の自己はただの幻想であり、捉えることはできず、言葉に表せず、漠然としたものであり、他方で、すべて容易に把握でき記述可能なただ一つの真実は、他者の目に映った我々のイメージのみある。そして、それの最悪なことは、あなたはその主人ではないということである。(2000: 143)

　我々のアイデンティティがどれだけイメージによって作られているように見えるかの今日的な例は、象徴的なリアリティ番組『ビッグブラザー』である。以下のコメントでは、マイケル・バイウォーターが、この番組の中で示されているアイロニカルな自己をうまく描写している。

- 参加者たちは、普通の人々であるかのように振る舞っている。しかし当然のことながら
- 彼らは、普通の人々ではありえない。なぜなら、彼らは今テレビに出演しているからである。だが
- 彼らはテレビに出る前には普通の人々であった。そのことが意味しているのは
- 彼らは、もし彼らが普通の人々ではなく俳優であった場合よりも、かなり普通でない人々である。なぜなら、結局のところ
- テレビに出ることは、普通の人々にとっては、本当に本当に普通ではないことである。なぜなら
- 彼らは、次に自分自身のトーク番組の司会をしたり、自分自身の本を書くように依頼されるからである。(2006: 118)

　バイウォーターにならって、リアリティ番組は「ただおもちゃの家の中で遊んでいるだけだ、あるいはむしろおもちゃの家の中で遊んでいる人たちを見ているだけだ」(2006: 118) と考えるなら、その時には、クンデラのように、我々

は「我々の自己はただの幻想」である世界に入ったのである。このポストモダンな状況は、本質的にロマン主義的な「内的経験」の追求を否定しているように見える。しかしながら、クンデラの診断のうちのいくつかのものは、疑うに足る理由がある。

第一に、どれだけ多くの普通の人々が、彼らの自己が、クンデラが論じるように、「ただの幻想」だと感じているだろうか？ 我々は、我々自身の「アイデンティティ」の感覚にしがみついているのではないだろうか？ そしてインタビュー社会は、まさにこの仮定に妥協してしまっているのではないだろうか？

第二に、自己が不安定であることについてのポストモダンの議論は、今日の人々が彼ら自身について語る物語を検討する時、少し奇妙に思われる。嘆いているブロガーから、家族を亡くした人々の悲劇的な物語やグブリアムの薬物乱用の薬剤師まで、人々が、きわめて安定した語りの形式（ブロガーの「告白」から「ヒーロー的な犠牲者」や自助グループの「回復のための心得」まで）を用いており、明瞭なアイデンティティの感覚を持っていることが見てとれる。

これらのすべてが、我々のポストモダンな世界は、おそらく19世紀に起源を持つロマン主義的な主題をひっくりかえしたというより、むしろ組み入れてきた、ということを示している。このことは、現代文化が、ロマン主義的な主題とポストモダンな主題の両方を含んでいることを示している。しかし、これは質的研究がそうした世界をモデルにしなければならないことを意味しているのだろうか？

■■■■ ポストモダンな研究？

> 記号の世界は、素早く、流動的で、有頂天で、使い捨て可能である。賢明な人々は、懐疑的な態度でそれに近づく。誠実さは退場し、アイロニーが入場する。そしてスタイルも。(Kunzru, 2011: 18)

デンジンとリンカンが「ポストモダン的な感受性」と呼ぶものは、一部では、最先端の研究であることと同一視されるようになった。最近の学会大会への発表募集の内容から見れば、「質的研究」は、今では、「パフォーマンス・エスノグラフィー」、「エスノドラマ」や詩のような、ポストモダンなアプローチを含んでいる。

最初の二つのトピックは、大部分の読者にとってかなりはっきりしないものであるかもしれないが、誰もが詩が何であるかについては知っており、どうしてそれが質的研究に関連する会議で出てくるのか、不思議に思うかもしれない。ボックス5.4の例が役立つだろう。それは、「国際的なソーシャルワークにおけるリサーチ・ポエム —— 質的方法の革新」と名づけられた雑誌論文の要約である。

ボックス5.4　質的研究としての詩

　ポストモダンの研究者たちは、個人や集団についての、生きられた、主観的な経験の価値を認識してきた。統計的な一般化可能性には関心がない代わりに、そうした著者たちは、「メタファー的な一般化可能性」、すなわち、質的なデータが人間の経験の本質を貫いており、参加した観衆に対して彼ら自身を十分に示している程度に興味を持っている。こうしたタイプのデータをそのように生み出し提示することの目標は、共感的で感情的な反応を喚起することであり、それによって、研究の消費者はデータの中の「主体」についての深く、個人的な理解を発展させることができる。(Furman et al., 2006)

　この要約には、「共感」、「感情」、「深い、個人的な理解」を含む、ありとあらゆるロマン主義的な概念に訴えることと組み合わされた、ポストモダン的な冗長な言い回し（いったい「メタファー的な一般化可能性」とは何だろうか？）が見事にブレンドされている。その背後にある理論は、著者が次のように述べている中に、よく捉えられている。

　　深層面接法、あるいはエスノグラフィックな報告といった伝統的な質的データは … あまりに非人間的であるか、あるいは簡単に読むのには濃密すぎ、読者を圧倒し、心を動かさないことが多い。［その代わりに］我々は質的社会調査の価値ある道具として、詩および詩的な構造や形式の使用を検討する。表現芸術の調査と、より伝統的な質的研究法からの実践に基づいて、リサーチ・ポエムは、ソーシャルワークのクライエントの生きられた経験について我々に教えてくれる、感情を揺さぶる、強力な洞察を提示することができる。(Furman et al., 2006: 1)

「生きられた経験」をそのようにロマン主義的に追求する時、明らかに読者

を「圧倒し、心を動かさない」ように見える、標準的な質的研究の手法（ここでは「伝統的」と称される）を捨てることが可能になる。ファーマンたちは、ここで「リサーチ・ポエム」と彼らが呼ぶものを発明しているが、彼らの「メタファー的な一般化可能性」とまさに同じほどに、私を当惑させる概念である。

　質的研究が、「科学」の言葉で定義することがますます少なくなり「芸術的な」パフォーマンスの点から定義することが増えるにつれて、詩だけでなく、ドラマも受容される調査道具となってきた。ボックス5.5の中の、雑誌の要約に例示されているように。

ボックス5.5　女性の物語を劇にする

　この論文は、今日の社会における生きられた人間関係の複雑性を検討し表現するために、社会調査の新たな方法論に焦点を当てる。新たな方法は、調査データを分析し表現する従来の、あるいは伝統的な方法を超えることができる。この論文は、売春婦についてのエスノグラフィー研究から展開した鍵となるテーマや問題を検討し、より良く理解するためのエスノミメーシスとして定義される、社会－文化的理論、経験（ライフストーリー）、実践（展示／パフォーマンス）を組み合わせるものである。売春婦として働く女性のライフヒストリー研究に焦点を当てることで、また、ライブ・アートを通して表現される女性の物語を体験することで、我々は、性、セクシャリティ、欲望、暴力、男性性、の複雑さおよび身体との関連性について理解を深めることができる。(O'Neill, 2002)

　劇場に行ったことがある人なら誰でも証言することができるように、オニールが「ライブアート」と呼ぶものは、我々を魅了し、心を捉えることができる。しかしながら、「調査」として考えれば、「ライブアート」は問題がある。なぜなら、「真実」の概念と、さらに「正確さ」の概念は、調査と比べて芸術では非常に異なる意味を帯びるからである。したがって、「エスノミメーシス」（あるいは、しばしば呼ばれるように「エスノドラマ」）は、芸術としては心を捉えるものであるが、実際のところ、不正確である。

　今度は、違法薬物使用についての別のエスノドラマのレビューを取り上げてみよう。レビュアーのマーサー・サリバンは、作品にいくつかの長所を見出しながらも、以下のようなコメントを付け加えている。

私は、クラックブームが始まるまでの、1980年代初めから半ばにニューヨーク市で、薬物のディーラーと使用者についての直接的な研究を行った、職業的なエスノグラファーである。以来私はすべてがクラックに深く影響されているスラム街の他の側面について研究を続けており、クラックの使用者やディーラーについて研究してきた他のエスノグラファーと一緒に仕事をしてきた。［この論文には長所もあるものの］不正確な点が数多くある。さらに深刻な問題は、エスノドラマによって投影されたイメージが、特定の種類の話者や場所に、その事実を知らされることなく、関連づけられていることである。不正確なのは、吸引可能なコカインの薬理学と歴史に関連した箇所である。（Sullivan, 1993）

　薬物使用について調査したことのあるエスノグラファーとして、サリバンは、このように、その論文について二つの重大な批判をしている。まず、彼は事実に関する単純な誤りを見つけた。次に、エスノドラマの中で表現されている話者は、物語の一部しか語ることができない、と彼は指摘する。
　これは特に驚くことでもない。事実に基づいた主張をすることが仕事であり、その結果何らかの形の「証拠」が重要である世界（科学的研究や法廷を含む）と、詩や「エスノドラマ」は非常に異なった世界に住んでいる。いったん証拠によることの価値を軽視すれば、後は何でもありになってしまう（詩やエスノドラマも含めて）。
　このことが生み出す問題は、アラン・ソーカルとジャン・ブリクモンによる、次のポストモダニズムの定義の中にうまく述べられている。

　　多かれ少なかれ啓蒙主義の合理性を重んじる伝統を明確に拒絶することによって、また、いかなる実証的な検証からも切り離された理論的なディスコースや、科学を「ナラティブ」、すなわち、他の多くのことと同じく「神話」や社会的構成と見なす認知的文化的相対主義によって特徴づけられる、現代の知的潮流である。（Sokal & Bricmont, 1998: 1）

　ソーカルとブリクモンの本は、ソーカルが『ソーシャル・テキスト（*Social Text*）』という学術誌に投稿したパロディー論文をもとにした、手の込んだジョークから始まる。その論文は、「境界を侵犯すること──量子重力の変換解釈学に向けて」という仰々しいタイトルがつけられていた。論文は、ポストモダニズムに向けた批判への反論のための特集の中で、受け入れられ、掲載さ

れた。彼らは論文で述べたことを、ボックス5.6のように述べている。

ボックス5.6　ポストモダンのパロディー

論文は、「ばかげた話と露骨に間違った結論に満ちている」。加えて、それは、極端な形の認知的相対主義を主張している。すなわち、「外側の世界があって、その属性はあらゆる人間や、実際、人間性全体から独立している」という時代遅れの「ドグマ」を嘲笑した後で、「物理的現実」は「社会的現実」と同様に、本質的には社会的で言語的な構築だと、断固として主張する。(Sokal & Bricmont, 1998: 1-2)

ソーカルとブリクモンが述べるように、うっかりこのパロディーを掲載したことによって、この雑誌の編集者は、華々しく墓穴を掘るにはこうすればいい、というやり方を知ることになったわけである。この本の書評の一つは、次のようにコメントしている。

　　この本は、偽科学的な社会学に抑圧された人々にとっての煉獄であり、フランスのアヴァンギャルドを嘲り笑っている。そしてそれは、一見知的に見える人々が持っていると思われる異様な概念に、愉快な洞察を加えるものである。

（ポストモダン・フェミニストである）イリガライの次の例を考えてみよう。「$e = mc^2$ は性化された方程式であろうか？　この方程式が、我々にとって命に関わるほどになくてはならないものである他のスピードよりも光のスピードに特権を与える限りにおいて、そうである、と仮定してみよう。」もちろん、他の仮定も存在する。「イリガライは自分が言おうとしていることについて、これっぽっちも理解していない」(Max Wilkinson, *Financial Times Weekend*, 1998年7月18-19日)。

このエピソードは、自称「ポストモダン調査」が、積極的に、根拠に基づいた主張との連絡を絶ち、命題論理の中に身をうずめる時のやり方を例示している。いかがわしい理論的な冗長な言い回しで着飾ることで、それは「何でもあり」であることを主張しているだけでなく、実際のところ、調査結果について明確で反証可能な形で表現することよりも、「エスノドラマ、物語［そして］詩」を選んでいる。

この点において、学問的なポストモダニズムは、傲慢な政治家が、彼ら自身の「事実」を創造することによって現実を否定できると信じているといったやり方に、驚くほど類似している。ドナルド・ラムズフェルドが侵略後にイラクで起こったことを再定義しようとしていることについての議論の中で、ジャーナリスト、オリバー・バークマンがそうした事実の創出についての興味深い例を示している。彼は、次のように書いている。

> 　2004年、匿名のホワイトハウス高官が、ジャーナリスト、ロン・サスキンドに対して批判的に、サスキンドのような批判者は、「現実に基づいた共同体に住んでいる ⋯ 我々は今や帝国なのであり、我々が行動する時には、我々自身の現実を創造する」と述べた。(*Guardian*, 2006年11月10日)

　しかしながら、我々が、政治の世界や他のところでポストモダンな世界に生きているからといって、自発的なものであろうと不本意なものであろうと、我々のすべての取り組みが、ズレや偏心といった主題に従わなければならないというわけではない。アカデミックな世界において、我々がもし現実を無視して、積極的に実験的で自己言及的な書き方を奨励するのであれば、すべての文献（文学的なものも科学的なものも）を唯我論へと矮小化してしまうことになる。ハンター−ティルニーが述べるように、そうした流行は、次のことを示唆している。

> 　［書き手］に残された、書くことができる唯一の経験が、彼が書いているということだけ、という警戒すべき可能性 ⋯ 純粋な唯我論という最終の状態である。すなわち、完全に自己言及的で、書き手と彼の言葉以外には、［書くことの］中にリアルなものは何もない。(*Financial Times*, 2003)

　フランツ・カフカの短編「ある犬の探求（Investigations of a Dog）」(Kafka, 1961)（*Metamorphosis and Other Stories*, 1961 の中で発表された）では、ソーカルやブリクモンが風刺しているポストモダンの知識人のように、うぬぼれた「空中犬（Lufthunde）」という素晴らしいイメージが創造されている。しかしながら、カフカの物語の中では、これは文学的な超越である。すなわち、彼の空中犬たちは、地上のクッションの上で浮かんでおり、高みから世界を調べているが、その世界とのいかなる関わりも絶っている。実際、彼らはあまりにも世間との関わりを絶っているために、カフカの犬のナレーターは、どうやって

彼らが繁殖しているのか不思議に思っているほどである！

　カフカの空中犬たちは、優れたブルシットと同様に、大きな話をしようとするが、結局はうぬぼれで終わる。しかしながら、ここまで、私は何が「ブルシット」なのかについて、簡単に説明してきただけである。これ以上メタファーを続けることはしないで、ブルシットについてさらに深く入り込んでいくべき時である。その際に、私はアメリカの哲学者、ハリー G. フランクファート（Frankfurt, 2005）の素晴らしい著作に依拠しようと思う。この本は、簡単に『ブルシットについて（*On Bullshit*）』と題されていて、この章のインスピレーションの源になった。

▬▬▬ ブルシットについて

　フランクファートは、彼の短い本を「我々の文化の最も顕著な特徴の一つは、あまりにも多くのブルシットが存在することである」という観察から始めている（2005: 1）。彼は、広告や宣伝、そして、今日密接に関連している政治の領域は、ブルシットな出来事で満ちあふれている、と指摘する。

　ダイアナ妃を「国民のプリンセス」としたブレア首相の描写についてもう一度考えてみよう。ブレアが自分の言っていることを信じていないと考える必要はない。フランクファートが論じるように、「ブルシットな人々は、事実についても、事実をどのようなものと考えているかについても、騙そうとしているのではないし、意図的にそうしているのでさえない」（2005: 55）。それではなぜ、ブレアのイメージはブルシットなのだろうか？　欺瞞が問題の中心である。ブルシットな人々は、「彼の企てについて、我々を騙そうとする … 彼は、自分が何を企んでいるのかを、歪めて伝えるのである」（2005: 54）。自分が間違いだと知っている何かを我々に信じさせようとする嘘つきとは異なり、ブルシットは、何か別のものを隠している。フランクファートは、次のように述べる。

　　　ブルシットな人が隠している自分自身についての事実は … 彼の発言の価値は、彼にとって関心の中心ではない、という真実である … 動機を方向づけたり、［彼のスピーチを］コントロールすることは、彼がそれについて語っているものが、本当はどうなのか、ということには関係がない … 彼は、彼が話していることが現実を正確に描写しているかどうかは気にしていない。彼は、彼の目的に合うように、それらを取り上げ、または、それらを作り上げ

るのである。（2005: 55-6）

　これまで見てきたように、（ポスト）モダンな世界では、多くの分野の企て
が、そうした、真実に対する無頓着に依拠している。たとえば、ベンソンとス
タンルームは、そうしたグループに、「広告、宣伝、流行、ロビー活動、マー
ケティング、［そして］娯楽」を入れている。彼らは次のように指摘する。

　　経済の中に、高い給料をもらっている、高い地位にある、大きな全体をな
　　すセクターが存在する。そこでは、真実に対して懐疑的であること、希望的
　　観測、空想、信じないことを保留しておくこと、夢と現実の間の境界線を
　　消去することが、ハンディキャップにはならないだけではなく、その企てに
　　とって必要不可欠なものである。資本主義の多くは、幻想や空想をばらまく
　　ことに基づいている。ほとんどの娯楽産業は、それらがなければ失われてし
　　まうだろう。（Benson & Stangroom, 2006: 164）

　問題は、では、質的調査は、そうした「幻想や空想」を無邪気に売り歩くべ
きなのだろうか、ということである。『ソーシャル・テキスト』に掲載された
論文について再度振り返ってみよう。ソーカルとブリクモンは、間違いなく、
一つのブルシットを生み出した。真実に関わらないことによって、彼らの目的
にかなう発言を取り上げ、そして作り出した。現在の私の目的にとってより重
要なのは、この雑誌の編集者たちは、彼らの論文を、明らかに、その内容が真
実かどうかチェックせずに掲載したということである。論文は、彼らの（ポス
トモダンな）目的に合致しており、したがって、掲載した。つまり、フランク
ファート的な感覚で言えば、彼らが行った決定は「ブルシット」である。
　しかしながら、フランクファートは、この問題を診断するだけでは終わらな
い。彼は、我々にその歴史的文化的起源を理解してほしいと考えている。彼は、
「なぜ、ブルシットがそんなにも多いのか？」と問う（2005: 62）。そして、あ
まり知らないことについて語る必要がある時には、ブルシットは避けられない、
と彼は指摘する。私が「インタビュー社会」と呼んできたものについて考えて
みよう。放送メディアやさまざまな「マス・オブザーベーション」を実施する
組織は、「街頭インタビュー（大衆の声）」と呼ぶものを生み出すために、太陽
の下のあらゆる主題に対して、一般の人々へのインタビューをルーティンのよ
うに用いている。フランクファートが述べるように、現代文化は、「あらゆる
ことがらについて意見を持っていなければならないというのは、民主主義に

おける市民の義務である、という広く普及した信念」(2005: 63-4) を示している。

しかし、ブルシットの広がりは、ポピュラーカルチャーの境界線をはるかに超える。実際、フランクファートは、知識人がそうした過程に関与してきたと論じる。

ソーカルとブリクモンの事件は、発言の真実価値が、雑誌の編集者にとってもはや重要であるとは思われないあり方を露わにしている。この立場の基盤にあるのは、「我々が、客観的な現実に確実にアクセスできるということを否定し、したがって、物事がどのようなものであるかについて知ることができるという可能性を却下する、さまざまな形式の懐疑論」を生み出した、ポストモダン的な思考の枠組みである (Frankfurt, 2005: 64)。そうした「アンチ・リアリスト」主義は、「何が真実で何が嘘なのかを決めようとする公平な努力の価値や、さらに客観的な探求という、概念が持つわかりやすさに対する信頼を損なっている」(2005: 65)。

フランクファートが、「客観的探求」に対する信頼の危機について記述していることは、詩やエスノドラマを質的研究と同一視することについて先に論じたことを振り返れば、注目すべきことである。それらの伝統はそれぞれ価値のある目的を持っているかもしれないが、それらの支持者の多くは、フランクファートが「何が真実で何が嘘なのかを決めようとする公平な努力の価値」(2005: 65) と呼ぶものについて、いくらよく見ても、あいまいであるように思われる。

さらに、「客観的探求」は、もはや（ポストモダン的には）重要なことではないため、「何でもあり」が、我々のコミュニケーションのとり方にとってのモットーとなる。もはや、我々は、今では信用を失った「科学」という衣装をまとった生真面目な論文を求めてはいない。その代わりに、エスノドラマと詩が、価値あるものとされる。というのも、読者を「圧倒し、読者の心を動かさない」伝統的アプローチとは異なり、それらが、「共感的で感情的な反応を喚起する」からである (Furman et al., 2006: 1)。

したがって、我々が推論するやり方についての標準的な考えは、再考され、その支持者たちが「急進的な思想」と呼ぶものに置き換えられつつある。ベンソンとスタンルームが「認識的相対主義」と呼ぶ時代においては、

　　再考過程の根底にある考えは、急進的な思想は、どこにでも行くことができ、何に対しても挑みかかることができるというものである。すなわち、再

考は本質的かつ必然的に政治的なものであって、事実でも技術的なものでもない。またそれは、統計の問題というよりもむしろ、道徳、価値、正義の問題であり、「である」の問題であるよりも「べき」の問題である。このことは、どの人でも、そしてすべての人がそれに従事する資格を持つのであり、そして、誰も、専門的な知識あるいは技術的な知識に基づいて、その洞察を否定する資格はない、ということを意味している。(2006: 45)

　こうした解釈は、ポストモダンの学者を、この章で先に論じた「人々の認識」に基づくブレアの政策立案のたぐいと結びつけることになる。学界におけるこれらのポストモダン的なやり方は、古くさいやり方を超えるものとして、進歩のように見えるかもしれない。しかし、私が見るところでは、それらは後退を表すものである。研究を詩として提示することは、次のことをすることである。

　　　正確さという理想に寄与するために必要とされるものから、別の理想である**誠実さ**を追求することによって課される、きわめて異なるタイプの規律への後退。主に共通世界の正確な表現にたどり着こうとするよりも、個々人が自分自身の誠実な表現を提供しようとするようになる。(Frankfurt, 2005: 65)

　私は、原則的にはこうした自己表現の方法に反対するものではない。たとえば、詩や風刺画が、政治に対する強力な批判として使われる例は多い。しかし、詩や漫画が、科学的なディスコースで用いられる命題的な言葉よりも重要になるのであれば、その結果何が起きるか、考えてみてほしい。そのようなことで、どうして研究者がデータを正確に把握しようとするだろうか？　真面目に、社会の眼の中で、それは、我々が書くものの立場をどこに置こうとしているのだろうか？　もしエスノドラマや詩を通してコミュニケーションをとるとしたら、誰が調査に資金を提供し、誰が調査結果を現実に実施するだろうか？
　さらに言えば、著述において「誠実さ」に訴えることは、完全に見当違いである。繰り返しになるが、「自分自身についての真実 … は最も簡単に知ることができるものである、という突飛な判断を支持するようなものは、理論の中にも、そして間違いなく経験の中にも存在しない。我々の特質は、つかまえどころがなく、実体がないことである──よく知られているように、他のものの特質と比べて、より安定的でもなければ、生得的なものでもない。そして、これが事実である限りにおいて、**誠実さはブルシットなのである**」(2005: 67, 強

調は筆者）とフランクファートは主張している。

　フランクファートに従えば、いくつかの学術雑誌の中でますます繁殖するようになった、時には詩も含む、実験的な書き方は、厳密に言って、ブルシットなのである。しかし、ブルシットに代わる別の選択肢とは何であろうか？

　さて、私のすべての手札をテーブルの上に並べる時がやってきた。読者は、「批判的探求」の意味において、私がポストモダニストとは意見が異なる、と知っても驚かないだろう。彼らにとっては、「批判的」であることは、18世紀の信仰に基づく狭窄した思想に取って代わろうとした啓蒙主義の思想からずっと探求を支配し続けてきたあらゆる基準を転覆させる、ということである。私にとっては、「批判的」であることは、単純に、「事実」を「空想」から引き離すためにできる限りのことをし、読者が適切にその議論を評価できるように、できる限り明確に書く、ということである。

　これは、20世紀の大部分の西欧の科学的思想の慣習的な知恵に依拠しているという意味で、きわめて「伝統的な」プログラムである。それが何に関わるのか、もう少し詳しく見てみよう。

■■■■ 質的研究のための、アンチ・ブルシットな行動計画

　本章のこの部分では、社会科学の研究者が適切にも熱望するであろういくつかの基準について、簡単に概説してみたい。私が「熱望」について言及するのは、どのような調査も、いかなる原則によっても直接的に「決定」されるとは主張していないからである。その代わりに、ここでは、質的研究者が心の中に留めておき、彼らの研究を読んだ人々が研究を評価することができるポイントについて述べる。

　これは何も革命的なことではない。実際、今日の知識人の状況の中では、それは反革命的なものと見なされるかもしれない。以下に並べたアイデアや理想は、およそ何世紀どころか、1000年にもわたって存在してきたものである。

■■ 明晰さ

　この章で先に、誇張された理論的な言葉で調査プロジェクトを飾り立てなければならないと考えた建築学コースの学生と出会った。こうした「クジャクの尻尾症候群」とは逆に、できる限り、平易な、明確な言葉を好む方向にバイア

スがあるべきだ、と私は指摘する。

　20世紀半ばの哲学者カール・ポパーは、こうした考え方の主な提唱者であり、その結果として、彼はジャーゴンにまみれた文章に鞭打つ人であった。ポストモダニズムが想像すらできなかった彼の時代においてさえ、ポパーはそれが簡単な仕事ではないと認識していた。彼が述べるように、

> 　人は絶えず、明確で簡単な言葉で書き、話すように、自分自身を鍛錬すべきである。あらゆる思想は、できる限り明晰で単純なものとして定式化されるべきである。

> 　これは、刻苦勉励によってのみ達成可能である。(Popper, 1976: 292)

■ 合理性

　ポストモダニストたちから、科学的方法が要求するものに対するラディカルな批判がなされているが、我々は一つのシンプルな事実を心に留めておく必要がある。ポパーが論じたように、科学は、非現実的な、厳格な原則に関わるのではない。正統性から外れることを認めないということでもない。むしろ科学は、単純に、データを検討する時、自己批判的で、慎重であることに、また、結論へと飛躍するのを避けることに全力を尽くす、ということを要求しているにすぎない。簡単に言えば、「合理的」であろうとすべきだ、ということである。この意味で、ソーカルとブリクモンが指摘するように、

> 　科学的な方法は、日常生活における合理的な態度と根本的に異なるものではない … 歴史家、探偵、配管工は … 同じ基本的な帰納的推論、演繹的推論、証拠の吟味の方法を用いる。(1998: 54)

■ 経済

　これは、質的な調査にとっては奇妙な基準に見える。通常、我々はこの言葉を経済の科学——とりわけ「ハードな」量的社会科学——に位置づけるだろう。しかし、ここで、私は「労力の節約（economy）」というフレーズの中で用いられるのと同じようにこの語を用いており、それ以上の意味はない。

　この意味で「経済」について語ることは、説明が、最小限の概念的道具を用

いていると当然期待すべきだ、ということを意味している。したがって、一つの概念や理論で済むのであれば、さらに多くを使うべきではないのである。こうした意味で「クジャクの尻尾症候群」を避けることは、「オッカムの剃刀」として知られる原則で何世紀も前に提出されていた。それは、データを説明する最小限必要なところまで、説明をそぎ落とすべきだ、ということを意味している。

■ 美しさ

「美しさ」は、科学的方法に価値をおく章で論じるには、奇妙な審美的理想のように思えるかもしれない。しかし、理論物理学者が述べるように、大部分の宇宙についての長続きする説明は、比較的単純なだけではなく、美的にも満足のいくものだということがわかる。

科学的な説明についての同様な質問を、我々自身のフィールドにおいても行っても不適切なことではない。たとえば、その説明は美しいか？　既存のピースを心地よいやり方で並べかえることによって、あるいは、以前は見えなかった秩序を明らかにするような、新しいピースを導入することによって、それは論争に終止符を打つものなのか？

■ 真実

説明において「美しさ」という審美的な基準に関心を持つということは、我々をポストモダニストの中に引き戻すことのように思われるかもしれない。しかし、ポストモダン人類学の最も引用される議論の一つのように、「エスノグラフィーの詩的な側面を認識することは、詩が持っていると想像される自由さのために、事実や正確な説明をあきらめる、といったことを必要としない」(Clifford & Marcus, 1986: 26)。

クリフォードとマーカスが認めているように、説明の美しさに関心を持つことは、決して「事実」を「あきらめる」ことではない。約半世紀前に、科学哲学者マイケル・ポラニーはこのように述べている。

いかなる科学的理論も、それが間違っているなら美しくなく、どのような発明も、それが実行不可能なものであれば本当の意味で独創的なものではない ・・・ 科学的な価値の基準と発明の独創性の基準は、やはり満たされなけれ

ばならないものである。(Polyani, 1964: 195)

　ポラニーが、「科学的価値の基準」と呼ぶものは、理解を促すために我々は理論や概念を必要としているが、事実が最も重視されるものでなければならない、ということを意味している。エスノグラファー、ハワード・ベッカーは、この点を主張するために、アメリカの国勢調査の例を用いている。

　　我々の認識が概念的に形成されることを認めても、我々の概念が我々に見せるであろうすべてのものを実際に見出すわけではないというのは、依然として真実である … もし、国勢調査がやるようなやり方で（たとえば、トランスジェンダーのようなカテゴリーを排除して）数えれば、アメリカの人口は50%の男性と50%の女性から構成されている、と言ったならば、間違いなく国勢調査の報告書は、その物語は間違っていると言うはずである。我々は、手に入れられる事実によって裏づけられていない物語は受け入れない。(Becker, 1998: 18)

　オフィーリア・ベンソンとジェレミー・スタンルームは、「物語」と事実との違いについてのベッカーの主張を、平明な言葉を使って説明している。

　　学者でありながら、つまり調査に従事する人間でありながら、真実の存在やそのリアリティを信じていないというのは、一種の詐欺である。この考えは、探求のすべての枝分かれにまで適用されるべきである。それは単純に職務内容の一部なのであり、その中で非常に重要な部分である。探偵や科学捜査官が証拠を集めることになっているのは、真の犯人を見つけ出すためであり、偽の犯人を捜したいわけではない。彼らは、証拠をでっちあげたり、隠したり、改ざんしたり、捨てたりするように言われてはいない。同じことは、他のあらゆる探求にも当てはまる。質問を誤解したり、質問に嘘の、間違った、不正確な答えを返すことが目標なのではない。したがって、真実の可能性に対してさえも、プログラムされたように、あるいは、おそらく気質的に不信を抱く人々は、探求や教育のいかなる分岐にも入り込んでいく権利はまったくないのである。(Benson & Stangroom, 2006: 164)

　ベンソンとスタンルームが指摘するように、もし「真実の可能性に対してさえも（ポストモダンな）不信を抱いて」いても、今日の世界では、ブルシット

（すなわち、真実への無関心）がハンディキャップにならない領域には事欠かない。政治と特定の種類のジャーナリズムからの、先述した例を振り返ってみてほしい。

　しかし、問題は再度、我々の研究態度は、現代文化における流行をまねるだけでいいのかどうか、ということである。あるいは、それらの流行を批判的に分析し、適切である時には、それらに対して主義に則った立場をとるべきだろうか？

　ブルシットについては十分だろう。しかし、扁桃腺についてはどうだろうか？

　以下が、述べようと思う例である。それは、ハリー・フランクファートが論じたもので、扁桃炎の事例を使って、合理性に関心を持つことがどういったことをもたらすか（そしてまた、特定の文脈においては、そうした配慮をしても常識の境界線を越える可能性があるか）について示している。

■■■■ 責任感と真実 ── ファニア・パスカルの扁桃腺

　以下の回想録の中で、パスカルは、彼女の友人であり哲学者であるルートヴィヒ・ヴィトゲンシュタインとの、当惑した出来事を思い出している。

> 　私は扁桃腺を摘出して、病院であわれな気分になっていた。ヴィトゲンシュタインがやってきたので、私は「まるで車に轢かれた犬みたいな気分よ」とうめいた。彼はうんざりした顔で「君は車に轢かれた犬がどんな気持ちか知らんだろう」と言った。(Pascal, 1984: 28)

　パスカルが、彼女の気持ちについて不適切なメタファーを用いたことに、ヴィトゲンシュタインはうんざりしたように思われる。フランクファートが述べるように、

> 　ヴィトゲンシュタインが見る限りでは、パスカルは、現実を正確に表現しようとする試みが課す制約に素直に従うことなしに、何らかの事態を描写している。彼女の過ちは、彼女が物事を正しく捉えられなかったことにあるのではなく、正しく捉えようとさえしなかったことにある … 私がブルシットの本質だと考えるのは、まさに、このように、真実に関心を持つこととの関

188

連が欠けていること —— 物事が本当はどのようであるのか、ということへの このような無関心 —— なのである。（Frankfurt, 2005: 32-4）

　しかし、パスカルの扁桃腺の事例は、フランクファートが論じるようなブルシットの適切な例だろうか？　私はそうは思わない。

　フランクファートが述べていることは、日常的なコミュニケーションにおいて、メタファーのいかなる使用も避けられなければならない、ということを意味しているだろう。私がたった今議論したように、今日、確かに科学においてそうした凝った言葉を使うことに気をつけることは、有意義なことである。しかしながら、日常生活の中では、単に「経済的な」描写を求めることだけでは、うまくいかない。ハーヴェイ・サックスが示したように、我々がお互いにコミュニケーションをとる時には、望んだ効果を生み出すために、ことわざやメタファーのような形式を用いる。したがって、たとえば、真夜中過ぎに人付き合いしなければならなくて疲れている場合に、パートナーに「私は元のカボチャに戻ることにするよ」（シンデレラの物語を想起させて）と言うことは、非常に効果的なものになりえる。そうしたメタファーを用いる（あるいは、それらのメタファーの意味を理解する）スキルを持たない人は、「自閉的」な人と見なされることになるかもしれない。

　したがって、パスカルの発言を「ブルシット」と呼ぶことは、「カテゴリー・エラー」になってしまうのであり、そのことは、ヴィトゲンシュタイン自身の感覚では、「科学」の「言語ゲーム」を日常生活のそれと勘違いしていることになるのである。このことは、我々は「ブルシット」だという非難をまき散らして回ることに注意深くあるべきだということを意味している。扁桃腺の例が示すように、科学的な推論は、日常生活の機微を脅かすことなしに、どこにでも拡張することができるものではない。したがって、「注意深くあれ」を、我々の合言葉とすべきである。

▰▰▰ 結びの言葉

　メディアにおけるインタビュー、一部の「心の」専門家や質的研究者に愛されている「ロマン主義的な」やり方、つまり「告白」で本章を閉めたいと思う。ここで、告白しよう。ある意味、この章はブルシットである。実際、同じことが、あらゆるテキストに当てはまる。

売れているテキストは、とっつきやすいカテゴリーや二極対立を用いている。それらは、受け入れられやすいやり方で「フィールドを分割する」。不幸にも、それらのテキストはその道に進むのに役立つかもしれないが、キャリアの中の何らかの時点において、それらを忘れ去る必要がある。

　それは、テキストの中に見出される両極化によっては、多種多様な現実を完全に捉えることが決してできないからである。それらは、鈍い想像力には役に立つかもしれないが、それ以上のものではない。また、両極化の片方の側がいつでも「正しい側」とは限らない。結局のところ、すべては、自分自身が自らの調査プロジェクトの中で何をしようとしているか、によるのである。

　したがって、本章は「ブルシット」である。なぜなら、フィールドにおける焦眉の要件と決して対応しない、両極化を扱っているからである。もしかすると、ポストモダン哲学者であるジャック・デリダがかつて指摘したように、有用な戦術は、私がここで行ってきたように、対立する二極の中で、現在流行ではない方の側に立った議論をすることかもしれない。それは、あまのじゃくなことをしているのではなく、どのようなそうした両極化も適切に複雑な現実を描写できる、という仮定に揺さぶりをかけることなのである。

　私が、さらにもうひとりの「ガマの油売り」になることを避けるための最良の方法は、読者がここで読んできたすべてに納得したというのなら、その読者に注意深くあるように求めるということである。私が書いてきたことを単に読者が受け入れたということでは、私の目的は達成されない。そうではなく、読者が、自身の調査の道すじで行う、時おり無意識なこともある選択の中に暗に含まれているものにもう少し意識的になるとしたら、私は満足なのである。

6

とても短いまとめ

　質的研究についてのテキストは、通常、基本的な問題、別の言葉で言えば「ナットやボルト」のように基礎になる問題を扱うものである。それらのテキストでは、量的研究と質的研究の違いについて論じ、それらの研究と特定のリサーチ・クエスチョンとの関連について論じている。また、我々が扱うさまざまなデータの種類を示すとともに、基本的なやり方で、それらのデータの分析にどのように取り組むかについて論じている。さらに基本的なテキストであれば、調査対象者をどのように探し、さまざまな種類のインタビュー調査をどのように実施するかといった、初歩的な調査実践上の問題についても紹介されている。

　しかし、この本の目的は、それらとは何かまったく異なるものを提供することにあった。私は、多くの初心者向けのテキストできちんと扱われていない、より幅広い問題への入り口を提供しようとしてきた。たとえば、質的研究が持つ論理の基底にある論理とは、どのようなものであろうか？　そして、質的研究の将来的な方向性について、鍵となる議論とはどのようなものであろうか？　このようなやり方で、私は、実際に我々の領域において行われている「内輪」の議論を活性化するような、さまざまな議論の概要を示そうとしてきた。

　伝統的なテキストは、読者が必要な時に「つまみぐい」することを促すのに対して、私は、最初から最後まで読み通すのに適した本を書くように心がけた。本書を最初から最後まで読み通せば、本書が連続性のある議論に基づいたものであることに気づくであろうし、そうであることを希望する。私は、方法論的に創意に富んでいて、実証的に厳密で、理論的に活発だが、実践との関連性にも目を向けている調査研究を求めてきた。

　テキストのような形式での説明に戻るならば、本書の議論は、大まかにこれまでの章の流れに沿った、箇条書きの五つの「すべきこととすべきでないこと」のセットに変換できる。もし、価値のある質的研究を行いたい場合には、

すべきでないこと

- 日常生活を退屈な、あるいは明白なものとして扱う。
- 人々の経験は最も信頼できるデータの源であり、当然のようにこのことは常に人々に質問しなければならないことを意味するものだと考える。
- 自分の議論を支持するいくつかの例を引用することに基づくだけで、十分な調査報告になりうると考える。
- 質的な調査は社会的な問題への直接的な答えを提供できると当たり前のように考える、あるいは、実践的な面で提供できることがらは何もないと考える。
- 調査には多くの「理論」が必要だと考える、あるいはそれが最新の理論的流行に沿っていなければならないと考える。

すべきこと

- 「明らかな」行為、場面、出来事を、潜在的に特筆すべきものを持っている可能性があるものとして扱う。
- やりとりだけでなく、会話、ドキュメント、その他のアーティファクトもまた、意味のあるデータを提供できることを認識する。
- データのいかなる部分についても、その前後に何があるのかつきとめようとする（「シークエンス」を探す）。
- 我々の誰もが使う日常的なスキルが存在することを認識し、そうしたスキルが実践の中でどのようにうまく機能しているのかについて理解し、それに基づいて、研究対象となる人々と対話を始めようとする。
- データに対して、批判的にふるいをかけることに基づいて議論を発展させることが重要だと理解していることを示す。

　このリスト（およびこれまでの章）は、調査実践が私に教えてくれた教訓に基づいている。それは、私のテキストの中に潜在的に存在している多くの立場を前面に押し出すものである。また、より直接的には、それは私自身の、この道における長い徒弟奉公を通じて学んだ方略や「トリック」（Becker, 1998 参照）のうちのいくつかを伝えるものでもある。
　最後の論考をしよう。この本の一部、特に1章と5章において、私は自分の

プロジェクトを、現代文化の特定の側面から距離をおくようにしてきた。その点では、気難しい老人の不平不満に付き合っているように感じた方もいらっしゃるかもしれない。確かに、この描写には幾分かの真実がある。たとえば、私の妻はしばしば、このごろ、私の見たもの、読んだもの、聞いたものに対する私の反応はいつも不平だ、と指摘する。

　では、私は長い間悩んできたパートナーの問題を、読者に共有するよう求めてきただけなのであろうか？　まったく違う。その理由を考えるために、さらに三つの事実を紹介しなければならない。

　第一に、テクノロジーは異なっていても、大衆文化の多くの形式は、何世紀もの間変化していない。たとえば、サダム・フセインの処刑のビデオを探し出した人々や、テレビ番組『ビッグブラザー』から最後に脱出した人を讃える人々は、18世紀ロンドンのタイバーンにおける公開処刑に集まった群衆とそれほど違いはない。第二に、5章で論じた「ブルシット」と「偏り」の政治的文化は、間違いなくウィリアム・ホガースによるジョージ王朝時代のロンドンの見事な風刺画に見られるように、多くの歴史的類似がある。第三に、私の鋭い編集者が指摘したように、「今日の社会について独特に『ポストモダン』なものは何もありません。振り返って見れば、どの時代も一定程度はポストモダンだったと言えますし、同時に、今日の社会と同様に、他の観点においてはポストモダンではなかったとも言えます」(Patrick Brindle, 私信)。

　もし、上記のような議論の妥当性を受け入れるとしても、読者が「気難しく」なく、「老人」でもなく、さらに成人でさえなかったとしたら、私の文化に対する批判はどのような点で妥当なのだろうか？　最も基本的なレベルにおいて、（私が言うところの）優れた調査は、おそらく優れた芸術と同様に、何らかの意味で、我々の日常生活に情報を与えてくれている、当たり前とされている前提の外に立つ必要があると指摘してきた。別の言葉で言えば、優れた調査とは、しばしばカウンターカルチャー的なものである。

　そうした調査の目的は、我々の周囲の世界を批判することである必要はなく（その可能性はあるとしても）、我々の生き方に対する新鮮なまなざしを持てるようにすることである。1章におけるミカル・シェルビンの写真を振り返ってみれば、私が意味するところが理解できるだろう。

　この本を通じて、私の議論は恥じることなく部分的なものであることを一貫して強調してきた。他の多くの学者たちは、私が出した答えに抵抗するであろうし、私の問題設定のやり方に対してさえ拒否するかもしれない。私はそのことは問題にしていない。そう言っていいなら、読者も問題にする必要はない。

議論に対して読者に興味を持たせることができれば、私の目的は果たされるのである。重要な旅を始めることはいくつかの点で目的地に到着することよりも重要だ、と信じることに神秘的なものを感じる必要はないのである（特に、その目的地が不明瞭であったり、議論のあるものであったりする場合には）。

訳者あとがき

本書は、デイヴィッド・シルヴァーマン（David Silverman）による、*A Very Short, Fairly Interesting, Reasonably Cheap Book about Qualitative Research* の第2版（SAGE, 2013）の邦訳である。

著者については、本書の「はじめに」において、研究法について考えることの重要性について述べる中で著者自ら経歴を詳しく紹介しており、本文中でも、自身の研究を事例として引用しながら述べられているが、あらためて簡単にまとめておく。デイヴィッド・シルヴァーマンは、現在シドニー工科大学（University of Technology, Sydney）の客員教授であり、ゴールドスミス・カレッジの社会学部の名誉教授である。また、クイーンズランド工科大学の非常勤の教授（Adjunct Professor）である。1960年代に、ロンドン・スクール・オブ・エコノミクス（LSE）の経済学学士課程を卒業し、UCLAの社会学部で修士の学位を得た後は、再びLSEに戻り博士の学位を取得している。その後は、主にロンドンのゴールドスミス・カレッジで教鞭をとり、研究活動を続けてきた。

本書にも出てくるように、主な研究テーマとして、グレーターロンドンカウンシル（Greater London Council）における人事部の意思決定のあり方についての調査（Silverman & Jones, 1976）、小児科の外来診療におけるコンサルテーション（Silverman, 1987）、HIV検査のカウンセリングにおけるディスコースについての分析（Silverman, 1997）などがある。また、世界各地で質的研究に関する講義を行っており、質的研究法に関連した著作も数多く出版している。

本書もまた、質的研究法についてのテキストとして書かれたものである。データ収集に関しては、2章において「制作された」データと「見出された」データ（自然主義的なデータ）がある中で、今日では「制作された」データが質的研究において主流であり、自然主義的なデータが蔑ろにされていることを批判的に論じている。また、3章では、サックスやソシュールの議論を引用しながら、データの分析において、個人の「認識、態度、経験」を「掘り起こす」ことや、出来事を引用するオーソドックスな分析の進め方（森の地図を作る、やり方）ではなく、シークエンスを単位として、経験や行為がどのように社会的に組織化されていくかに注目した分析の進め方（木々を刻む、やり方）について論じている。シルヴァーマンが「シークエンスの組織化」と呼ぶこの

ような質的研究のあり方は、彼自身の研究を含めた事例を挙げたうえで、章末に理論的にまとめられている。本書を通じてシルヴァーマンが指摘しているのは、調査対象者の内面を語りの中から掘り起こすことに過度に焦点化している現在の質的研究の状況に対して、構成主義的な観点から、データとの別の向き合い方を検討することの重要性である。

　ただ、たとえば、質的な研究法だけではなく数量化も時には必要（4章）といった具合に、特定のデータへのアプローチをとることには批判的でもある。上述の「見出されたデータ」の使用や「シークエンスの組織化」についても、それがあまりにも軽んじられている点について批判しているだけであって、それらの方法が絶対的なものとして扱われているわけではないだろう。むしろ、「研究者は、研究結果が事実上彼らの選んだ方法の産物である可能性について十分考え抜いたことを注意深く示す必要がある」（p.69）という言葉に見られるように、データや方法について考え、議論することがここで強調されているのである。質的研究法が普及し体系化されていく中で、ある意味では凝り固まった「質的分析とはこういうもの」という考え方に対して、本書はシルヴァーマンなりの批判を行っていることになる。その点では、本書は初学者がまず読むべき「心得」の書でもあり、ある程度の熟練者にとっては考えるためのきっかけの書でもある。

　著者自身も本書をオーソドックスな質的研究法の入門書としては考えておらず、「予備的なテキスト」と位置付けたうえで、基本的なテキストが扱うような「量的研究と質的研究の違い」などの基本的な問題や、「調査対象者をどのように探し、さまざまな種類のインタビュー調査をどのように実施するかといった、初歩的な調査実践上の問題」とは、「何かまったく異なるもの」を提供しようとしたと述べている。その「異なるもの」とは、価値のある質的研究が基底に持っているものであると同時に、研究法に限らず、現代社会において、我々が他者や現象に向き合い、それらを理解しようとする際に取るべき姿勢のようなものとして考えることも可能であろう。

　たとえば、1章で強調されている「エスノグラフィックなまなざし」とは、まさにそういったものなのであり、価値ある質的な調査研究を行う上で必須のものであるが、同時に日常においても「ありふれたものの中の特筆すべきもの」、「特筆すべきことがらの中のありふれたこと」を見出すために必要な現象への視線の向け方なのである。と同時に、有名人文化、インターネット、犯罪など、多くのトピックを横断しながらシルヴァーマンが指摘しているのは、現代社会において、そうしたまなざしをもつことがいかに困難か、という点である。

また、4章において論じられている、政策立案者や実践家といった人々に対して質的研究の成果が持つ意義とは、「エスノグラフィックなまなざし」を持つことが難しい現代において、質的研究がそれを持つことができたときに、日常を何気なく生きている人々が気づかない（したがってそうした人々にとって意義のある）、人々の行動や制度の形成のされ方、「実践家自身も気づいていないスキル」を明らかにできるということである。つまり、現代において我々が様々な出来事に視線を向け、それを「体験」していく時の体験のあり方が、ある意味「窮屈」になっているということであり、それは、5章で論じられるように、ロマン主義的な「経験のゲーム」に毒された現代の「インタビュー社会」が求めるものでもある。

　その点において、本書は単なる質的な研究法のテキストには収まらないものとなっており、現代社会に対する分析の書であると同時に、現代社会を生きる我々にとって、生き方や考え方に対して示唆に富むものとなっている。

　訳出に関しては、本書のタイトルは、「A Very Short, Fairly Interesting, Reasonably Cheap Book about Qualitative Research」であり、そのまま直訳的に訳せば「質的調査についての、とても短く、かなり興味深く、手ごろな値段の本」となるが、日本のテキストとして見れば分量的にも多く、実情に合わせたタイトルを考えた。また、本書には数多くの私信が引用されており、その部分については私信としての性格を考えて、です・ます調で翻訳した。その他に、5章の大きな主題であるBullshitに関しては、『ウンコな議論』（ハリーG. フランクファート著／山形浩生訳）といった訳書があるが、本書では語源との対応関係についても述べられていることから、そのまま片仮名で「ブルシット」と翻訳することにした。

　最後に、本書の翻訳に際して、新曜社の塩浦暲さんには大変お世話になった。私自身人生の中でも経験したことのないほど遅々として進まない翻訳作業を寛容な心でお待ちいただき、訳出原稿に対しても丁寧で適切なアドバイスをいただいた。本書をなんとか世に出すことができたのは、ひとえに塩浦さんのおかげであり、「感謝」などという言葉では足りないぐらいである。また、塩浦さんをご紹介いただいた、発達支援研究所所長山本登志哉先生にも感謝したい。

　思えば、本書の翻訳を行ったのは私事において不思議なぐらいさまざまな出来事が起こった期間でもあった。本書の初稿の一部は、母京子が亡くなる直前の病床に付き添いながら翻訳したものである。今は天国にいる母に翻訳の完成を報告するとともに、気の遠くなるような長い期間にわたる翻訳作業を支えてくれた、父忠、妻亜弥子、娘の実礼にも感謝したい。

紋切型用語集

　ここには、避けるべきものと私が信じている前提や実践のリストが含まれていることに注意されたい。その目的は、私が質的研究についての慣習的で紋切型の前提と考えているものの正体を暴くことである。（ゴシック体の用語は、このリストの中で相互参照されているものである。）

■ アクセス（Access）
　質的研究者は、観察データを得るために調査する現場にアクセスするのが難しいことに頭を悩まされることが多い。この問題は、社会的場面の「内側」と「外側」の間の常識的な区別の代償である。この問題は、我々がいったん社会的現象には「本質的な」本拠などないことを認識すれば、解決可能である。たとえば、ある組織について研究したい場合、公的に入手可能な資料（たとえば、企業の報告書、組織のウェブサイト）は、「内部」で起きていることとまさに同じく、適切な研究対象である。

■ 逸話主義（Anecdotalism）
　面白い物語や逸話を語っているように見えて、読者に科学的な信頼性を納得させる分析的な、あるいは、方法論的な枠組みを提供することができていない調査報告のこと。行われている議論を支持する引用だけを選んでいるように見える質的データの報告に一般的に見られる問題である（「つまみぐい（cherry-picking）」と呼ばれる）。

■ 意味（Meanings）
　経験と同様に、質的研究の主なテーマと一般的に見なされる。これは、大部分の社会的行為は、それに付与される固定された「意味」を持たないという、マックス・ウェーバーの観察を無視している。

■ インタビュー社会（Interview society）
　質的インタビューを行う多くの人々が、多くの今日的なコミュニケーション形式の中で暗黙のうちに、他よりもインタビューが中心的なものであるとするあり方のこと。インタビューは、最も内面の思考や感情を適切な専門家に喜んで告白してくれる主体を必要とする。今日では、彼らの告白を受け入れる専門家は、もはや聖職者ではなく、通常セラピストやメディアのインタビュアーである。

■ オートエスノグラフィー（Auto-Ethnography）
　エスノグラフィックな研究をそのフィールドにおける自分自身の個人的な経験についてのレポートという形式で提示すること。「主に共通世界の正確な表現にたどり着こうとするよりも、報告者は自分自身の誠実な表現を提供しようとするようになる」（Frankfurt,

2005: 65)。

■ **オープンエンドなインタビュー**（Open-ended interviews）
多くの質的インタビューにおける既定の形式。オープンエンドなインタビューにおいて、「豊かなデータ」を得るための基本方針は「アクティブ・リスニング」だと我々は教わる。そこでは、インタビュアーは心の中では研究プロジェクトのより大きな目的を持ちながら、「インタビュイーに自由に語らせ、意味を付与させる」（Noaks & Wincup, 2004: 80）。これは、全体としてメディアが「直接的」で「真正な」ものを構成するためにインタビューを使用しているのとほとんど変わらない。そうした怠慢は、「インタビューにおけるやりとりは、本質的に両方の話し手が、絶え間なく「分析を行う」——すなわち、両方の話者が、「意味を生じさせ」、「知識を産出する」ことに参与している（そして協働している）——空間である」（Rapley, 2004: 26-7）ことを、認識し損なっている。

■ **記憶**（Memory）
過去についての説明を求める質的研究者は、「記憶」を、我々の頭の中にある何かとして、したがって「私的」なものとして、また、自伝的なインタビューによって引き出されるものとして扱うことがある。これは「記憶」が相互作用的なものでありうることを無視している。たとえば、サックスは、我々が発言しようとした時に、現在話をしている人が話し続けたり、他の誰かが発言権を横取りしてしまう場合について考えてみるよう提案する。そうした状況で、我々はよく、言いたかった話題を「忘れる」ことはないだろうか？サックスが述べるように、「それを言う機会を逃せば、それを言う機会を得た時には、忘れてしまっている」のである（1992, 2: 27）。この点において、記憶はまったく私的でも個人的なものでもなく、「何らかのおそらくまったく劇的なやり方で、会話に従属している···それは、ある意味、発話現象による発話なのである」（1992, 2: 27）。

■ **記述されないカテゴリー**（Undescribed categories）
研究者が人々が言ったり行ったりすることについて**コメント**を構成する際に、彼らは、サックスが「記述されないカテゴリー」と呼ぶものにたずさわっている。「記述されないカテゴリーを用いることは、子どもの本に見られるような記述を書くということである。一連の単語が散りばめられた中に、対象の絵がある」（Sacks, 1963: 7）。その代わりに、我々は「まさにこの場所において、この説明や行為はどのようなはたらきをしているのか？」を問うべきである。たとえば、招待するのに先だって、通常「［将来のある日に］あなたは何をしていますか？」といった質問が置かれるのを聞くことができる。

■ **グランドセオリー**（Grand theory）
しばしば質的研究の実践とはほとんど関係のない概念を生み出す、社会についての、全体的な哲学、あるいは論理的に導き出された説明のこと（たとえば、現象学、ポストモダニズム）。

■ 経験（Experiences）

　多くの質的研究で想定されているテーマのこと。実際のところ、「経験」はしばしば、常識的に人々の頭の中身と同等のものとして扱われ、そのことが研究者を人々が行っていることについて無視させることにつながる。「経験」は、行動の一部として再概念化される必要がある。誰かに自らの経験を語ることは、単に我々の頭の中にあるものを外に出すだけではなく、正統な語り手によって適切な受け手に対して語られるよう物語を組織化することでもある。この意味において、経験は「注意深く統制されたたぐいのことがら」なのである（Sacks, 1992, 1: 248）。

■ 現象の逃亡（Phenomena escaping）

　現代文化においては、現象の周りの環境が現象そのものよりもより重要になってきている。したがって、人々は映画それ自体よりも映画スターの生活により興味を持ちがちとなる。同様に、スポーツの場合には、観衆のウェーブや試合前後の選手へのインタビューが、実際の試合と同じくらい（あるいはそれよりも）エキサイティングなものとなる。このことは、質的研究に対して不幸な影響を与えてきた。我々はあらゆる種類の社会的現象について説明することを焦るあまり、十分に時間を使って、現象がどのように機能しているのかを理解しようとすることがほとんどない。

■ コメント（Commentary）

　社会的な状況や動機づけについての、暗黙のうちに**記述されない**カテゴリーを用いた、常識的な知識に基づくデータの解釈。たとえば、調査対象を描写するのに、研究者に都合の良い特定のカテゴリーを引用する（すなわち、年齢、性別、婚姻状況、職業）一般的な実践。それらのカテゴリーは、調査対象が言ったり行ったりすることをどう解釈するかを、暗黙のうちに読者に指示している。それらは、実際に対象者が呼び起こしたカテゴリーとの関係が不明である。

■ 実験的な書き方（Experimental writing）

　伝統的な調査報告のあり方を無視して、詩や出来事の劇的再現（エスノドラマ）を好むこと。問題は、詩や「エスノドラマ」が、事実に基づいた主張をすることが仕事であり、その結果何らかの形の「証拠」が重要である世界（科学的研究や法廷を含む）とは、非常に異なる世界に住んでいる点である。いったん証拠によることの価値を軽視すれば、後は何でもありになってしまう（詩やエスノドラマも含めて）。

■ 社会的な問題（Social problems）

　世論を形成する人々によって問題があるとして定義された人々、出来事、状況のこと。そうした問題は通常は質的研究のテーマの源として用いられるべきではない。その代わりに、帰納的に進めることによって、我々は「何がここで起きているのか？」という疑問に答えることに焦点を当てることができる。そのようなやり方で、我々は、調査参加者にとって意外であるとともに、有用でもある知見を見出せることも多い。

■ ジャーナリズム（Journalism）

ジャーナリストも質的インタビュー調査を行う多くの人々もともに、人々が語ることを、その話題に対する人々の認識が（多かれ少なかれ正確に）レポートされたものとして扱う。そして、彼らが述べていることごとは、あなたの解釈を支持するものとして示される可能性がある（**逸話主義**を参照）。

■ 深層（In-depth）

質的研究は、人々の**経験**の奥底に到達できる唯一の能力を持っているという誤った仮定のこと（たとえば、「深層面接法は、経験や考え、意見に触れることのできる、実施可能な最良の方法の一つである」（Sheard, 2011: 623）といった主張）。皮肉なことに、これは、まさにトークショーの司会者や「心の」専門家（たとえばカウンセラー、心理療法家など）の仮定である。

■ 制作されたデータ（Manufactured data）

調査過程の直接的な人工的産物であり、したがって、調査を行う人が調査の場にいなければ存在しないデータ（たとえば、インタビュー、フォーカスグループ、実験）。

■ 説明の通説（Explanatory orthodoxy）

人々は社会的構造の操り人形であるという仮定。このモデルによれば、人々の行いは、「社会」によって規定される。実際には、人々の行動を矮小化して（社会階層、性別、民族のような）、特定の「**フェイスシート」変数**の結果として説明する。説明の通説は、説明することを急ぐあまり、説明しているのは何なのかという重要な問いを問わないでしまっている。「原因」を追究することで、「何」と「どのように」の問いかけを無視することにつながる（**なぜという問いかけ**を参照）。

■ 全智の通説（Divine orthodoxy）

研究者を、常に、人々の主張を見通すことができ、それについて彼ら自身よりもよく知っている、一種の哲学者の王（あるいは女王）とする仮説。その結果、（医者やカウンセラーのような）専門家は、いつも良い実践の標準的基準から外れるものと仮定される。

■ 操作的定義（Operational definitions）

社会的現象をその最初の時点で定義すること（デュルケームの「自殺」についての最初の定義のように）。量的研究の一つの特徴であり、**変数**を、それらを測定する前に定義しておかなければならない。しかしながら、そうした定義は、質的研究者が調査のテーマや初期的な仮説を決めるやり方の中にしばしば現れる。それは、我々がフィールドの中で見出す組織化されたカテゴリーについての研究から目をそらせるものであり、また、通常、帰納的な調査にはふさわしくないものである。

■ 内容分析（Content analysis）

一揃いのカテゴリーを設定し、それらのカテゴリーがテキストあるいはイメージの特定

の項目を描写するために使われている時に、その事例の数を数えるデータ分析の方法。質的な方法として扱われることがあるものの、内容分析は、**変数**についての実証主義者の考えに基づいており、変数は最初の時点で定義される。内容分析は、また、人々が説明を組織化するシークエンスを認識することから目をそらさせる可能性がある。

■ なぜという問いかけ（Why questions）
特定の現象がどのように構成されるかについて確証した後で、質的調査研究の最後に残しておくのがベストであるような、因果についての問いかけ（**説明の通説**を参照）。

■ 人々のサンプリング（Sampling people）
調査計画の一部で、調査研究を行おうとする時には、いつも「人々」をサンプルにしたいと思い、**制作されたデータ**を求めることになりがちであることを当然のことと考えている。それとは別に、我々は状況や場所（たとえば、インターネットのチャットルーム、建築のデザイン、音楽の歌詞、ウェブサイト、三行広告など）をサンプルとすることもできるのであり、したがって、インタビューが行うべき唯一のことではないのは明らかである。

■ フェイスシート変数（Face-sheet variables）
量的研究者が個人の認識や行動を説明するのに用いる個人のアイデンティティに関する特徴（たとえば、年齢、性別、婚姻状況）。質的研究者がそうした変数を持ち出す時（たとえば、インタビューの回答者についてのそうした情報を引用する時）、彼らはアイデンティティを描写する無限のやり方があることを認識できなくなっている。研究者が特定のアイデンティティの特徴（たとえば、年齢や職業）を選ぶ時、彼らは、どれだけ人々が能動的に複数のアイデンティティを構成し、それらのアイデンティティの間を動いているかを無視している。そうすることで、彼らは、人々が言っていることについて解釈する特定の方法を好んでいる。

■ 変数（Variables）
それらの間の関係を測定するために、調査の中でお互いに孤立させられている要因のこと（通常、量的研究の中でのみ使われる用語）。

■ ポストモダン調査（Postmodern research）
「多かれ少なかれ啓蒙主義の合理性を重んじる伝統を明確に拒絶することによって、また、いかなる実証的なテストからも切り離された理論的なディスコースや、科学を「語ること」、すなわち、他の多くの物事と同じく「語ること」、「神話」、あるいは社会的構成以上ではないと見なす、認知的、文化的相対主義によって特徴づけられる、現代の知的潮流」(Sokal & Bricmont, 1998: 1)。「ポストモダン調査」は、積極的に、根拠に基づいた主張との連絡を絶ち、命題論理の中に身をうずめる可能性がある。いかがわしい理論的な冗長な言い回しで着飾ることで、それは「何でもあり」であることを主張しているだけでなく、実際のところ、調査結果を明確で反証可能な形で表現することよりも、**実験的な書き方**の方を選んでいる。

■ ロマン主義（Romanticism）

　真正性が個人的な**経験**に付与される19世紀的の思想からとられたアプローチ。これは、しばしばインタビューやフォーカスグループ・データの分析に用いられるアプローチである。

文　献

Akerstrom, M., Jacobsson, K. & Wasterfors, D. (2004) Reanalysis of previously collected material. In C. Seale, G. Gobo, J. Gubrium & D. Silverman (eds.), *Qualitative Research Practice*. London: Sage, 344-58.

Arbus, D. (2005) *Revelations*, Exhibition catalogue. London: Victoria & Albert Museum.

Arendt, H. (1970) Walter Benjamin: 1892-1940. In W. Benjamin, *Illuminations*, tr. H. Zohn. London: Jonathan Cape, 1-58.

Arendt, H. (2006) *Eichmann in Jerusalem: A Report on the Banality of Evil.* London: Penguin Books. [ハンナ・アーレント／大久保和郎 (訳) (2017)『エルサレムのアイヒマン──悪の陳腐さについての報告』みすず書房]

Atkinson, P. & Coffey, A. (2002) Revisiting the relationship between participant observation and interviewing. In J. Gubrium & J. Holstein (eds.), *Handbook of Interview Research.* Thousand Oaks, CS: Sage, 801-14.

Atkinson, J. M. & Heritage, J. (eds.) (1984) *Structures of Social Action.* Cambridge: Cambridge University Press.

Atkinson, P. & Silverman, D. (1997) Kundera's Immortality: the interview society & the invention of self. *Qualitative Inquiry, 3* (3): 324-45.

Auster, P. (1990) *Moon Palace.* London: Faber & Faber. [ポール・オースター／柴田元幸 (訳) (1997)『ムーン・パレス』新潮文庫]

Baker, C. (2004) Membership categorization & interview accounts. In D. Silverman (ed.), *Qualitative Research: Theory, Method and Practice* (2nd edn). London: Sage, 162-76.

Baker, N. (1997) *The Size of Thoughts.* London: Chatto.

Barnes, J. (2000) *Love etc.* London: Cape.

Becker, H. S. (1998) *Tricks of the Trade: How to Think about your Research while Doing it.* Chicago & London: University of Chicago Press. [ハワード・S.ベッカー／進藤雄三, 宝月誠 (訳) (2012)『社会学の技法』恒星社厚生閣]

Becker, H. S. & Geer, B. (1960) Participant observation: the analysis of qualitative field data. In Adams, R. & Preiss, J. (eds.), *Human Organization Research: Field Relations and Techniques.* Homewood, IL: Dorsey.

Beckett, S. (1961/2010) *Happy Days.* London: Faber & Faber. [サミュエル・ベケット／安堂信也・高橋康也 (訳) (1991)『しあわせな日々・芝居』白水社]

Bennett, A. (2005) *Untold Stories.* London: Faber & Faber.

Benson, O. & Stangroom, J. (2006) *Why Truth Matters.* London: Continuum.

Bloor, M. (2004) Addressing social problems through qualitative research. In D.

Silverman (ed.), *Qualitative Research: Theory, Method & Practice* (2nd edn). London: Sage, 305-24.

Bunting, M. (2010) Increasingly, the rarest experience in family life is undivided attention. *Guardian*, 11 January.

Byrne, B. (2004) Qualitative interviewing. In C. Seale (ed.), *Researching Society and Culture* (2nd edn). London: Sage, 179-92.

Bywater, M. (2007) *Big Babies or: Why Can't We Just Grow Up?* London: Granta Books.

Clavarino, A., Najman, J. & Silverman, D. (1995) Assessing the quality of qualitative data. *Qualitative Inquiry, 1* (2): 223-42.

Clifford, J. & Marcus, G. (eds.) (1986) *Writing Culture*. Berkeley, CA: University of California Press. [ジェイムズ・クリフォード，ジョージ・マーカス編／春日直樹・足羽與志子・橋本和也・多和田裕司・西川麦子・和邇悦子（訳）(1996)『文化を書く』紀伊國屋書店]

Corti, L. & Thompson, P. (2004) Secondary analysis of archived data. In C. Seale, G. Gobo, J. Gubrium & D. Silverman (eds.) *Qualitative Research Practice*. London: Sage, 327-43.

Cowan, A. (2006) *What I Know*. London: Sceptre.

Cuff, E. C. & Payne, G. C. (eds.) (1979) *Perspectives in Sociology*. London: Allen & Unwin.

Cusk, R. (2007) *Arlington Park*. London: Faber & Faber.

Dalton, M. (1959) *Men Who Manage*. New York: Wiley.

Davenport-Hines, R. (2006) *A Night at the Majestic: Proust and the Great Modernist Dinner Party of 1922*. London: Faber & Faber.

Denzin, N. & Lincoln, Y. (2000) The discipline & practice of qualitative research. In N. Denzin & Y. Lincoln (eds.), *Handbook of Qualitative Research* (2nd edn). Thousand Oaks, CA: Sage, 1-28. [デンジン, N. K. & リンカン, Y. S. ／平山満義（監訳）(2006)『質的研究ハンドブック』全3巻，北大路書房]

Douglas, M. (1975) 'Self-evidence'. In M. Douglas, *Implicit Meanings*. London: Routledge, 276-318.

Drew, P. (1987) Po-faced receipts of teases. *Linguistics, 25*: 219-53.

Drury, M. O. C. (1984) Conversations with Wittgenstein. In R. Rhees (ed.), *Recollections of Wittgenstein*. Oxford: Oxford University Press.

Edwards, D. (1995) Sacks and psychology. *Theory and Psychology, 5* (3): 579-96.

Emerson, R., Fretz, R. & Shaw, L. (1995) *Writing Ethnographic Fieldnotes*. Chicago, IL: Chicago University Press. [ロバート・エマーソン，レイチェル・フレッツ，リンダ・ショウ／佐藤郁哉・好井裕明・山田富秋（訳）(1998)『方法としてのフィールドノート——現地取材から物語作成まで』新曜社]

Filmer, P., Phillipson, M., Silverman, D. & Walsh, D. (1972) *New Directions in Sociological Theory*. London: Collier MacMillan.

Flaubert, G. (2005) *Bouvard and Pecuchet*, tr. M. Polizzotti. London: Turnaround. [フローベール／鈴木健郎（訳）(1954)『ブヴァールとペキュシェ（上）（中）（下）』岩波文庫／

フローベール／小倉孝誠（訳）(2000)『紋切型辞典』岩波文庫]

Flick, U. (1998) *An Introduction to Qualitative Research*. London: Sage.

Flyvbjerg, B. (2004) Five misunderstandings about case-study research. In C. Seale, G. Gobo, J. Gubrium & D. Silverman (eds.), *Qualitative Research Practice*. London: Sage, 420-34.

Frankfurt, H. G. (2005) *On Bullshit*. Princeton, NJ: Princeton University Press. [ハリー・G・フランクファート／山形浩生（訳）(2016)『ウンコな議論』ちくま学芸文庫]

Freebody, P. (2003) *Qualitative Research in Education*, Introducing Qualitative Methods Series. London: Sage.

Fukuyama, F. (1992) *The End of History and the Last Man*. London: Penguin. [フランシス・フクヤマ／渡部昇一（訳・特別解説）(2005)『歴史の終わり（上・下）』(新装新版)三笠書房]

Furman, R., Lietz, C. & Langer, C. L.(2006) The research poem in international social work: innovations in qualitative methodology. *International Journal of Qualitative Methods, 5* (3). Available at www.ualberta.ca/~ijqm/backissues/5_3/html/furman.htm

Galbraith, J. K. (1999) *The Affluent Society*. London: Penguin. [J. K. ガルブレイス／鈴木哲太郎（訳）(2006)『ゆたかな社会　決定版』岩波現代文庫]

Garfinkel, E. (1967) *Studies in Ethnomethodology*. Englewood Cliffs, NJ: Prentice-Hall.

Gellner, E. (1975) Ethnomethodology: the re-enchantment industry or a Californian way of subjectivity. *Philosophy of the Social Sciences, 5* (4): 431-50.

Gergen, K. (1992) Organization theory in the postmodern era. In M. Reed & M. Hughes (eds.), *Rethinking Organization: Directions in Organization Theory and Analysis*. London: Sage, 207-226.

Goffman, E. (1959) *The Presentation of Self in Everyday Life*. New York: Doubleday Anchor. [E. ゴッフマン／石黒毅（訳）(1974)『行為と演技――日常生活における自己呈示』誠信書房]

Grey, C. (2005) *A Very Short, Fairly Interesting and Reasonably Cheap Book about Studying Organizations*. London: Sage.

Gubrium, J. (1988) *Analyzing Field Reality*, Qualitative Research Methods Series 8. Newbury Park, CA: Sage.

Gubrium, J. & Holstein, J. (1987) The private image: experiential location and method in family studies. *Journal of Marriage and the Family, 49*: 773-86.

Gubrium, J. & Holstein, J. (eds.) (2002) *Handbook of Interview Research*. Thousand Oaks, CA: Sage.

Gubrium, J., Rittman, R., Williams, C., Young, M. & Boylstein, C. (2003) Benchmarking as functional assessment in stroke recovery. *Journal of Gerontology (Social Sciences), 58B* (4): S203-11.

Hammersley, M. (1992) *What's Wrong with Ethnography?: Methodological Explorations*. London: Routledge.

Hammersley, M. (2004) Teaching qualitative method: craft, profession or bricolage? In C. Seale, G. Gobo, J. Gubrium & D. Silverman (eds.), *Qualitative Research Practice*. London: Sage, 549-60.

Heath, C. (1986). *Body Movement and Speech in Medical Interaction*. Cambridge: Cambridge University Press.

Heath, C. & Luff, P. (2000) *Technology in Action*. Cambridge: Cambridge University Press.

Heath, C. C. & Luff, P. (2007) Ordering competition: the interactional accomplishment of the sale of fine art & antiques at auction. *British Journal of Sociology, 58* (1): 63-85.

Hepburn, A. & Potter, J. (2004) Discourse analytic practice. In C. Seale, G. Gobo, J. Gubrium & D. Silverman (eds.), *Qualitative Research Practice*. London: Sage, 180-196.

Heritage, J. (1974) Assessing people. In N. Armistead (ed.), *Reconstructing Social Psychology*. Harmondsworth: Penguin, 260-81.

Heritage, J. (1984) *Garfinkel and Ethnomethodology*. Cambridge: Polity Press.

Heritage, J. & Maynard, D. (2006) Problems and prospects in the study of physician-patient interaction: 30 years of research. *Annual Review of Sociology, 32*: 351-74.

Heritage, J., Robinson, J., Elliott, M., Beckett, M. & Wilkes, M. (2006) Reducing patients' unmet concerns in primary care: a trial of two question designs. Paper presented at the annual meeting of the American Sociological Association, Montreal Convention Center, Montreal, Quebec, Canada, 11 August.

Holstein, J. & Gubrium, J. (1995) *The Active Interview*. Thousand Oaks, CA: Sage. [ジェイムズ・ホルスタイン, ジェイバー・グブリアム／山田富秋・兼子一・倉石一郎・矢原隆行（訳）(2004)『アクティヴ・インタビュー——相互行為としての社会調査』せりか書房]

Holstein, J. & Gubrium, J. (2004) Context: working it up, down and across. In C. Seale, G. Gobo, J. Gubrium & D. Silverman (eds.), *Qualitative Research Practice*. London: Sage, 297-311.

Hookway, N. (2008) 'Entering the blogosphere': some strategies for using blogs in social research. *Qualitative Research, 8* (1): 91-113.

Janik, A. & Toulmin, S. (1996) *Wittgenstein's Vienna*. Chicago, IL: Ivan R. Dee. [スティーヴン・トゥールミン, アラン・S. ジャニク／藤村龍雄（訳）(2001)『ウィトゲンシュタインのウィーン』平凡社]

Jefferson, G. (1973) A case of precision timing in ordinary conversation: overlapped tag-positioned address terms in closing sequences. *Semiotica, 9* (1), 47-96.

Kafka, F. (1961) *Metamorphosis and Other Stories*. Harmondsworth: Penguin.

Kendall, G. & Wickham, G. (1999) *Using Foucault's Methods*, Introducing Qualitative Methods Series. London: Sage. [ギャビン・ケンダール, ゲイリー・ウィッカム／山家歩・長坂和彦（訳）(2009)『フーコーを使う』論創社]

Ker Muir, Jr., W. (1977) *Police: Streetcorner Politicians*. Chicago, IL: University of

Chicago Press.

Koppel, R. (2005) Role of computerized physician order entry systems in facilitating medical errors. *Journal of American Medical Association, 293* (10): 1197-1202.

Kozinets, R. V. (2010) *Netnography: Doing Ethnographic Research Online.* London: Sage.

Kundera, M. (1989) *Immortality.* London: Faber & Faber.

Kundera, M. (2000) *Immortality.* London: Faber & Faber. [ミラン・クンデラ／菅野昭正（訳）(1999)『不滅』集英社文庫]

Kundera, M. (2004) *The Unbearable Lightness of Being.* New York: Harper Collins. [ミラン・クンデラ (1998) ／千野栄一（訳)『存在の耐えられない軽さ』集英社文庫]

Kunzru, H. (2011) Postmodernism: from the cutting edge to the museum. *Guardian* (Review), 17 September, 18-19.

Lanzmann, C. (Dir.) (1985) *Shoah.* French documentary film. New Yorker Films.

Lehman, D. (1991) *Signs of the Times.* London: Andre Deutsch.

Levi, P. (1979) *If This Is a Man.* London: Penguin. [プリーモ・レーヴィ／竹山博英（訳）(2017)『改訂完全版　アウシュヴィッツは終わらない これが人間か』朝日新聞出版]

Linstead, A. & Thomas, H. (2002) 'What do you want from me?' A poststructuralist feminist reading of middle managers' identities. *Culture and Organization, 8* (1):1-20.

Macnaghten, P. & Myers, G. (2004) Focus groups. In C. Seale, G. Gobo, J. Gubrium & D. Silverman (eds.), *Qualitative Research Practice.* London: Sage, 65-79.

Markham, A. N. (2011) Internet research. In D. Silverman (ed.), *Qualitative Research.* London: Sage, 111-28.

Maynard, D. (1991) Interaction & asymmetry in clinical discourse. *American Journal of Sociology, 97* (2): 448-95.

Maynard, D. (2003) *Bad News, Good News: Conversational Order in Everyday Talk and Clinical Settings.* Chicago, IL: Chicago University Press. [ダグラス・W. メイナード／樫田美雄・岡田光弘（訳）(2004)『医療現場の会話分析 —— 悪いニュースをどう伝えるか』勁草書房]

McLeod, J. (1994) *Doing Counselling Research.* London: Sage.

Miller, G. & Fox, K. (2004) Building bridges: the possibility of analytic dialogue between ethnography, conversation analysis and Foucault. In D. Silverman (ed.), *Qualitative Research: Theory, Method and Practice.* London: Sage, 35-55.

Miller, G., Dingwall, R. & Murphy, E. (2004) Using qualitative data and analysis: reflections on organizational research. In D. Silverman (ed.), *Qualitative Research: Theory, Method and Practice.* London: Sage, 325-41.

Moerman, M. (1974) Accomplishing ethnicity. In R. Turner (ed.) *Ethnomethodology.* Harmondsworth: Penguin, 54-68.

Moerman, M. & Sacks, H. (1971) On Understanding in Conversation, unpublished paper, 70th Annual Meeting, American Anthropological Association, New York City, 20 November.

Moisander, J. & Valtonen, A. (2006) *Qualitative Marketing Research: A Cultural Approach*. London: Sage.

Nadai, E. & Maeder, C. (2006) The promises and ravages of performance: enforcing the entrepreneurial self in welfare and economy. Summary of the Project No.4051-69081 National Research Program 51 'Social Integration & Social Exclusion' (www.nfp51. ch). Olten, Switzerland: Olten & Kreuzlingen.

Noaks, L. & Wincup, E. (2004) *Criminological Research: Understanding Qualitative Methods*. London: Sage.

O'Neill, M., in association with S. Giddens, P. Breatnach, C. Bagley, D. Bourne & T. Judge (2002) Renewed methodologies for social research: ethno-mimesis as performative praxis. *The Sociological Review, 50* (1): 69.

Orr, J. (1996) *Talking About Machines: An Ethnography of a Modern Job*. Ithaca, NY: Cornell University Press.

Pascal, F. (1984) Wittgenstein: a personal memoir. In R. Rhees (ed.), *Recollections of Wittgenstein*. Oxford & New York: Oxford University Press.

Peräkylä, A. (1995) *AIDS Counselling*. Cambridge: Cambridge University Press.

Peräkylä, A., Ruusuvuori, J. & Vehviläinen, S. (2005) Introduction: professional theories and institutional interaction. *Communication and Medicine, 2* (2): 105-10.

Percy, W. (2002) The loss of the creature. In D. Bartholomae & A. Petrosky (eds.), *Ways of Reading: an Anthology for Writers*. New York: St. Martin's, 588-601.

Pinter, H. (1976) *Plays: One*. London: Methuen.

Polyani, M. (1964) *Personal Knowledge: Towards a Post-Critical Philosophy*. New York: Harper & Row. [マイケル・ポラニー／長尾史郎（訳）(1985)『個人的知識 ── 脱批判哲学をめざして』ハーベスト社]

Popper, K. (1976) Reason or revolution? In T. W. Adorn, H. Albert, R. Dahrendorf, J. Habermas, H. Pilot & K. Popper (eds.), *The Positivist Dispute in German Sociology*. London: Heinemann, 288-300.

Porter, H. (1995) Gee, if you wanna talk about it Hugh. *Guardian*, 29 June.

Potter, J. (1996) Discourse analysis and constructionist approaches: theoretical background. In J. Richardson (ed.) *Handbook of Qualitative Research Methods for Psychology and the Social Sciences*, Leicester: BPS Books, 125-40.

Potter, J. (2002) Two kinds of natural. *Discourse Studies, 4* (4): 539-42.

Potter, J. (2004) Discourse analysis as a way of analysing naturally-occurring talk. In D. Silverman (ed.), *Qualitative Research: Theory, Method and Practice*. London: Sage, 200-21.

Potter, J. & Hepburn, A. (2007) Life is out there: a comment on Griffin. *Discourse Studies, 9* (2): 276-82.

Puchta, C. & Potter, J. (2004) *Focus Group Practice*. London: Sage.

Rapley, T. (2004) Interviews. In C. Seale, G. Gobo, J. Gubrium & D. Silverman (eds.), *Qualitative Research Practice*. London: Sage, 15-33.

Roth, P. (2006) *Everyman*. London: Jonathan Cape.

Sacks, H. (1963) Sociological description. *Berkeley Journal of Sociology, 8*: 1-16.

Sacks, H. (1972) Notes on police assessment of moral character. In D. Sudnow (ed.), *Studies in Social Interaction*. New York: Free Press, 280-93.

Sacks, H. (1987) On the preferences for agreement and contiguity in sequences in conversation. In G. Button & J. R. E. Lee (eds.), *Talk and Social Organization*. Clevedon, Philadelphia: Multilingual Matters, 54-69. (From a lecture by H. Sacks (1970), edited by E. Schegloff.)

Sacks, H. (1992) *Lectures on Conversation* (2 volumes), edited by Gail Jefferson with an Introduction by Emmanuel Schegloff. Oxford: Blackwell. [注：本文中の引用表記は次の形式で各巻を示している。Volume 1 (1:345), Volume 2 (2:345)]

Sacks, H., Schegloff, E. A. & Jefferson, G. (1974) A simplest systematics for the organization of turn-taking in conversation. *Language, 50* (4): 696-735. [H. サックス，E. A. シェグロフ，G. ジェファソン／西阪仰（訳）；S. サフト（翻訳協力）(2010)『会話分析基本論集——順番交替と修復の組織』世界思想社]

Saunders, F. S. (2011) Don't give me grief. *Guardian* (Review), 20 August.

Saussure, F. de (1974) *Course in General Linguistics*. London: Fontana. [フェルディナン・ド・ソシュール／町田健（訳）(2016)『新訳 ソシュール 一般言語学講義』研究社]

Schegloff, E. A. (1968) Sequencings in conversational openings. *American Anthropologist, 70*: 1075-95.

Schegloff, E. A. (1991) Reflections on talk and social structure. In D. Boden & D. Zimmerman (eds.), *Talk & Social Structure: Studies in Ethnomethodology and Conversation Analysis*. Cambridge: Polity Press, 44-70.

Schegloff, E. & Sacks, H. (1974) Opening up closings. In R. Turner (ed.), *Ethnomethodology*. Harmondsworth: Penguin, 233-64.

Schon, D. (1983) *The Reflective Practitioner*. London: Temple Smith. [ドナルド・A・ショーン／柳沢昌一・三輪建二（監訳）(2007)『省察的実践とは何か——プロフェッショナルの行為と思考』鳳書房]

Seale, C. (2011) Secondary analysis of qualitative data. In D. Silverman (ed.) *Qualitative Research*. London: Sage, 347-64.

Shaw, R. & Kitzinger, C. (2005) Calls to a homebirth help line: empowerment in childbirth. *Social Science and Medicine, 61*: 2374-83.

Sheard, L. (2011) 'Anything could have happened': women, the night-time economy, alcohol and drink spiking. *Sociology, 49* (4): 619-33.

Silverman, D. (1968) Clerical ideologies: a research note. *British Journal of Sociology, XIX, 3*: 326-33.

Silverman, D. (1970) *The Theory of Organizations*. London: Heinemann (New York: Basic Books, 1971).

Silverman, D. (1987) *Communication and Medical Practice*. London: Sage.

Silverman, D. (1997) *Discourses of Counselling: HIV Counselling as Social Interaction.*

London: Sage.

Silverman, D. (1998) *Harvey Sacks & Conversation Analysis*, Polity Key Contemporary Thinkers Series. Cambridge: Polity Press (New York: Oxford University Press).

Silverman, D. (2010) *Doing Qualitative Research: A Practical Handbook* (3rd edn). London: Sage.

Silverman, D. (ed.) (2011) *Qualitative Research* (3rd edn). London: Sage.

Silverman, D. (2012) *Interpreting Qualitative Data* (4th edn). London: Sage.

Silverman, D. & Gubrium, J. (1994) Competing strategies for analyzing the contexts of social interaction. *Sociological Inquiry, 64* (2): 179-98.

Silverman, D. & Jones, J. (1976) *Organizational Work: The Language of Grading/The Grading of Language*. London: Collier-MacMillan.

Silverman, D. & Torode, B. (1980) *The Material Word: Some Theories of Language and its Limits*. London: Routledge.

Sokal, A. & Bricmont, J. (1998) *Intellectual Impostures*. London: Profile.

Speer, S. (2002) 'Natural' and 'contrived' data: a sustainable distinction? *Discourse Studies, 4* (4): 511-25.

Sudnow, D. (1968) *Passing On: The Social Organization of Dying*. Englewood Cliffs, NJ: Prentice-Hall. [デヴィッド・サドナウ／岩田啓靖・志村哲郎・山田富秋（訳）(1992)『病院でつくられる死 ──「死」と「死につつあること」の社会学』せりか書房]

Sullivan, M. (1993) Ethnodrama and reality: commentary on the house that crack built. *The American Prospect*, 1 January.

Waitzkin, H. (1979) 'Medicine, Superstructure and Micropolitics', *Social Science and Medicine, 13A*: 601-609.

Weber, M. (1949) *Methodology of the Social Sciences*. New York: Free Press.

Wilkinson, S. & Kitzinger, C. (2000) Thinking differently about thinking positive: a discursive approach to cancer patients' talk. *Social Science and Medicine, 50*: 797-811.

Wittgenstein, L. (1980) *Culture and Value*. Oxford: Blackwell.

人名索引

事項索引

訳者紹介

渡辺忠温（わたなべ　ただはる）

東京大学大学院教育学研究科教育心理学コース修士課程、（中国）北京師範大学心理学院
発展心理研究所博士課程を修了（教育学博士）。現在は、東京理科大学非常勤講師、発達
支援研究所主席研究員。文化心理学的な視点から、母子間の相互作用、異文化間コミュニ
ケーションについて研究するとともに、日本と中国との間での比較文化的な研究（大学入
試制度と受験生心理、所有やお金をめぐる子どもの発達など）を行っている。

【主な著作】

- 渡辺忠温・竹尾和子・渡部朗代・高橋登（2020）「パズル課題における1歳代母子の相互
作用 —— 出来事の推移・親子の身体的位置関係からの検討」『大阪教育大学紀要総合教育
科学』68, 179-198.
- 渡辺忠温（2019）「文化的に多様化する子どもたちに教師はどのように対応するか？」竹
尾和子・井藤元（編）『ワークで学ぶ学校カウンセリング』ナカニシヤ出版，pp.159-175.
- Watanabe, T. (2017) The Story-Presenting Method: A Method for Constructing
Multiple Viewpoints to Understand Different Cultures. *Integrative Psychological and
Behavioral Science, 51*(3), 403-418.
- 渡辺忠温（2016）「補章　調査の概要と要約，そして伴走者によるコメント」高橋登・
山本登志哉（編）『子どもとお金 —— おこづかいの文化発達心理学』東京大学出版会
pp.291-308.

良質な質的研究のための、
かなり挑発的でとても実践的な本
有益な問い、効果的なデータ収集と分析、研究で重要なこと

初版第1刷発行　　2020年4月7日

著　者　　デイヴィッド・シルヴァーマン

訳　者　　渡辺忠温

発行者　　塩浦　暲

発行所　　株式会社　新曜社
　　　　　101-0051　東京都千代田区神田神保町3-9
　　　　　電話（03）3264-4973（代）・FAX（03）3239-2958
　　　　　e-mail : info@shin-yo-sha.co.jp
　　　　　URL : https://www.shin-yo-sha.co.jp

組　版　　Katzen House

印　刷　　中央精版印刷

製　本　　中央精版印刷

Ⓒ David Silverman, Tadaharu Watanabe, 2020 Printed in Japan
ISBN978-4-7885-1672-4 C1011